与孩子有效沟通的
100个
好方法

张振鹏 编著

金盾出版社

内 容 提 要

本书立足国内家庭教育的现状,紧紧围绕怎样实现亲子间有效沟通的问题,从亲子间如何营造沟通氛围,如何平等交流,如何提高沟通艺术等方面作了详细、系统的阐述,提出了解决问题的若干具体方法。这些方法简明直观,切实可行,极具操作性。本书是一部专为寻觅亲子沟通良方的广大父母们准备的实用宝典。

图书在版编目(CIP)数据

与孩子有效沟通的 100 个好方法/张振鹏编著 . -- 北京 :金盾出版社,2010.8
ISBN 978-7-5082-6431-8

Ⅰ.①与… Ⅱ.①张… Ⅲ.①家庭教育—方法 Ⅳ.①G78

中国版本图书馆 CIP 数据核字(2010)第 095340 号

金盾出版社出版、总发行

北京太平路 5 号(地铁万寿路站往南)
邮政编码:100036 电话:68214039 83219215
传真:68276683 网址:www.jdcbs.cn
封面印刷:北京印刷一厂
正文印刷:北京四环科技印刷厂
装订:海波装订厂
各地新华书店经销
开本:787×1092 1/16 印张:17.5 字数:273 千字
2010 年 8 月第 1 版第 1 次印刷
印数:1~8 000 册 定价:30.00 元

前言 qianyan

从孕育之初到呱呱坠地，从牙牙学语到进入学校……孩子一天天长大。他每一步的成长都倾注了父母辛劳的汗水，都有父母浓浓的爱在其中。爱孩子，要尊重地爱，也要宽容地爱，要避免对孩子的伤害。

恰到好处地处理亲子关系，和孩子进行良好的沟通是个大学问。比如，面对犯了错误的孩子，是讲究方法、循循善诱，还是口出恶言、粗暴简单地解决问题？父母采取何种态度，决定了孩子的人生走向，是走向快乐和幸福还是走向偏执与毁灭？一句善解人意的话，可以温暖孩子的心，让他走向积极的人生；一句不负责任的辱骂，则可能使孩子走向不归路。

对孩子说什么话，与孩子做怎样的沟通，是家庭教育中的关键环节。面对孩子，很多父母还不会"说话"，或不知道该说什么话，或以家长自居，经常斥责孩子，对孩子大呼小叫，等等，这表明父母还不能与孩子有效沟通。

据有关机构统计，目前有90%的家庭存在父母与孩子沟通的问题，而这些问题又衍生出了许多社会问题，甚至导致一些孩子由于父母疏于管教而失足，父母也由于和孩子无法交流而造成了终生的遗憾。所以，父母要尽到自己的职责，尽量多抽些时间与孩子聊聊天、说说话，并以人生智慧来指引孩子。

有人说，世界上最成功的家庭教育，就是父母在与孩子的沟通中不知不觉地完成的。亲子沟通是每位父母必须掌握的一门艺术，运用得好就会大大促进孩子的成长，甚至会决定孩子的命运；运用得不好，就会给孩子的成长带来负面影响，甚至会让父母终生遗憾。可见，亲子沟通有效与否决定着家庭教育的成败。

只有沟通，父母与孩子才会彼此理解；只有沟通，亲子关系才会和谐、融洽。有效的沟通，就是架在父母与孩子间的一座心灵之桥，通过这座桥，父母与孩子彼此了解，相互尊重。但很多父母经常说孩子不听话，不喜欢上学，与同学闹矛盾，与父母顶嘴，等等，可却没有从根本上意识到，这些情形的发生与亲子间缺乏真诚顺畅的沟通有关。试想，作为父母，如果连孩子的心理需求是什么、心里在想什么都不清楚，又怎么去引导、帮助和教育孩子呢？

之所以很多父母与孩子的沟通是失败的、无效的，就是因为他们运用的方式是消极的，比如，他们习惯用命令、呵斥、指责、责骂的方式沟通。其实，语言也会伤人，父母尖刻的奚落、讽刺和挖苦带给孩子的伤害甚至会大于体罚的伤害。长此以往，孩子就会封闭心灵，拒绝与父母沟通，就会漠视甚至仇视父母。

作为父母，一定要充分考虑到与孩子思想观念的差异，多站在孩子的角度上考虑问题，去发现这个时代的孩子的变化，适应这种变化。只有这样，才能给孩子充分的尊重和理解，让孩子在亲情的温暖下健康成长。

为了让广大父母更好地与孩子有效沟通，我们特别编写了这本《与孩子有效沟通的 100 个好方法》，全书分八章：走进孩子的内心世界、学会真正尊重孩子、正确树立自己的威信、平等交流有利于沟通、掌握一点沟通艺术、善于鼓励孩子、营造良好的沟通氛围、运用非语言沟通法，共 100 个好方法，这些方法将会有效促进亲子间的沟通。

每个方法均以"名家之言"作点睛之笔，接着用"经典事例"作导引，并对事例进行解析和"智慧点拨"，让父母能更进一步认识方法的重要性。同时，每个方法后面都有一个"参考建议"板块，用通俗的语言为父母提供落实的具体建议，这些建议非常直观、切实可行、极具操作性，会让父母的教育素质得到提高，培养起孩子来也会得心应手。在每个方法的最后，还有"金玉良言"，能让父母感受到每个方法所蕴涵的不朽智慧。

《与孩子有效沟通的 100 个好方法》立足国内家庭教育的实际情况，紧紧围绕实现亲子间有效沟通的问题展开，引用了大量可供借鉴的生活中的真实事例，从亲子间如何营造沟通氛围、如何平等交流等不同角度作了详细、系统的阐述。书中提供的沟通方法足以让广大父母领悟到与孩子有效沟通的智慧，掌握有效沟通的技巧，让亲子沟通变得得心应手，从而及时帮助孩子解决出现的诸多问题，让孩子感受到父母对他的关爱，进而让他获得进取成长的力量，茁壮快乐地成长。

《与孩子有效沟通的 100 个好方法》是与为人父母者的真诚分享，简单直观、实用性强，力求对亲子沟通有实际指导价值，是专为寻觅亲子沟通良方的广大父母们打造的一部难得的实用宝典。本书语言朴实，娓娓道来，亲和力强。相信每位父母都能从中得到启发，从而实现与孩子的有效沟通。衷心希望每位阅读本书的父母都能把握亲子沟通的每种方法，把孩子培养成有用之材！

本书的策划与编写得到了很多老师的帮助与支持，他们是：周扬、张淑涵、翟晓敏、齐梦珠、周雅君、雏真真、梅梅等，在此向他们表示衷心感谢。

目 录

第一章 走进孩子的内心世界

　　孩子与父母的眼中看到的是两个不同的世界,孩子需要父母了解,父母也需要了解孩子。然而,遗憾的是,很多父母却并不了解自己的孩子。孩子的心灵就好像一本书,父母需要用心去体会才能读懂。不得不承认,孩子的内心世界是复杂的、敏感的。所以,父母不应把焦点都放在孩子的学习上,更多的是关心孩子的日常生活及心理状况,真正地走进他的心灵世界;还应该给予孩子足够的关注和理解,努力探索孩子的内心世界,找到不同的方法引导孩子,以便能够让他更加健康地成长。这样,亲子关系就会越来越好。

第二章 学会真正尊重孩子

　　父母如果想与孩子顺畅地沟通,就一定要学会尊重孩子。而尊重孩子的前提,就是要认识到孩子也是独立的人,也有自己的尊严,而且他的尊严与成人的一样,是不允许他人践踏的。父母只有真正关心孩子的尊严感,才能使孩子通过学习而受到教育。家庭教育的核心之一,就是让孩子始终体验到自己的尊严感。只有尊重孩子,孩子才能学会尊重他人。其实,人都有一个特点,那就是你说的事情能让我内心满足,我就会愿意听你的,否则为什么要听呢?孩子如果感觉到父母在尊重他,他就乐于听父母的话;相反,如果他感觉不到父母的尊重,他就会很反感,当然也不会把父母的话听进耳朵里去。

第三章　正确树立自己的威信

很多父母常常抱怨孩子不听话,但实际上,他们常用自己的行动来抵消自己的言语效果,让孩子认为父母是说一套、做一套,不必对父母的话认真。孩子希望父母以身作则,言行一致。如果每位父母都能这样,那么,孩子的成长就会受到良好的影响。只有父母做得好,才能给孩子树立榜样,才能树立起威信,才能与孩子沟通好,才能教育好孩子。实际上，最好的家庭教育是"不教之教"，要求孩子做到的父母自己首先要做到。榜样的力量是无穷的，对孩子来说，父母的行为往往会比说教更有说服力，也更容易让孩子接受。

第四章　平等交流有利于沟通

　　所谓平等，是指父母在对孩子的教育中以一种平等的姿态，与孩子进行谈心、交流与沟通，给孩子创造一个平等对话的平台，以更好地进行亲子沟通，让孩子更加健康地成长。与孩子平等交流、相处，就会满足孩子的自尊心、自信心。这样，孩子的言行举止就会表现出快乐之情，就会十分配合父母。所以，父母一定要有主动与孩子平等相处的意识，只有这样，父母的行为才会让孩子感觉到平等。要知道，孩子非常希望看到父母的平等行为。

第五章　掌握一点沟通艺术

　　良好的亲子沟通,能形成融洽、和谐的亲子关系,有利于培养孩子健全的人格,有利于父母有效帮助孩子克服他在成长中遇到的各种问题,从而有利于孩子的成长与成才。但有时候,亲子沟通并非是父母在说,孩子在听。实际上,亲子沟通就是一门艺术,需要父母用心体会,在与孩子的沟通中探索有效沟通的方法与技巧,不断提高亲子沟通的水平。只要父母学做一个有心人,讲究与孩子的沟通艺术和技巧,亲子沟通就会变得更加温馨。

第六章　要善于鼓励孩子

　　心理学家曾说:"就像植物需要水一样,孩子需要鼓励。离开鼓励,孩子就不能成长。"对孩子来说,最残酷的伤害是对他的自信心的伤害,最大的帮助是给他以能支撑起人生信念风帆的鼓励与信任。所以,不论孩子现在是多么"差",父母都要多鼓励孩子,并善于鼓励孩子,充分树立起他的自信,让他在人生长河中做到信念永存,脚踏实地。这样,孩子就一定会步入成功的殿堂。这里面有最为重要的一点,那就是父母在鼓励孩子时,一定要发自内心地真诚地去鼓励孩子,这样的鼓励才能达到最大的教育效果。

第七章　营造良好的沟通氛围

　　要想与孩子有良好的沟通,需要父母营造一个良好的沟通氛围。父母不能突如其来,不能太过严肃,否则孩子会心存戒备,无法与父母顺畅沟通。父母要善于把沟通的道理融入到生活中去,可以在晚餐时与孩子聊聊,也可以在散步时与孩子说说,因为这样的氛围往往比较轻松,孩子也能自由地发表自己的看法,从而能把心中的想法和盘托出,而且这时他也比较能接受父母在"无意"中灌输的观点。

Y与孩子有效沟通的100个好方法
Yuhaiziyouxiaogoutongde100gehaofangfa

第八章　运用非语言沟通法

　　美国语言学家艾伯特·梅瑞宾研究发现,人与人之间的沟通,高达93％是通过非语言沟通进行的,只有7％是通过语言沟通的。而在非语言沟通中,有55％是通过面部表情、形体姿态和手势等肢体语言进行的,只有38％是通过音调的高低进行的。因此,他提出了一个著名的沟通公式:沟通的总效果＝7％的语言＋38％的音调＋55％的面部表情。所以,父母也一定要善于运用非语言沟通方式与孩子沟通。

第一章

走进孩子的内心世界

孩子与父母的眼中看到的是两个不同的世界，
孩子需要父母了解，
父母也需要了解孩子。
然而，
遗憾的是，
很多父母却并不了解自己的孩子。
孩子的心灵就好像一本书，
父母需要用心去体会才能读懂。
不得不承认，
孩子的内心世界是复杂的、敏感的。
所以，父母不应把焦点都放在孩子的学习上，
更多的是关心孩子的日常生活及心理状况，真正地走进他的心灵世界；
还应该给予孩子足够的关注和理解，
努力探索孩子的内心世界，
找到不同的方法引导孩子，
以便能够让他更加健康地成长。
这样，亲子关系就会越来越好。

1. 正确面对亲子间的代沟

目前国内 90% 的家庭存在家长与孩子沟通的"代沟"问题，而且孩子的青春期是沟通不畅的多发期。

——（中国）卢勤

经典事例

上小学 6 年级的陶韬马上要过生日了，他想在家里举办一个生日 party，请几个平时比较要好的同学来家里一起热闹一下。生日前一天，陶韬将这个想法告诉了父母。但让他没想到的是，这个提议立刻被父母给驳了回来。

爸爸说："不好好学习，怎么总学社会上的不良风气？居然还开始请客吃饭了！"

妈妈说："你的朋友里，也没几个学习好的，这样的人你最好不要与他们多来往。"

陶韬一听就急了，他反驳道："什么叫不良风气？什么叫不要多来往？你们怎么那么老古董？"

一来一去，父母和孩子吵作了一团，陶韬连饭都没吃完，甩手进了自己的屋子，本来应该是一顿温馨的家庭晚餐最后却不欢而散。第二天的生日，陶韬也是在郁闷中度过的，甚至都没和父母说话，而父母也对孩子的不礼貌行为十分生气。

智慧点拨

也许孩子的想法一时会让父母无法接受，也许父母的本意并不能为孩子好好理解，就如故事中的陶韬与他的父母。但是，故事中两代人处理问题的方法都是不正确的。发生这种事情正是因为代沟的存在，而父母却未能正视这个代沟。对于这种情况，父母一定更要重视。

所谓代沟，指的是两代人在思想方法和心理品质上的不同。美国著名的未来学家丹尼尔·贝尔说过："一代人为之艰苦奋斗的事情在别一代人往往看得平淡无奇。"的确如此，由于生活的时代、经历、环境、教育等的不同，两代人之间很容易发生心理和观念上的差异。所以，如何正确面对亲子间的代沟，就成为父母与孩子两代人之间需要好好处理的问题。

因此，父母首先要正确看待亲子间的代沟，在与孩子进行有效沟通后，让代沟从阻碍两代人交流的壕沟变成促进亲子关系的催化剂。

参考建议

代沟的存在也许会让父辈与子辈间产生交流障碍，甚至交往冲突，但这些不利状况又不是完全不能避免的。只要父母与孩子之间互相理解尊重，同时相互学习，互相多为对方着想；只要能够取长补短，求同存异，两代人之间的隔膜便会消除许多。

1. 要正视代沟的存在

许多父母对于代沟的存在总有不恰当的理解，要么认为它的存在是一件不应该的事情，它让父母与孩子间建立起隔阂，使父母不能很好地去管理孩子；要么就是以代沟为借口，反而对孩子颐指气使，认为就是因为代沟，孩子才不能理解父母的苦心，完全将代沟当做是自己权威的代表。

很明显，这样的父母都是不能正视代沟存在的父母。对于代沟，身为长辈的父母不应该戴上有色眼镜去看待，而是应该理智面对它的存在。父母既不能逃避代沟，也不能无视它的存在；同时，父母也不能过于较真，不能因为一句代沟就完全无视孩子的心声。

2. 包容孩子的成长过程

孩子成长的时代终归是与父母的时代有所差距的。毕竟时代是进步的，社会是发展的，不同时代背景下的人，总是会有不同的思想与行为。

因此，父母应该包容孩子的成长过程，多给他一些自己思考、判断、决策的空间，同时也要宽容孩子的错误。毕竟，父母在孩子成长过程中最大的责任，就是要教育孩子如何做人。所以，父母要正确看待与孩子之间的代沟，要对孩子的成长以宽容的心态去看待。

3. 用自己的经验帮助孩子成长

父母毕竟是经历过比孩子更长的人生，因此许多经验对于孩子的成长来说都会很有价值，对孩子可以起到帮助与支持的作用。

因此，父母更多的应该是用自己的人生经验来帮助孩子成长，而不是用经验来对孩子的新鲜体验进行反驳，也不能用自己的经验来否定孩子完全与自己不同的理解。而且，即使是父母的经验，对于孩子来说，也应该只是建议与参考。毕竟，孩子只有通过他自己去了解、认识和体会对世界的认知，才能更有

收获。

4. 要与孩子换位思考

代沟的产生，就是由于父辈与子辈间对于世界、事件、时代等的不同看法所导致的。因此，为了更好地面对代沟，处理代沟，父母应该与孩子进行换位思考。

通过换位思考，父母要了解处在新时代的孩子，尽量体会在新时代下成长的他有什么新鲜的思想与看法；而孩子通过换位思考，则要用心去体会父母的经历，要让孩子体谅父母生活与奋斗的艰辛，让孩子明白父母的苦心。

换位思考可以让两代人达到互相交流思想、交流情感的目的，从而减少代沟所带来的负面影响。

金玉良言

尽管代沟的存在不可避免，但代沟的存在也不是一无是处。所以，父母与孩子都要正确面对亲子间的代沟，既不能过于看重，也不能弃之不顾。父母要通过代沟的存在，发现与了解孩子的想法，真正理解孩子成长的愿望，并且对孩子的成长给予必要且重要的指导。

2. 了解沟通的障碍在哪里

只有打算开诚布公的人们之间，才能建立起心灵上的交流。

——（法国）巴尔扎克

经典事例

上小学4年级的孟尧从放学回到家就一直惴惴不安，因为他的语文考试没及格。但老师又要家长在卷子上面签意见，所以，他很是害怕。

果然，当孟尧将卷子拿给爸爸的时候，爸爸也不问孟尧原因，一个巴掌就扇了过来，还劈头盖脸地好一顿臭骂，而且最后还说不给孟尧签字，让他也不要再去上学了。孟尧哭得跟泪人似的，拿着卷子站在爸爸身边不敢动弹。

后来，爸爸冲孟尧嚷道："知道错了吗？"

孟尧含着眼泪点点头，爸爸不耐烦地摆摆手说："给我回屋好好学习，下次再考这么点分，看我怎么收拾你！"

孟尧回到自己的屋子依然在哭,他其实很想告诉爸爸,这次考试有些难。他想让爸爸帮助他一起改卷子上的错误,因为有些知识,他这个 4 年级小学生掌握得还不是很透彻。但是,很明显,爸爸十分生气,哪里还能听他说话呢?

智慧点拨

孩子的成长,总是会有各种各样的问题,这时候他最需要的是父母的帮助与鼓励,让他能够得到成长的经验。像孟尧爸爸这样,孩子稍有不合自己心思的地方,非打则骂,又怎么能与孩子好好沟通,来了解到他的问题所在呢?

孩子在成长过程中,失败、错误总是不可避免,迷茫、问题更是多得数不清,他遇到这些情况的时候,最需要的就是和父母的沟通,同时也需要父母的帮助。但是现在的不少父母,总是会忽略掉孩子的言语,忽略掉孩子想要沟通的欲望。父母总是自以为是地妄下结论,从而也对孩子产生了错误的判断。沟通障碍的产生,对于父母与孩子来说,都是不利的。它影响了父母对孩子的了解,影响了孩子向父母的求助。所以,这种障碍应该引起父母和孩子的重视。

父母要及时寻找并发现问题,及时铲除掉这些阻拦亲子沟通的屏障,与孩子共同建立起可以互相畅所欲言的桥梁。

参考建议

每一个结果都必然会有原因的存在。父母与孩子间的亲子沟通出现障碍,也一样有着种种的原因。父母需要认真思考,尽快找到阻碍亲子交流的原因,并尽可能地消除掉这些不利因素。只有良好的沟通,才是解决孩子成长问题的关键。

1. 正确对待父母与孩子的关系

很多父母不能正确对待自己与孩子之间的关系,而这种无法正确对待的态度,又往往是造成父母与孩子之间不能正常沟通的重要原因之一。

比如说,父母往往会将自己与孩子之间看成是上下级的关系,父母习惯于发号施令,孩子只能无条件服从。再或者,孩子与父母也可能是主仆关系,孩子就像家中的皇帝,父母对其言听计从。甚至还有监视、猜忌、怀疑等一些不合乎正常的父母与孩子间应有关系的情况存在。

所以,父母要端正思想与态度,对待孩子,既不能过于严苛,也不能过于放纵。只有良好的亲子关系,才是父母与孩子之间沟通能够进行的基础。

2. 控制自己的恶劣情绪

许多父母在与孩子交流的时候,总是会有一些恶劣情绪出现。在生活中,经常可以看到一些父母对孩子发脾气,或者带着怒气处理孩子的问题。这些恶劣的情绪都会影响到与孩子之间的沟通交流,甚至会让孩子的心灵受到伤害。

因此,父母要注意控制自己的情绪,在面对孩子的错误,或者遇到孩子的行为思想与自己不相符的时候,要尽量用平和的心态来对待,通过转变自己的思维方式、改变自己的认识来看待孩子的问题。毕竟,问题只有通过恰当的沟通交流才能得到更好地解决。否则,父母一味地释放自己的恶劣情绪,也许会让问题转而向更糟的方向发展。

3. 改变不恰当的说话习惯

孩子经常能够从父母口中听到诸如"你能不能好好学习"、"你怎么这么不争气"、"你就不是那块料"等话语。这些在父母自己认为是"为了孩子好"的习惯性语言,在孩子看来,就是父母对他的不信任,就是父母对他的责骂与惩罚。长此以往,孩子将有可能失去自信心,而他不愿意与父母交流沟通也就在所难免。

因此,父母应该及时纠正类似的不恰当的说话习惯,让孩子在平等包容的语言环境中,自然而然地对父母敞开心扉。

4. 创造良好的家庭氛围

心理学家经过研究发现,家庭氛围对于孩子的人格塑造,往往起到决定性的影响作用。而亲子关系的好坏,甚至孩子人格的形成,在很大程度上也取决于父母的人格特征。换句话说,家庭氛围是培养孩子性格的关键。在和谐包容平等的家庭中,孩子与父母自然会善于沟通,也乐于沟通。

人是环境的产物,而家庭环境是需要所有家庭成员来创造的。所以,父母首先要学会控制自己,尽量让自己保持平和,也尽量为孩子创造一个良好的家庭氛围。父母要通过良好的环境来让孩子卸下防御的心理,让他能在轻松的环境中自然吐露心声。

金玉良言

父母希望与孩子进行沟通,而孩子也渴望能与父母进行沟通。所以,父母要了解亲子沟通的障碍所在,尽早地消除这些障碍。父母只有与孩子能够顺利沟通,才能了解孩子的思想,才能让孩子更健康快乐地成长。

3. 知道孩子的心理需求

人的内心里有一种根深蒂固的需要——总想自己成为发现者、研究者、探寻者。 在儿童的精神世界中，这种需求特别强烈。

——（苏联）苏霍姆林斯基

经典事例

温蓉上小学 5 年级了，她是个十分喜欢读书的孩子，每天晚上临睡前都喜欢再看一会儿书。但是，妈妈却经常阻止温蓉这样做，她认为孩子这样会伤害到眼睛，也影响睡眠。

这天晚上，温蓉依旧要看书，但妈妈却要关灯。温蓉说："妈妈，就给我 15 分钟，我就只看 15 分钟。"

但妈妈却说："不行！快睡觉！"

结果，因为不让看书而闹情绪的温蓉，直到半夜都没有睡着。

后来，妈妈了解到孩子真的是喜欢看书，于是她选择尊重孩子的意愿。最终妈妈答应了温蓉，允许她每天睡前看 15 分钟的书。而令妈妈感到欣慰的是，温蓉果然很遵守自己的诺言，15 分钟一到，就乖乖地关灯睡觉了。

智慧点拨

也许孩子的想法并不像父母想的那么复杂，而孩子的一些行为也不一定如父母所想会有什么伤害。像故事中温蓉这样的情况，想必生活中也有不少类似的例子，其实这都是父母不了解孩子的心理需求所导致的。

其实，每个人都有一种想要向别人证明自己能力的渴望。而在孩子的身上，这种渴望往往更为强烈。他需要父母对自己的行为、思想表现出理解和赞同，他需要父母能够肯定自己的重要性和价值。而当这些心理需求因为种种阻碍而不能得到满足的时候，他的挫折感就会产生。这种挫折感对于孩子的未来成长，可能会起到很大的阻碍作用。所以，父母要足够重视孩子的心理需求。

而父母一旦了解了孩子的心理需求，就要用心去思考，要用理智的态度去面对，并用恰当的方式来满足它。

参考建议

孩子的成长过程中,除了物质要求以外,最重要的就是心理需求。一个孩子只有心理需求得到满足,他才会形成一个良好的性格,而这种良好的性格,也会对他未来在社会上的发展起到推动的作用。

1. 让孩子感受到关怀与爱护

父母的爱对于孩子是十分重要的,只有让孩子感受到来自父母的关怀与爱护,孩子才能敞开心扉。而若是孩子的这种对爱的渴望得不到满足的时候,有可能会使他产生冷漠的性格,甚至会有逆反的心理出现。

因此,让孩子感受到关怀与爱护,是父母能够了解孩子心理需求的一条捷径。只有在爱的包围下,孩子才能安心地向父母吐露心声,父母也才能了解到孩子更多的心理需求。

但是,父母也要注意的是,给予孩子关怀与爱护要适度,过多的关爱就变成了溺爱,这样也会对孩子的成长不利。

2. 适当地让孩子独立成长

孩子随着年龄的增长,会有自己的想法与观点产生。他会想要凭借自己的力量而独立成长,他也许并不需要父母的过度保护,或者父母的过多干涉。他需要自己面对一些事情,需要自己能独立处理遇到的问题,尽管有许多时候会碰得头破血流,但他也宁愿去再次尝试。

所以,父母要适当地放开手,让孩子能独立成长。父母要让孩子能自己探索世界,不要代替孩子动手,更不要代替孩子作出决定。孩子的独立需求正是他成长的需要,父母要给予孩子足够的独立成长的空间。

3. 对孩子的良好行为给予认同

有时候,孩子的一些小小的成就,是需要父母给予鼓励和赞赏的。因此,父母对于孩子的良好行为,要及时地表达出认同的态度,同时也要及时地对孩子施以赞扬和鼓励,让孩子产生成就感。而孩子在得到父母的认同之后,他的心理就会得到满足,他才会快乐,他才会乐于与父母分享他的所有事情。

因此,父母要重视孩子对成就的需求,以免孩子因为无法体会成就感而悲观、失落或沮丧,时间长了,孩子就会产生消极心理,进而影响到他的成长。

4. 给孩子信任与尊重，让他有安全感

人如果没有安全感，就无法信任别人。而对他人的不信任，就会无法和人建立起恰当的关系，可能使人造成疑心病，形成刚愎自用的性格。拥有这样性格的人，甚至也有可能影响到社会化的进程。而在安全的环境下，人才会放松精神。尤其是孩子，只有在安全的环境下，他才能卸下心理防线，才能表达出他的心理需要。

父母需要给予孩子信任与尊重，要让他感受到来自于家庭的温暖与安全感。只有拥有安全感的孩子，才会放开手脚去探索未知，他才能有机会学到新事物。而安全感的存在，使得孩子的情绪与智能的发展不会受到不良因素的影响，他的心理需求也能得到满足。

金玉良言

孩子的世界都是简单而纯净的，他的所有行为无非都是想要满足自己某种单纯的需要。而父母若是对孩子的这些行为举动缺乏细致的观察，那就有可能会导致孩子产生一些不良的心理与行为。所以，父母要知道孩子的心理需求，要让孩子能在理解包容的环境中健康成长。

4. 找回自己失去的那颗童心

夫童心者，真心也；若以童心为不可，是以真心为不可也。　夫童心者，绝假纯真，最初一念之本心也。　若夫失却童心，便失却真心；失却真心，便失却真人。

—— （中国）李贽

经典事例

5岁的马腾聪明伶俐，而且表现欲极强。每次从幼儿园回家，总喜欢给爸爸讲老师讲过的故事，或者干脆自己当老师，让爸爸当学生，他教爸爸背儿歌。

而爸爸对于孩子的这种游戏也乐此不疲，玩得不亦乐乎。每每此时，爸爸都会规规矩矩地坐在孩子给准备的小凳子上，认真地听马腾这个"小老师"传授"知识"，或者背儿歌，或者学算术。有时候，爸爸故意出些小错，"小老师"还会像模像样地"批评"几句。

每次马腾妈妈看见了,都会笑着说马腾爸爸:"你也是个长不大的,多大的人了还跟孩子瞎闹。"

但马腾爸爸却一本正经地纠正道:"这才不是瞎闹。跟孩子在一起,就要有一颗童心。我们失去童心太久了,生活压力又太大了。童心不贪婪,少欲望,像孩子一样生活,用孩子的心来看世界,你就会发现生活还是有许多快乐的。而且,不从孩子的心思去考虑,又怎么能对孩子进行教育呢?"

智慧点拨

老子说:"含德之厚,比于赤子。"意思是说,道德修养极好的人,就如同出生的婴儿一样纯真自然。老子将童心与极好的道德修养做比较,可见童心的重要。因此,父母要向马腾爸爸那样,时刻保持一颗童心,用童心来体会孩子的思想情感,从而更好地教育孩子。

苏联著名儿童文学作家尤里·亚科夫列夫曾经说过:"一个真正的人直到他生命的最后日子,仍然保留着童年时代的珍贵储备。人最纯洁、最独特的东西和他的童年密切相关。聪明智慧、感情深厚、忠于职责,以及成年人的许多其他好品质,永远不会同他童年时代的不可动用的储备相矛盾。"童心是未经过世俗污染的净土,孩子有创造他自己的未来的权利,而想用自己已经满是世俗风气的思想来为孩子设计未来的父母,说到底也是愚蠢的父母。

因此,父母要努力找回自己失去的那颗童心,用孩子的眼睛来看待孩子的事情,用孩子的思想来解决孩子的问题,这样对于孩子的未来教育也是大有益处的。

参考建议

随着年龄的增长,许多成人已经失去了曾经的童心与童趣。而面对孩子,许多父母也习惯于从成人的角度去批评孩子的幼稚、天真与缺少能力。这是不理智也是不正确的做法,父母要找回自己已经失去的童心,将心比心,才是教育孩子的好方法。

1. 给孩子讲自己的童年

回忆是人的一种思索的情感,是过去时间在人的大脑中留下印象的经历。每个人都有属于自己的童年经历,父母也一样。小时候做的一些游戏、办的一些傻事,或者曾经有过的梦想,父母都可以讲给孩子听。通过回忆自己的童年,给孩子讲自己童年的故事,父母可以拉近与孩子的距离。而父母坦诚的态度,

以及讲述的不一样的新奇经历,也会让孩子感觉亲切。

2. 呵护孩子的童心

孩子总是有其特有的特征,说起话来天真幼稚,玩耍起来不顾一切,会因为小小的事情大哭不止,也会因为微不足道的夸奖高兴得不得了。这就是童心,纯真而不含杂念,喜怒哀乐被区分得界限分明。

7岁的童灵总会有妙语惊人。妈妈拿着课本问他:"为什么花会开?"童灵回答道:"因为花睡醒了,它想看看太阳出来没有,它想听听小鸟的歌唱。"妈妈笑笑,尽管书上写的正确答案是:"因为天变暖和了。"但是,妈妈还是呵护了童灵的童心,没有用书上的正确答案来纠正孩子的说法,反而夸奖他肯动脑筋。

其实,孩子的世界是五彩缤纷的,他的头脑中总是会有令人惊讶的想法。父母要借鉴童灵妈妈的做法,肯定孩子的想象力,呵护孩子的童心。只有这样做,孩子才能自由释放思想,才能成长为勤于思考并且思想健全的人。

3. 积极参与孩子的活动

孩子的活动在成人看来也许是幼稚的,但是它却往往反映出孩子的思想,甚至反映出孩子的兴趣与特长。父母可以通过参与孩子的游戏或者其他活动,来了解孩子的内心世界,同时这些活动还能增进亲子间的沟通交流。

父母不要拒绝孩子想要一起活动的邀请,那样会打击孩子的积极性。当然,父母对于孩子的活动也不要退缩,更不要寻找各种借口来推脱,这样对于培养孩子的信心是十分不利的。因此,父母要保持一颗童心,抓住或者创造一些机会,多与孩子增进感情。

4. 努力与孩子的思想感情保持一致

保持童心就要多用孩子的眼睛去看世界,就是要求父母要从某种角度上将自己变成孩子。尽管岁月无情,总是会让父母与孩子在年龄上拉开距离。但是,父母也要努力让自己与孩子保持有一样的思想感情。父母要学会用孩子的眼睛去观察,用孩子的兴趣去探索,保持有孩子般的纯真,并且要像孩子一样,用自己的童心去热爱世界。父母只有与孩子的思想感情保持一致,才能更好地体会孩子的成长过程。

金玉良言

保持童心会让人乐观、好奇而且富于想象,保持童心也会让人拥有宽容、真诚和简单的满足感。童心的清澈与纯净,会让人忘却这世界上许多不必要的烦躁与杂乱。而且,拥有童心的父母,也能更好地了解孩子,从而更好地对孩子进行有针对性的教育。

5. 让孩子自由地表达想法

语言是赐予人类表达思想的工具。

——(法国)莫里哀

经典事例

7岁的郑然表现欲极强,每天在家总是不停地说这说那,不停地发表自己的意见。而妈妈却觉得他太吵了,经常对郑然说:"你给我闭嘴!"但孩子终究是孩子,虽然妈妈这样说,但郑然依然管不住自己的嘴巴,还是说个不停。

这天,郑然放学回家,又对妈妈说起了他在学校里的趣事,一边叙述,还一边发表自己的看法。妈妈工作了一天,本来就很累,这下觉得更烦了。她冲郑然吼道:"你要是再说我就把你的嘴用胶布封上!"

郑然本来以为妈妈是在吓唬他,他只安静了一会儿,就又开始了自己的演说。但他没想到的是,妈妈居然真的找来了胶布贴在了他的嘴上。

被吓坏的郑然,从那以后老实了许多。他再也不多说话了,就算自己心里有什么事情,也不再对妈妈讲。妈妈想要的"安静"的孩子出现了,可是,那个善于表达自己想法的孩子却再也找不到了。妈妈对郑然的心思越来越无法琢磨,她也越来越不知道孩子究竟在想些什么了。可是这又能怨谁呢?

智慧点拨

说话是每个人的权利,就算是孩子也不例外。郑然爱说话,他表达的正是自己的内心,但郑然的妈妈却彻底抹杀了孩子自由表达的权利。孩子最后变得让父母无法琢磨,这也在所难免。

而很多时候,孩子不能顺畅地表达自己的想法,却并不等同于他没有想法。若是他不能自由畅快地说出来,那么作为孩子来说,他恐怕会采取一些其他的行为举动来代替。比如发脾气,还比如会开始无理取闹。而这些也都是孩子表达想法的方式,只不过在父母看来,这些非语言的方式,看起来就像是孩子在故意找茬。而相反的,若是孩子能自由表达,一些不良行为自然不会出现,父母不但可以了解孩子的内心世界,同时也能从孩子的想法中发现问题,通过及时纠正与教育,还能促进孩子的成长。

由此可见,让孩子自由地表达自己内心的想法,正确而清晰地表述出自己的意愿,是十分必要且重要的。父母应该让孩子明白表达的重要性,并且给孩子说话的机会,从而让他向父母敞开心扉。

参考建议

随着年龄的增长,孩子遇到的事情越来越多,他便会产生自己的一些想法。父母对于成长期的孩子的想法,应该抱有倾听的态度与包容的心理。只有让孩子自由表达出来,父母才能了解孩子的成长愿望与内心思想。

1. 鼓励孩子有话就要说

许多孩子的想法不能为父母所知,追其原因就是孩子不愿意说话。不少孩子,心里的想法只是在自己心里憋着,从来都不向父母吐露。他往往认为,只有一些关乎学习之类的所谓的"正式的话",自己说了父母才会听,其他的话父母也许不想听到。

因此,父母首先要转变观念,要尊重并重视起孩子的话语,要让孩子能够有话就说,而且还要让孩子觉得他的话说出来是有意义的。

2. 帮助孩子学会清楚表达

孩子的想法不能为父母所熟知的另一种情况,就是孩子不能清楚地表达自己的意思。而当孩子对自己想要表述的内容都无法描述清晰的时候,父母自然不能理解孩子的想法。久而久之,孩子也会认为,既然自己的想法不能为父母所明白,那就不用再表达了。长此以往,将会形成一个恶性循环。

所以,父母要帮助孩子学会用清晰的、有逻辑性的语言来表达自己的意思,至少要让父母能听明白他究竟想要说什么。

3. 包容孩子的想法

很多时候,孩子不愿意表达自己的想法,也是因为父母对这些想法的轻视与排斥。父母往往从成人角度考虑,认为孩子的想法不切合实际,或者认为孩子的想法完全就是天马行空、毫无道理。而且,有不少父母也只将思想停留在"让孩子好好学习"上,并不多考虑孩子的其他方面的想法。以上种种,都是导致孩子不愿自由表达想法的原因。

由此可见,父母需要有一颗包容的心,包容孩子的所有想法,不管这些想法是好的、坏的、成熟的,还是幼稚的。在包容的同时,父母也可以给予孩子一些建议或意见,让孩子明白哪些想法对自己有帮助,哪些想法是必须丢弃、甚至反省的。

4. 教给孩子一些表达技巧

用语言表达一件事物,也需要一些技巧。可以根据表达的内容,采用不同的方式、用词,以及语气、表情或者辅助动作。在不同的表达技巧下,听者对于表达者所叙述的事情,就会有不同的认知与感受。

孩子的表达往往不是直接而苍白,就是繁琐没有头绪。因此,父母可以教给孩子一些表达技巧,让孩子能灵活运用语言及非语言手段,清楚准确地表达出想法与意思。如,表达言之有理、言之有序、言之有物、言之有情等;再如,表达要把握时机,要先倾听后表达,注意用肢体语言,等等。

金玉良言

孩子尽管涉世未深,尽管还在学习,但他也与成人一样,有属于他自己的却不同于成人的想法。而孩子只有能够自由地表达出这些想法,父母才能对孩子的想法给出合理的指导与帮助,孩子才能健康成长。

6. 引导孩子说出心里话

坦率地说出心里话,不仅是一种道德上的责任,而且还是一种令人快慰的事。

——(英国)王尔德

经典事例

一位母亲晚饭后带着6岁的女儿出去散步,忽然母亲问女儿:"如果现在我们口渴了,而我们又没有水,但你的书包里有两个苹果,你会怎么做呢?"

女儿想了想,回答:"我会一个苹果咬一口。"

母亲听了有些吃惊,她以为这表现出了女儿的自私。但母亲仔细看了看女儿,孩子却是一脸的真诚。母亲想,她需要知道孩子真正的想法,还是听一听孩子的心里话吧。

于是,母亲耐住性子问女儿:"为什么呢?"

女儿说:"我要把最甜的那个给妈妈吃呀!"

　　母亲听到这儿，眼眶有些湿润。她不禁庆幸，自己让孩子说出了心里话。不然，若是只听见前半句，那她也许会彻底误会了女儿，而且她的误解恐怕也会伤了女儿的心。

智慧点拨

　　孩子的想法是不能由成人随便推测的，就如故事里的女儿的想法。其实大部分的成人在听见这个女孩第一句话之后，恐怕都会有"这孩子真自私"，或者"这孩子怎么这么不懂事"之类的想法，但谁又能知道孩子真正的意图呢？就连她的母亲最初也误解了她。但是这位母亲却又是理智的，她选择了倾听。也正是在母亲的引导下，孩子才说出了那样贴心的话。

　　其实孩子的心理都没有那么复杂，父母若是想要知道孩子内心的真正想法，就需要引导孩子自己说出心里话。若是父母只是以长辈的身份来告诉孩子要如何做、不要如何做，甚至限制孩子的行动，孩子就有可能不愿意向父母说出他的内心所想。而孩子的表达需求若是无法得到满足，那么他就会变得越来越不愿意开口。时间长了，孩子的性格甚至也会发生改变。

　　相反，能够说出心里话的孩子，他的内心就不会有感情堆积，更不会因为无法抒发情感而产生心理问题。不可否认，可以自由表达内心想法的孩子才是健康的孩子。

　　因此，父母要注意调整自己的心态，选择合适的方式、方法来引导孩子，让孩子能自己说出来他想要说的内容。

参考建议

　　孩子的想法总是让人难以捉摸，因此，父母只有通过引导，让孩子说出他内心的真实想法，讲出他的心里话，才能了解孩子的内心世界。

1. 让孩子感受到父母的信任

　　许多孩子不愿意跟父母说心里话，就是因为孩子不相信父母。他害怕父母会对他的心里话有轻视，他更害怕父母会对他的内心想法感到不满，对他的心里话提出批评。

　　因此，父母要尽量保持温和的态度，即使是在听到孩子不尽如人意的话或者行为时，父母也不要暴怒或者训斥甚至打骂孩子。只有让孩子感受到父母对他的信任与理解，孩子才愿意将自己的心事与父母分享。

　　不论好事、坏事，父母都应该用理智的态度去对待。毕竟，孩子还在成长，成长期不犯错的孩子根本没有，所以父母要有包容的心态。只有信任，才是打开孩子心锁的钥匙。

2. 不要妄自猜测孩子的想法

有时候，孩子刚说出话语的前半段，父母就根据自己的判断妄自推测，自以为是地认为一些事情就该是自己想的那样子。父母这样的自我猜测，会让孩子的表达失去意义。而在这之后，父母有可能会再也听不到孩子的心里话。

所以，父母不要由自己的思想来判断孩子的思想，毕竟每个人对事物的认知与判断都不尽相同。而且孩子的思想也会不尽成熟，父母也没必要非要将孩子的想法揣测成什么了不得的事情。父母唯一要做的，就是耐心听完孩子的话，并且通过与孩子的交流来了解事情的真相。

3. 正确对待孩子的心里话

当孩子的心里话讲给父母以后，父母也要与孩子产生情感上的互动，对于孩子的开心喜悦的情绪，父母要和他一起分享；而对于孩子的悲伤、烦恼、愤怒等情绪，父母也要帮助孩子来排解。

这就要求父母正确对待孩子的心里话，既不能过于重视，让孩子感觉父母像在审问；也不能过于轻视，就好比是听了段笑话。这两种极端的态度都会对孩子产生不好的影响，甚至会让孩子受到打击，从而减少与父母畅谈心里话的次数。父母应该耐心倾听，并且也要适当地表达情感。

4. 在孩子说出心里话后要帮忙解决问题

孩子在成长道路上会遇到各种各样的困难，但有些困难孩子总是不肯说出来。可是从实际来看，孩子又的确是需要父母伸出援手的。所以，父母在倾听孩子心里话的时候，要注意思考与辨别，在面对孩子的求助时，要及时给出帮助与指导。

另外，父母也要注意，在帮助孩子解决问题的时候，要抱有诚恳的态度，切记不可用指责或者轻视的态度来面对孩子的问题。只有贴心的父母，才能更好地帮助孩子跨越障碍，帮助他健康成长。

金玉良言

心里话是孩子内心最直接的表达，它可以反映孩子的喜怒哀乐，可以暴露孩子成长中遇到的问题，还可以提供孩子成长的信息。父母要善于引导孩子，让他能够主动地说出自己的内心所想，父母只有通过与孩子进行心灵上的沟

通,才能更好地对孩子进行教育与帮助。

7. 要有主动倾听孩子意见的意识

沟通是倾诉加倾听,孩子倾诉,父母要学会倾听。

——(中国)卢勤

经典事例

　　6岁的冉冉放学回家,高兴地跑到妈妈身边:"妈妈,今天我们学校发生了一件特好玩儿的事儿。"

　　妈妈此时正在电脑前忙工作,为了不打消孩子的积极性,说:"嗯,说吧,什么好玩儿的事?"说完,妈妈也没抬头,继续忙手里的工作,冉冉饶有兴致地说了起来。

　　说完,冉冉见妈妈没什么反应,于是大声喊道:"妈妈!"

　　这时,妈妈的视线从电脑屏幕前移到孩子身上,惊诧地看着她:"啊?"

　　冉冉问:"好玩吗? 妈妈。"

　　虽然不知女儿说了什么,但妈妈依然笑着附和道:"嗯,好玩。"

　　可是冉冉却不相信妈妈的回答,又问:"真的吗? 那我刚才说什么了,你重复一遍。"

　　这时候,妈妈被女儿的质问弄得不知所措了。

智慧点拨

　　孩子虽然年龄小,但也有自己的想法,也有表达的愿望。如果父母忽视了倾听的重要性,无疑会让孩子觉得没有得到应有的尊重。同时,他也具备辨别父母是不是在认真倾听的能力,如果父母忽略了这一点,无疑会出现像冉冉的妈妈那样尴尬的局面。

　　据一项研究显示,父母多与孩子交谈,会使他日后变得更聪明,这样的孩子也比较健谈,其智商和学习成绩也会更高。另一方面,父母善于倾听,孩子才会愿意把心里话说给父母听,父母也才能及时了解孩子的心理和他对周围发生的事物的反应,就会在不知不觉中纠正孩子一些幼稚或者模糊的观念。

　　和孩子沟通是一种艺术,有效沟通的必要条件是一定的时间、平等的交流和足够的耐心。当父母抱怨"孩子不愿意与我沟通"、"孩子总是把事情闷在心里"时,父母应该仔细想一想,今天认真倾听孩子的想法了吗?

参考建议

每个孩子产生心理问题时,都会在日常生活中表现出来,而父母的忽视会加剧孩子内心的无助和绝望。所以,父母要有主动倾听孩子的意识,多倾听他的成长故事。

1. 给孩子表达的机会

如今,很多教育学家都呼吁,关注孩子的精神需求应该更重于物质需要,那么怎样才算是关注其精神需求呢?其实,倾听孩子正是了解孩子心理的一个过程,是真正从精神和感情上关怀他。

曾有一对父母带着上小学 4 年级的孩子看心理咨询师,母亲喋喋不休地数落着孩子的种种"劣行":上课说话、小动作多、不按时完成作业……孩子一言不发,坐在旁边。

这时,心理咨询师要求孩子画一张"自画像"。画好后,画中的人物却没有嘴,问其原因,孩子说:"我在家里只需要耳朵,不需要嘴巴。"妈妈听了,却尴尬地说:"我是教育者,他是被教育者……"

其实,父母与孩子之间无所谓教育者和被教育者,其根本是良好的亲子关系,如果父母都不知道孩子心里想的是什么,这种和谐关系的建立从何谈起?所以,父母要多给孩子表达的机会,此时父母的耳朵比嘴巴更重要。

2. 全神贯注地聆听孩子

当孩子和父母讨论一些重要的事情时,父母一定要放下手头的工作,全神贯注地聆听。比如,眼神要注视孩子,根据孩子叙述的情节作一些回应。这样,孩子会觉得父母在认真倾听,尊重他,也才更愿意敞开心扉,诉说自己的事情和想法。

3. 做出认真倾听的姿势和表情

和孩子沟通时,父母要做出倾听的姿势,与孩子平视,不可居高临下,身体要微微前倾,表示关注。父母还要注意眼神的交流,表现出愿意倾听的兴趣来,同时说些诸如"你说吧,我听着呢"、"真的吗?后来呢"、"什么事?说来听听"之类的话,让孩子愿意往下说。

倾听的同时,父母可以配合一些肢体语言,如,父母可以微笑地注视着孩子,侧身搂着他的肩膀。当孩子说到高潮或意料之外的事时,父母要放下手中的活儿,注视着他,睁大眼睛,张开嘴巴,做出夸张的表情,这些肢体语言都能够激起孩子表达的积极性。当然,这些表情可不是装出来的,父母要努力走进孩子的心,仔细体会他的感受才行。

4. 安排专门的时间倾听

父母应该每天安排一段不长但有保证的时间和孩子一起交流,这样可以拉近与孩子之间的距离,逐渐消除跟孩子的隔阂。父母每天少看一会儿电视,少抽一支烟,挤出一段时间来,让这段时间完全属于孩子。

在和孩子的沟通中,父母的语言中要流露出倾听的愿望,表现出积极的兴趣,给他营造一个轻松的环境,让他知道父母是真心欣赏、关心他的,切忌带着疲惫或者不情愿的情绪。

金玉良言

"听话"和"顺从"不是孩子身上优良的性格,父母要善于听取孩子的意见。小到生活上的事,大到孩子的发展方向,都应该给孩子表述意见的机会,也应该让他表述完整。切忌当孩子的话讲到一半或和孩子意见不一致时,就以势压人、打断他。

8. 善于听出孩子的"潜台词"

教育的目标是为了培养人, 应该俯下身来听听孩子的心灵之音, 重视他们的喜怒哀乐, 关注他们的情感倾向。

—— (中国)李镇西

经典事例

一个七八岁的孩子放学回家,对爸爸说:"爸爸,今天某某同学上课不认真听讲,在桌子底下看漫画书。"

爸爸回答:"你管他呢? 你好好上课就行了,不许和他学啊!"孩子愤愤地说:"我知道,没和他学。"

妈妈下班回来了,孩子又把这件事告诉了妈妈。

妈妈说:"哦,那你看了吗?"

孩子回答:"我没看。"

妈妈肯定地点了点头："你做得对,你觉得他的行为对吗?"

孩子认真地回答:"不对。"

妈妈又问:"为什么不对?"

孩子说:"不应该在上课的时候看其他书,应该认真听讲。而且上课看其他书对老师也不尊敬。"

这时,妈妈笑了笑:"你说的对,我们应该尊重老师,上课时认真听讲,不看其他的课外书。"

智慧点拨

其实,对于一些事情,孩子有自己的想法,也有辨别是非的能力。他表达的意图可能是在征求父母的建议,或是肯定自己的观点。而像爸爸那样,无疑没有给孩子这个机会。相反,妈妈却用提问的方式,给孩子阐释观点的机会,从而帮助他在思想上建立了一个正确的认识"上课不能看课外书"。所以,父母要善于分析,听出孩子的"话中话"。

父母千万不要小瞧孩子的语言能力,随着年龄的增长,出于自尊心或者其他方面的考虑,孩子有可能不愿意直接说出内心深处的想法,他会改变一种表达方式,暗示父母。如果父母只是直白地理解其字面意思,误解了他真实的想法,那么,慢慢地就会在亲子间形成一道沟通障碍,从而影响亲子间的关系。因此,父母要善于倾听孩子的弦外之音。

参考建议

当孩子的话不再直截了当,而是委婉含蓄时,父母要善于听懂孩子的"潜台词",这样才能更好地了解其真实想法,使亲子间的沟通更加顺畅。

1. 赏识孩子说带"潜台词"的话

奥地利著名心理学家阿德勒认为:潜意识中,每个孩子都会不断寻找一种让自己从属于家庭的行为。孩子会尝试很多种不同的行为表达,目的是要找出一种让自己觉得有价值的途径,以保持自己在家庭中的身份和尊严。

可见,"潜台词"是孩子在寻找一种有效的表达途径之一。所以,当孩子婉转表达时,父母不能盲目打击:"有话就说,有屁就放,少拐弯抹角。"应该用赏识的眼光看待他的这种行为。

2. 提起足够的教育敏感度

孩子说话时,父母要善于察觉孩子的真实想法。一方面,注意他的眼神和肢体语言,提起敏感度来;另一方面,要细细品味他字里行间透露出来的微小的感情线索,如语气等一些"信号",挖掘其表达的潜在的意思。此外,父母与孩子间的默契也非常重要,父母要充分了解孩子的性格和生活,细心体察,慢慢地会发现洞察孩子的潜在心理并不是一件困难的事情。

3. 解析孩子的话外之音

孩子说话拐弯抹角,其实有时是在试探父母的想法。比如,孩子说:"妈妈,张山他们四点去打篮球。"其实,他有可能是在试探父母的意思"我四点可以去打篮球吗"。这个时候,父母要表明观点,给他一个明确的信息——可以去,或者不能去,并说明理由。当然,正确的解析还是要建立在认真倾听和冷静思考的基础上,所以,全神贯注地倾听是关键。

4. 善于提出问题,探明孩子的动机

当孩子话中有话,父母不能理解时,可以通过提出问题,引导孩子表述清楚。如,问孩子"哦,是吗?你觉得他做得对吗"、"你是怎么看的呢",等等。当然,孩子说得不完整时,父母可以做一些补充;说得有偏差的时候,父母可以适当地纠正。

父母也可以把孩子的观点转述一遍,提问"是这个意思吗"。父母不要怕说错,误会他的想法,因为这也是交流的一个过程,即使说错了,父母也要鼓励孩子纠正。总之,父母要善于提问,善于引导,弄清楚孩子真正所想、所要。

5. 不嘲笑孩子的幼稚

曾有一个小女孩对妈妈说:"我是你的孩子,所以你要理解我说的话。请不要笑,这不是让你笑的,否则我不会原谅你。"不知道父母都听出这个孩子的弦外之音了吗?这句话在提示父母,不能总是站在成人的角度看待孩子的事情,应该站在孩子的立场上,真切地感受并接受他的喜怒哀乐。只有这样,孩子才会愿意倾诉,父母也才能有的放矢。

金玉良言

听出孩子的"潜台词",并不是一项技巧的训练,再多的方法也只是起辅助作用,关键是父母平时要多抽出时间陪一陪他,多和他交流,了解其喜好和性

格,从而真正了解他的心理,慢慢地也就能听出他的"话中话"了。

9. 倾听时要耐心、不打断

倾听,是一门艺术,一门学问。 只有能专心地倾听孩子讲话的人,才能平等地对待一切人。

——(中国)卢勤

经典事例

李雷今年上小学 3 年级,性格活泼,回家总喜欢和爸爸妈妈说一些学校里趣闻趣事儿。可是,爸爸对他要求很严格,希望他把精力全部放在学习上,不在其他事情上分散注意力,影响其学习。

因此,每次李雷高兴地和爸爸说学校里的事时,没等说完,爸爸就会打断他:"整天就知道说这些没用的,你要把这些心思都放在学习上多好,快回去写作业。"

饭桌上,爸爸妈妈商量一些事情时,他也积极地发表自己的观点,爸爸又会对他说:"这些大人的事都不用你操心,你就把你学习弄好了就行了。"

久而久之,李雷变得沉默寡言,放学后,总喜欢一个人闷在房间里,不再和爸爸妈妈交谈了。

智慧点拨

李雷的现象在实际生活中很普遍,许多父母有一种观点:孩子的天职就是学习,不希望其他的事情分散他的注意力。所以,父母常常忽略了倾听孩子这一重要环节。尤其是对于一个已经有自我意识、渴望表达的孩子来说,"听话"只是压抑他心中的情绪。因此,父母要给孩子完整表达的机会。

有的孩子反映:"每当我和爸爸意见不一致时,他就以势压人,不让我说话,有的批评根本不是那么回事。"其实,父母应该耐心地听孩子把话表述完整,如果没等孩子说完,就主观臆断地下结论,不仅会影响他的表达能力,而且,他心里还会不服,最突出的表现就是逆反情绪。

如今,父母在教孩子倾听时,会告诉他尊重别人,不能插话或者打断他,应该待别人表述完整后再做评价。那么,父母自己是不是也要认真反省:当孩子在诉说的时候,自己有没有做到最起码的尊重,不插嘴、不打断,听他表述完

整呢?

因此,父母应该以身作则,先从耐心倾听孩子开始。

参考建议

倾听孩子说话,最重要的是尊重。而尊重最基本的原则就是在孩子表述的过程中不打断他。所以,父母要保持耐心,允许孩子表达完整,尊重他说话的权利。

1. 耐心地听孩子把话说完

每位父母都应该练就一个本事,那就是能够耐心地倾听孩子的滔滔不绝而不厌其烦,这样孩子才会畅所欲言。这个过程需要父母控制住自己的情绪,不能话听到一半就盲目下结论,主观评价孩子的谈话,或给出自己的建议,而是要耐心地听他表述完,这样孩子才会感受到父母的尊重。

2. 用"哦"、"嗯"认同孩子的感受

当孩子表达消极的情绪时,父母的认同会消除他的困扰,减轻他的伤痛,进而他才有勇气面对困惑,解决问题。所以,父母先要认同他的感受,如,拉着他的手,温婉地说:"嗯,妈妈理解你的感受。"这样一句话,就能让孩子马上从消极情绪中冷静下来,进而思考该怎么做,怎么补救。

如果父母看到孩子心情不好,就盲目地否定他的感受,说"别伤心了,不过是一只小兔子,明天妈妈再给你买一只",这样的话只会更让他伤心。

3. 必要时,重复或转述孩子的话

在倾听孩子诉说的时候,父母可以在适当的时候重复孩子的话,一方面让孩子知道父母在认真倾听,另一方面也可以理清自己的思路,给出比较圆满的建议。

父母可以把听到、看到、感受到的孩子的表情、情绪、心态、动作、信念等进行总结,再转述出来,最简单的句式是"我看到……听到……你觉得……因为……我感受到……(情绪)",比如,"我看见你很着急,听到你说'你很生气',因为同学不和你玩,我感受到你有点孤独,是这样吗?"这样能让孩子知道父母很理解他,也更容易产生共鸣。

4. 不将主观意愿强加在孩子身上

在听孩子表达时,有些父母不考虑孩子的感受,一厢情愿地把自己的主观

意愿强加在孩子身上,包括对某件事的观点、人生方向,等等。其实,有些事情不是只有一个标准答案和做法,父母只要向孩子阐明自己的期望,让他自己分析、选择就可以了,要允许他保留自己的想法。

金玉良言

倾听是给孩子极大的关注和尊重,父母的态度应该是主动的、积极的,不是被动无奈的。同时,父母的身份也不是一个单纯的教育者,不能摆出一副高高在上的样子,而是在思想上把孩子当成朋友,要经常蹲下身来,耐心地听孩子表述完整。

10. 再忙也要经常倾听孩子的意见

要想和孩子沟通,就必须学会倾听。倾听是和孩子有效沟通的前提。不会或者不知道倾听,也就不知道孩子究竟在想什么,连孩子想什么都不知道,何谈沟通?

——(中国)周弘

经典事例

敏敏今年上小学2年级,每天上学、放学都是妈妈接送。可是最近妈妈工作很忙,每天早出晚归,不仅没时间陪她聊天,连接送她上学、放学的任务也交给奶奶来负责。

一天早上起来,敏敏问妈妈:"妈妈,今天你能送我吗?"

妈妈说:"妈妈要赶着去上班,奶奶送你,听话啊!"

敏敏听了,撅着嘴:"不,我要妈妈送。"见妈妈不理她了,她就吵闹起来:"妈妈听我说,妈妈听我说……"

妈妈应和着"好",但仍忙着自己的事情,这时,敏敏生气地说:"妈妈,你看着我,听我说。"

妈妈无奈,坐到敏敏的床边,睁大眼睛望着她。

这时,敏敏扑上来,吻了妈妈一下,然后用祈求的眼神望着妈妈:"妈妈,你去吧!但是晚上可以早一点回来吗?"

妈妈听了,笑了笑:"好。"

智慧点拨

　　父母有没有留意过,自己的孩子也曾像敏敏那样,重复无数遍"妈妈,听我说",其实那是孩子在祈求父母倾听。曾几何时,孩子也学会了观察父母是否认真倾听,而自己的敷衍换来的是孩子的抗议,要求"妈妈,看着我",事实上,他需要的只是父母的陪伴、父母的倾听。

　　如果父母在孩子小的时候只顾忙工作,没有留意孩子的这些行为,渐渐地,孩子的话会越来越少,亲子间的沟通越来越少,隔阂也越来越深。当父母意识到应该和孩子谈谈心的时候,恐怕此刻孩子的心门就没那么容易打开了。同时,孩子也会面对来自朋友间的困扰、学业的担忧,他同样希望能将这些困惑、痛苦、迷茫表达出来,而父母理所当然应该成为他第一个宣泄的出口,让他信赖和依靠。

　　所以,父母平时再忙,也要多抽出时间来听一听孩子的心声,不要等到亲子关系达到对立的境地,再后悔当初的疏忽。

参考建议

　　孩子在学校生活了一天,回到家里,希望快乐有人分享,困惑有人解答,烦恼有人倾听,愤怒向人宣泄。父母当然是他最值得信任的对象,所以再忙,也要抽出时间来认真地听孩子诉说,让他知道父母关心他,以增强他的安全感。

1. 站在孩子的角度,才会更了解他

　　孩子的思想比较单纯,也比较幼稚,有些在大人看来很简单的事情,对他来说很重要。所以,父母要学会换位思考,不能把自己的观念强加在孩子的身上,要多站在他的角度想问题,这样才能打开他的心门,更深入了解他的心理。

2. 善于倾听孩子的委屈

　　孩子受了委屈,希望父母能够倾听他的诉说,理解他的心情,所以,父母一定要细心,不能忽略孩子的消极情绪,要引导他表达委屈,并在化解委屈的过程中,让他慢慢学会判断和思考,逐渐培养他冷静思考的健康心态。

　　此外,哭泣是最好的发泄方式,父母要允许孩子哭,必要时给他安慰。切忌斥责他"不许哭",这样反而让他的哭闹变本加厉,也更不愿意向父母敞开心扉。

3. 倾听孩子的"胡说八道"

孩子是天真无邪的,他所观察和感受到的世界与大人不同,因此,他所说的话会很独特、很新奇。也许在大人眼里看来是"胡说八道",但其中却包含了孩子的智慧和想象。所以,"胡说八道"是孩子创新的开始,父母要善于倾听他"胡说八道",鼓励孩子大胆思考、大胆提问、大胆表达。

当然,这里的"胡说八道"不是让孩子掩盖事实、撒谎,而是鼓励他大胆想象,无拘无束。

4. 保持沉默,倾听孩子发脾气

美国家庭教育心理咨询师帕蒂·惠芙乐认为,孩子的每一个"非正常"表现的背后都有一个正当的理由,他们是在宣泄精神或身体上的创伤所引起的负面情绪;是在呼唤成年人的关注以帮助自身更好地宣泄,从而获得最终的健康。因此,当孩子有不满的情绪时,父母要表示理解,让他发泄心中的不满,做有效的疏导。

孩子在发脾气时,父母最好是保持沉默,只需在旁边静静地倾听就可以了。因为此刻的他最不爱听的就是建议、大道理、心理分析或是别人的看法,因为怜悯只会让他觉得更委屈,发问也只会让他为自己辩护。同时,父母要注意一条原则,倾听的目的是让他表达不满的情绪,而不是企图纠正他。

5. 多抽点时间陪孩子聊聊天

很多父母以工作太忙,或者孩子学习紧张为借口,不愿意多陪孩子聊天。事实上,聊天是一种轻松、随意的沟通方式,这种方式体现一种平等的地位,会让孩子感受到父母的关心和体贴。所以,父母要多主动找孩子聊天,比如,晚饭后或者睡觉前,听孩子说一说学校里发生的事情,聊一聊共同关注的话题等,用这种融洽的形式排解他积累了一天的压力。

金玉良言

不管是倾听孩子表达消极的情绪还是积极的感受,父母都要遵循几条原则:认真倾听,不打断孩子的话;适当地重复或转述他的话,让他知道父母已经认同并理解他的感受;待孩子冷静下来后,再给他提供忠告和建议……

11. 正确对待"叛逆"的孩子

对待孩子的叛逆，人们往往想着怎么去改变，而实际上叛逆中往往有极其宝贵的品质，如独立的眼光、真理的追求、独特的创造、鲜明的个性，等等，所以能够对叛逆中的宝贵品质发现和尊重，才是真正的教育。也只有这样做，才能改掉孩子叛逆中的劣质。

——（中国）孙云晓

经典事例

邢超上初中 3 年级，喜欢信息技术这门课程，可是爸爸怕他耽误学习，就禁止他"玩电脑"。同时，还要求他每天做一定量的作业和练习题。

邢超对爸爸的这种约束非常不满，为了表达不满，他故意不完成作业，上课时看课外书，成绩一落千丈。爸爸对儿子的这种行为很生气，训斥他"不争气，自甘堕落"。可是，每当看到爸爸如此生气，邢超却一副得意的样子，犹如打了胜仗一般。

后来，妈妈主动找儿子聊天，才知道孩子是在用成绩下降的行为，反抗爸爸的专制。后来，妈妈帮他分析利弊，给孩子讲明道理。最终母子二人还达成协议：平时不能玩电脑，周末可以玩儿两个小时。

从此，邢超不再有逆反情绪，成绩很快又提高了。

智慧点拨

邢超的爸爸没有跟孩子做很好的沟通就擅自主张让孩子做额外的作业和练习，而孩子因为不满，所以他不仅不按父亲说的去做，还采取报复手段，故意不学习。显然，爸爸的处理方式有些不妥，孩子如果能够利用电脑查阅学习资料的话，爸爸应该高兴；即使孩子是玩网络游戏，上网聊天，爸爸也不能简单地限制他。而妈妈的及时沟通，解开了孩子的心结。所以，父母一定要多和孩子沟通，了解孩子的心理。

有些父母反映，现在的孩子越来越难管教了，不仅听不进父母的话，说多了还嫌烦；稍有不如意，就乱发脾气；放学回家，门一关，基本不聊学校里发生的事。其实,这些都是叛逆心理在孩子身上的具体表现。

事实上,叛逆是孩子青春期阶段的主要特点,随着年龄的增长,他生理和心理都发生着巨大变化,表现为成人感、独立感增强。他逐渐有自己的想法,对很多事情都不服,并且喜欢表达自己的观点。

如果父母不了解孩子这个时期的特点,盲目地认为他叛逆,不懂事,甚至学坏了,孩子可能有一天真的就变坏了。所以,父母要认清这些现象,不要对孩子抱有成见,应正确对待他特殊时期的心理变化,多和他交流,这些心理都是可以削弱的。总之,父母只要秉承一条原则:以理服人,叛逆期的孩子反而更容易教。

参考建议

孩子的叛逆心理并不可怕,只要我们坦然接受,学会站在孩子的角度和立场与他倾心交谈,找出产生叛逆的原因,有的放矢,对症下药,总能达成共识。

1. 反思自己的教育方式

孩子出现逆反心理除了和其心理发育特点有关系外,也和父母的教育方式有密切的联系,管教专制和无原则让步都会让孩子产生逆反心理。比如,父母喜欢用命令的口吻要求孩子,可能刚开始时孩子会顺从,但是时间久了,不满情绪越积越深,爆发之后,就会出现和父母顶嘴,做出与父母的意愿背道而驰的行为来。所以,父母要少用命令,多用商量的口吻与孩子交谈。

同时,父母的行为和知识要能让孩子信服,自己要先做到后,再教孩子做到。比如要求孩子每天做到看电视不能超过 1 个小时,自己要先做到;让孩子每天睡觉前要刷牙,自己也要做到,这样他才更愿意听从父母的建议。

此外,正所谓"慎于始",教育孩子要趁早,对于一些原则性的问题,父母要早纠正,以免长大后再纠正,孩子会出现逆反情绪。

2. 不和叛逆的孩子较劲

心态平和是与孩子沟通的前提,尤其是孩子不服从管教,或者做出有悖常理的行为时,父母一定要提醒自己保持冷静。因为孩子的思想比较不成熟,产生叛逆心理时,很难控制好自己的言语和行为。如果这个时候父母高声训斥或严厉指责,只会让孩子的逆反情绪更高涨,甚至走入极端。所以,父母要用冷静的态度应对孩子的消极情绪,不和正在气头上的孩子较劲,等他冷静下来后,再做进一步的沟通。

3. 不压制孩子的思想

父母不要盲目放大孩子的叛逆行为,对于一些求异思维和鲜明的个性就盲目压制,担心让步会让他走上歧途。事实上,压制只会让孩子更坚持己见。事实上,随着孩子的长高和成熟,一些行为是他成长过程中很平常的事。父母只要用发展的眼光去看待他的这些行为,接受其变化,进行必要的爱心疏导就可以了。

4. 批评孩子要有艺术性

对于孩子的叛逆行为,父母要试着分析孩子的语言和行为,找出症结所在,从而采用有针对性的教育方法。教育孩子时,父母要表现出关心,不要夸大事实,应就事论事。批评要具体,明确指出哪些行为不对,给他正确的做法做参考,但切忌说伤害他人格的话。

此外,对于一些特殊问题,如早恋、迷恋网络游戏等,父母应用冷静、理智换取孩子明智的选择。要对其进行有情、有理、有据的说服和劝导,让孩子自己去思考,也可以引用一些具体的事例改变他不成熟的思维,但一定要尊重其感情和人格。

金玉良言

和谐的家庭环境是孩子心理健康的重要因素,父母感情不和或经常吵架是孩子产生逆反心理的罪魁祸首。因为在这种情况下,孩子的心理会受伤害,会对父母产生厌恶情绪,对家庭也会有失望感,所以他会用逃避和逆反让自己解脱。因此,父母应努力为孩子营造一个快乐的家庭氛围。

12. 多抽点时间陪陪孩子

当一个人只有很有限的时间供自己支配时,他自然会花在最需要的地方。 不管我怎么忙、怎么累、怎么不舒服,我总要抽出一些时间和我的儿子一块儿玩,一块儿读书。

——(印度)甘地夫人

经典事例

已经很晚了,父亲拖着疲惫的身体回到了家。可是,5岁的儿子还没有休息,正倚靠着门望着他。父亲皱着眉头说:"你怎么还不睡觉?"

"爸爸,请问您1小时可以赚多少钱?"儿子轻声问道。

父亲有些莫名其妙,但还是告诉儿子:"赚20美元。"

"哦,"儿子低下了头,接着又说,"爸爸,您可以借给我10美元吗?"

父亲有些生气,冲着孩子喊道:"你要钱是买玩具吧!赶紧睡觉去,你知道我每天工作多么辛苦吗?!"

看到父亲生气了,儿子乖乖地回到自己的房间。一会儿,父亲悄悄地走进儿子的房间说:"我刚才对你太凶了,因为工作,今天情绪不太好,很抱歉冲你发火。这是你要的10美元。"

"爸爸,谢谢你。"儿子接过钱,欢呼着又从枕头下拿出一些皱巴巴的零钱,慢慢地数。父亲有些纳闷。数完后,儿子高兴地说:"爸爸,我现在有20美元了,我想向您买1个小时的时间可以吗?明天请您早一点回家,我想和您一起吃晚餐。"

智慧点拨

现代社会竞争非常激烈,长期处于高度竞争状态之下,工作自然会对身心造成重压。许多父母都一头扎进职场,忙着工作,忙着充电,忙着竞争,忙着赚钱,陪孩子的时间越来越少,也很少有父母愿意在家陪伴孩子的成长。

有这样一个呼吁父母抽时间多陪孩子的公益广告:一个小女孩在学校得了奖状感到非常高兴,她想等爸爸回家,一起分享她的喜悦。可是,爸爸左等不来,右等还是不来,她睡了一觉爸爸还没有回来,最后,小女孩委屈地哭了起来……

调查表明,舍得在孩子身上花钱而没时间陪孩子是许多家庭的通病。有父母说:这也是为了孩子啊!就是为了让孩子生活得更好啊!然而,当父母们把大量的时间和精力都花在工作上,口口声声说一切努力都是为了孩子时,给孩子的只能是物质上的丰足。试想,当孩子因为缺乏父母的爱,缺乏家庭教育而走上邪路时,此时有再多的钱又有什么用呢?

有人说,今天的孩子是幸运的又是不幸的。幸运是因为他们从不缺衣少穿,各种各样的好吃的、好玩的样样都不少;之所以不幸,是因为他们都是独生子女,没有兄弟姐妹的陪伴,父母也没有时间多陪陪他们。实际上,孩子的心灵

是孤独寂寞的。

教育研究表明，在孩子的幼年乃至青少年时期，如果缺乏与父母交流这个重要的环节，他对现实世界的规范、价值观就将得不到正确的引导，会造成他对现实的不适应，同时在个性成长上容易造成自我封闭和过分强调个性这两个极端。

可见，对孩子来说，物质的丰足固然重要，但父母与孩子精神上的支撑与交流也异常关键。童年无法重新再来，父母能做的，就是珍惜现在的拥有，多陪陪孩子，在孩子的欢笑中父母会获得无穷的乐趣。还有什么比这更有意义，更让人感到快乐的事呢？

参考建议

父母总是有各种理由说明自己有多忙，有多么爱孩子，其实，爱孩子最直接的表现就是多陪伴孩子。

1. 平常就要多陪伴孩子

人的社会角色是多面性的，面对孩子时，你就是父母。不管你是做什么工作的，都没有理由不陪伴孩子成长。如果你逃避这个责任，就是不称职的父母。

有很多父母时刻处于矛盾中，一方面认为工作很重要，一方面还惦记孩子是否孤独。其实，工作永远也不会一次完成，但可以陪伴孩子成长的时光却一天天减少。不要让自己再这样无头绪地忙碌下去了，在平时，一定要把时间分出一些来给孩子，与孩子一起成长。

2. 多和孩子出去玩

李开复曾呼吁："中国的家长，多陪陪孩子，无论多么忙，都要和孩子一起玩，平等的谈心。"除了平日多抽时间和孩子感受家庭生活的温馨外，父母最好能多陪孩子一起到户外去运动，可以去公园、野营、郊游、博物馆或展览馆，也可以在假期带孩子去祖国各地走走。

带孩子到大自然中，可以让他领略大自然风光，丰富他的知识和想象力，培养他热爱自然的情感。在这样的活动中，孩子不仅会得到大自然的熏陶，与父母的关系也会更加融洽。

3. 陪伴孩子要用真心

陪伴孩子不仅仅要求父母的人与孩子在一起，而且要求父母的"心"和孩子在一起，千万不要一副心不在焉的样子。

父母好不容易在家,孩子会兴奋地和父母说自己在学校的开心事,如果此时父母对孩子的话"嗯嗯啊啊"地应付,就会伤害孩子的心,造成亲子隔阂。而父母却以为自己是在"陪"孩子,其实还不如直接告诉孩子:"爸爸今天很累,等爸爸休息一下咱们再聊好吗?"这样反而会得到孩子的认同,也让孩子感到自己受到了尊重,他也会更加尊重父母。

所以说,陪伴孩子是积极主动而非被动的行为。其实,孩子的要求很简单,只要父母陪陪他而已,父母还有什么理由不用真心来陪伴孩子呢?

4. 尽量不与孩子长时间分开

一项对千余名6岁以下孩子进行的调查发现,有近40％的孩子与老人和保姆生活,每天与父母相聚的时间不到两小时。还有很多年轻父母,直接把孩子放在父母家,以为老人会把孩子照顾好。其实,隔代抚育有很多弊端。第一,孩子很娇气,极易成为"小公主"、"小皇帝";第二,孩子与父母不亲近,不利于培养良好的亲子关系;第三,忽视对孩子的教育。

父母与孩子长时间分离很不妥,应尽量把孩子留在身边。人生就是一个个选择,就看我们更注重什么。钱可以再挣,但如果父母在孩子的成长最佳期不在他身边,很可能会留下遗憾。

金玉良言

孩子能够身心健康发展,是每位父母最希望看到的事情。可是,世界上没有不耕耘就收获的事,父母的关注陪伴与孩子的健康成长息息相关,是孩子不可取代的精神"营养",这是物质生活的富足所不能代替的。

第二章

学会真正尊重孩子

父母如果想与孩子顺畅地沟通，
就一定要学会尊重孩子。
而尊重孩子的前提，
就是要认识到孩子也是独立的人，
也有自己的尊严，
而且他的尊严与成人的一样，
是不允许他人践踏的。
父母只有真正关心孩子的尊严感，
才能使孩子通过学习而受到教育。
家庭教育的核心之一，
就是让孩子始终体验到自己的尊严感。
只有尊重孩子，
孩子才能学会尊重他人。
其实，人都有一个特点，
那就是你说的事情能让我内心满足，
我就会愿意听你的，
否则为什么要听呢？
孩子如果感觉到父母在尊重他，
他就乐于听父母的话；
相反，如果他感觉不到父母的尊重，
他就会很反感，
当然也不会把父母的话听进耳朵里去。

13. 维护孩子的人格尊严

尊重孩子的人格，孩子便学会尊重人。在家里，要从小就把孩子当做独立的社会人来养育。这样培育出来的孩子，走上社会便能够成为独立的社会人，并具有"后生可畏"的劲头。

——（日本）池田大作

经典事例

7岁的女儿喜欢画国画。这天，女儿画了一幅熊猫图，她想要叫妈妈过来一起欣赏她的大作。但也许是她太开心了，离开桌子的时候她碰倒了涮笔的水瓶，水瓶中的污水一下子泼满了整幅画，女儿急得哭了起来。

闻声赶来的妈妈过来询问情况，女儿哭着说："妈妈，我的熊猫被毁了，我碰洒了水。我画了好久的，我很喜欢的……"

妈妈却说："既然是自己的错误，就没有理由抱怨，难过就更没有必要了。既然你能画出第一幅熊猫图，你也一定能画出第二幅来。而且，第二次画得也许会比第一次更好。你不试一试吗？"

女儿听到这里，擦干了眼泪，整理好桌子，重新铺开纸画了起来。不一会儿，女儿举着完成的画作高兴地对妈妈说："妈妈，我这次加了好多竹子进去，我觉得我画得真的比第一次好了。"妈妈也欣慰地看着女儿和她的画，她也很高兴。毕竟，在7岁这个年龄，能画得如此栩栩如生真的已经很不错了。

智慧点拨

有的父母在面对故事中的场景的时候，可能会批评孩子，因为她不细心；或者也有父母会使劲安慰孩子，告诉她她已经成功了，是水瓶所在的位置有问题，不是她的错。而这两种做法，显然都不如那位母亲明智。这位母亲尊重孩子的人格尊严，对于孩子的失误，没有挑剔也没有抱怨，而是给孩子鼓励与引导，她让孩子既认清了错误，又收获了成功的喜悦。

所谓人格，就是人能作为权利、义务主体的资格。而人格尊严，则是指一个人的自尊心以及应当受到他人最起码尊重的权利。而父母若是不尊重孩子的人格尊严，便也是不尊重孩子的权利和义务。其实，父母在尊重孩子的同时，也是在尊重自己。毕竟只有尊重别人的人，才能同时获得别人的尊重。而尊重孩子人格的父母在获得孩子的尊重的同时,也能更好地对孩子开展相关教育。

由此可见,尊重孩子的人格尊严,是让孩子接受良好教育的根本所在。父母对此要引起足够的重视。

参考建议

孩子的成长是需要父母的教育的,但是这种教育需要建立在尊重孩子的人格尊严基础上。对孩子人格尊严的尊重,才能使孩子自尊,孩子有了自尊才会变得自强。这是父母不能忽视的一个连锁效应。

1. 父母要扔掉"成人主义"

孩子头脑中所理解的世界,是与成人不尽相同的。而父母要想尊重孩子的人格,首先就应该扔掉自己的"成人主义"。

所谓成人主义,就是指父母站在成人立场,用固有的思维方式去分析问题,并且将解决问题的方法强加给孩子,不让他自己去体验;或者以自己的知识经验来评价孩子的所学匮乏,不停地向孩子灌输自以为是的内容,甚至毫不避讳地指出孩子的错误,强迫孩子改正,让他彻底丧失积累知识的机会,等等。父母一定要扔掉成人主义,要用平等的态度去尊重孩子,这样才能获得孩子的尊重,才能为以后的教育铺平道路。

2. 对孩子不用处罚式教育

父母的处罚式教育,是最不尊重孩子人格的表现之一。对于孩子的失败与错误,有些父母总是恶语相加,动用拳脚棍棒,甚至还会有人身或精神上的处罚。

苏联教育家苏霍姆林斯基说:"家长在教育上的'无知'——不学无术和冷酷无情,是家庭教育中最大的悲哀!"不通过观察思考认识孩子的人格尊严,便等同于父母不学无术;而对待孩子的小错误就施以暴力,这样的父母就是冷酷无情。父母处罚式教育所换来的,只能是孩子的逆反心理与叛逆性格。

因此,父母必须要审视自身,改正不合理的态度,并且要丢掉这种处罚式的教育。父母应该首先了解孩子的真实情况,然后才能下结论,而且还要与孩子一起商量出有针对性的对策。这才是尊重孩子人格的做法。

3. 对孩子不溺爱

暴力处罚式的教育是不可取的,而与之相反的溺爱,也同样是不尊重孩子的人格尊严!因为被溺爱,有不少孩子丧失了独立的人格,也丧失了责任感,这样的孩子哪里还会受到他人的尊重？又哪里还会有人格尊严的存在？

上小学2年级的肖蒙，放学回家后想吃橘子。于是他嚷着要妈妈帮他剥皮，但妈妈正忙着做饭，就让肖蒙自己动手。肖蒙一见平时百依百顺的妈妈今天不顺着他了，于是开始大吵大闹，还把橘子扔了一地。妈妈刚一说话，肖蒙就开始在地上打滚，怎么劝也不行。妈妈在一旁无奈地叹气，她想，为什么平时对孩子那么疼爱，孩子却一点都不体谅父母呢？

肖蒙母亲的无奈，值得父母去反思。正是她平时对孩子的百依百顺，才导致了孩子这种性格的形成。其实溺爱的本质，就是父母没有将孩子当成一个独立的个体去尊重，对孩子的过于疼爱与刻意纵容，让他失去了对生活的理解，也失去了对其他一切事物的认知。

金玉良言

孩子是独立于这个世界上的，他有自己的人格尊严。因此，父母要尊重孩子独立为人的存在。孩子有人格尊严，才能更好地面对生活，更好地与他人相处，更好地为他的未来努力奋斗，他才能成为一个对自己、对他人、对社会负责任的有用的人才。

14. 尊重孩子的朋友

把孩子当朋友，也要把孩子的朋友当朋友。

——（中国）成佩华

经典事例

上小学4年级的楚湘与她的同桌张叶很要好，每天在学校两人都形影不离。楚湘经常邀请张叶来家里一起做作业，或者一起玩耍。两个孩子在一起相处得十分愉快。

但是，一段时间后，楚湘的妈妈突然告诉她，要她不要再和张叶来往了。楚湘不解地问妈妈："为什么不让我和张叶玩？"

妈妈说："她学习不好。你看她考试考那么差，你和她一起时间长了，学习也会退步的。要玩就和你们班上的尖子生一起玩。"

楚湘一听就不高兴了，反驳道："张叶不就是那么几次考得不好吗？再说了，除了学习，从其他方面来看，她都是个不错的朋友啊！"

妈妈不再听楚湘的辩解，只是留下一句话："你要是还跟张叶在一起，我就去学校让老师帮你调班级！"

楚湘委屈得掉眼泪，她该怎么跟张叶解释啊？

智慧点拨

想必有不少父母都会遇到楚湘这样的情况，而且他们的处理办法应该也与楚湘的母亲相类似。因为他们担忧，孩子都具有很强的模仿性，而且爱玩又是他的天性，一旦他和学习不好的朋友交往，就会影响到他的学习态度，也影响到他的进步与健康成长。但是，尽管父母的担忧听起来很有道理，可这种想法却是片面而偏激的，带有功利的味道。

父母要知道，孩子们在一起，除了学习还有许多活动，他们也许是因为兴趣爱好相同，也许是因为脾气秉性类似。父母不应该将孩子的一切都围绕在学习上，也不应该自认为孩子和朋友除了玩耍就不会做别的有意义的事情。孩子们之间也有互相帮助的时候。所以，孩子交朋友应该是广泛的。而且只要是正常的朋友，他们之间的交往与沟通，都能够让孩子有所收获。

所以，父母应该尊重孩子的朋友，并且还要鼓励孩子多建立一些合理的友谊关系。俗语说："朋友多了路好走。"由此可见，交朋友对于培养孩子的人际交往能力也是十分重要的。

参考建议

孩子需要朋友，孩童时代的友谊都是十分珍贵的。而父母若是因为不尊重孩子的朋友而造成孩子朋友的缺失，这将对孩子的身心健康极为不利，对于他的未来成长也极为不利。因此，父母应该丢掉旧俗的观念，用新的眼光去看待并尊重孩子的朋友。

1. 赏识孩子的朋友的优点

每一个人都有其独特的地方，每一个人也都会有自己的闪光点。孩子有优点，但孩子也有缺点，而有时候孩子的朋友具有的优点，正好是孩子所做不到的。通过朋友间的相互帮助，孩子有可能会改掉缺点。

因此，父母应该善于发现孩子的朋友的优点，并且还要赏识他的优点。让孩子知道父母也是欣赏自己的朋友的，而且父母的赏识，也能激起孩子想要努力弥补自身缺点的心理，从而更加努力改善。

当然，要父母赏识孩子的朋友的优点，也不是说要拿自己的孩子与别的孩子做比较,更不是借别人的优点来讽刺孩子的缺点。父母也要注意把握好赏识的度。

2. 对孩子的朋友要真诚相待

孩子的朋友都是性格迥异的人,有符合父母心中好朋友要求的孩子,也势必会有父母认为是"坏孩子"的朋友。而有许多父母有这样的一种做法,当孩子将所谓的"坏朋友"介绍给父母的时候,父母表面上对孩子朋友十分客气,而一旦朋友不在孩子身边,父母就会反复告诫孩子要远离这样的人,或者干脆就蛮横地单方面阻止孩子与朋友交往。

父母的如此做法,都是不真诚的表现。父母这种两面派样的做法,不但会影响孩子与朋友间的感情,影响孩子的情绪,更重要的是也会影响父母在孩子心中的形象。

3. 鼓励孩子多交往

父母鼓励孩子多交往,也是对孩子朋友的尊重。美国心理学家托马斯·伯恩特曾经说过:"一个孩子只有经常和朋友们在一起,才能增进友谊。……友谊建立在共同兴趣的基础上。如果你的孩子朋友不多,那么就努力培养他的多种兴趣。这样,在参加共同活动中,可以逐步建立朋友之间的友谊。"

由此可见,让孩子多交一些朋友,可以促进孩子兴趣的培养,也可以锻炼孩子的人际交往能力。而对于孩子的新朋友,父母也一样要用尊重的态度去对待。

4. 帮助孩子建立正确的友谊关系

对于孩子的朋友,父母既不能"草木皆兵",将自认为对孩子没有好处的交际关系全部切断;同时也不能不予理睬,任孩子因为好奇而陷入不恰当的交际圈。所以,父母要帮助孩子建立起正确的友谊关系。

著名教育家谢觉哉曾经在《交朋友的道理》一文中提出:"要交'益友',不交'损友'。"因此,父母要在尊重孩子自身意愿的前提下,有意识地引导孩子的交友原则,让孩子多与品性纯良的人做朋友。而且父母也要告诫孩子,对待朋友要真诚热情、彬彬有礼,同时也要学会宽容,不计较个人得失。

金玉良言

赏识尊重孩子,同时也赏识尊重孩子的朋友,这样的父母才会让孩子感觉到被尊重,也感觉到被信任。而且,父母通过尊重孩子的朋友,也能促进孩子之

间的友谊和交往,从而促使他们互相学习,互相帮助。

15. 尊重孩子的个人兴趣

不能把小孩子的精神世界变成单纯学习知识。 如果我们力求使儿童的全部精神力量都专注到功课上去,他的生活就会变得不堪忍受。 他不仅应该是一个学生,而且首先应该是一个有多方面兴趣、要求和愿望的人。

——(苏联)苏霍姆林斯基

经典事例

袁磊上小学 5 年级,十分喜欢画漫画,他的梦想就是将来当个漫画家。但父母对他的这个爱好却颇为不满。他们认为,袁磊画漫画是"不务正业"的表现,身为学生就应该好好学习,成绩优秀,至于其他的东西都是次要的。

父母开始制止袁磊在课余时间画漫画,再后来干脆就没收了孩子的画本。每天,父母都要盯在袁磊身边看他学习,防止孩子再去动画笔。

时间久了,袁磊对学习的兴趣越来越小。就算在学校上课,他也不再专心听讲,而是开始在教科书上画漫画。袁磊的学习成绩也逐渐地下降了。

面对孩子惨不忍睹的学习成绩,父母也有些疑惑:"明明已经制止了孩子画漫画的行为,为什么学习还是上不去呢?"

智慧点拨

孩子不是学习的机器,他也需要有个人兴趣。袁磊的父母就是因为没有认识到这一点,才会有那样的困惑。可以说,孩子学习没有成效的原因,有很大一部分是在父母身上,父母不能将学习成绩与分数当成是孩子的全部。而且,孩子只有在做自己感兴趣的事情时,才会全力以赴;若是父母剥夺了他的个人兴趣,强迫他做别的事情,这反而会引起孩子的逆反心理,甚至与父母直接发生冲突。

英国教育家斯宾塞曾经说过:"身为父母,千万不能太看重孩子的考试分数,而应该注重孩子思维能力、学习方法的培养,尽量留住孩子最宝贵的兴趣与好奇心。绝对不能用考试分数去判断一个孩子的优劣,更不能让孩子有以此为荣、辱的意识。"个人的兴趣爱好,可以反映出一个人的性格。而拥有兴趣爱好,也可以让人的思维能力与学习能力同时得到发展。

有兴趣爱好的孩子,才能更灵活地去学习,才能开阔眼界,学到更多的知识。父母若是不尊重孩子的个人兴趣,对其忽视甚至干涉,都将对孩子的内心造成伤害。而若是父母强迫孩子改变爱好或者取消爱好只顾学习,更会影响孩子的人生发展。

所以,为了孩子能够健康成长,父母应该尊重孩子的个人兴趣,并帮助孩子将兴趣向着可以促进个人进步的方向发展,让孩子有一个多彩而美好的未来。

参考建议

一个人对其感兴趣的事情,总是会竭尽全力做到最好。而没有感兴趣的事情,甚至缺乏兴趣爱好的人,他的一生将是遗憾的。因此,父母一定要尊重孩子的兴趣爱好,不要让孩子的人生过于单薄。

1. 承认孩子有爱好的权利

有人喜欢音乐,有人喜欢读书,有人喜欢运动,有人喜欢冥想……就算是父母,也会有自己的兴趣——下棋、郊游,甚至上网冲浪。既然人人都会有兴趣爱好,父母为什么不能对孩子宽容一些呢?

所以,父母应该用平和的心态去面对孩子的兴趣,应该承认孩子有"拥有属于自己的爱好"的权利,并且尊重他的个人兴趣,不对他的兴趣指手画脚。

2. 不随便干涉孩子的兴趣

这里的干涉有两种,一种是彻底阻止孩子的兴趣发展,另一种则是要孩子放弃自己的兴趣,转而发展父母喜欢的兴趣。当然,这两种干涉都是不正确的。

孩子有自己的兴趣,正是他思维活跃的表现,父母的横加干涉,会抹杀掉他的这种活跃,会导致孩子的思维匮乏。而要孩子由自己的兴趣换成父母选定的兴趣,则更是对孩子的个性发展设立障碍。毕竟,父母选定的是父母喜欢的,哪里还称得上是孩子的兴趣呢?而对于自己不喜欢做的事情,无论是学习还是别样的兴趣,孩子都是不可能认真做好的。

3. 培养孩子的兴趣并引导其健康发展

孩子的兴趣也许会有许多,但是,父母应该注意的是,有的兴趣可以起到推动孩子成长的作用,但有的兴趣则不会产生积极作用,甚至还会有反作用。因此,在面对孩子个人兴趣的时候,父母要带着尊重的态度来培养并引导其向健

康进步的方向发展。

另外，父母也要注意，培养与引导的态度也应该是指导性的，不要将自己的意愿与决定强加给孩子。

4. 开发孩子的兴趣潜能

孩子对某些事物的兴趣，往往都蕴涵着他在这方面的潜力。因此，父母可以通过对孩子的兴趣进行培养，进而发掘出孩子的潜力，使孩子在某些方面有所作为。

9岁的林铮一直对拆卸组装东西很感兴趣。有一次，他把爸爸最喜欢的一块手表拆了。爸爸知道后不但不生气，反而称赞了他的动手能力，并鼓励他自己再重新组装回去。爸爸的鼓励使林铮更坚定了自己的兴趣。后来，林铮做的科技小发明，还在省里的科技竞赛中获得了不错的名次。

可见，在日常生活中，父母应该像林铮的爸爸那样，对于孩子的兴趣给予鼓励与支持，让他的兴趣得以发展，从而提高他的科学探索精神。

金玉良言

孩子的个人兴趣，与他的未来成长有很大关联。作为父母，一定要尊重孩子的兴趣，不要让孩子的兴趣随意发展，但也不要进行破坏。因为"兴趣是最好的老师"，兴趣可以使一个人的智能得到最大限度、最持久的发挥。

16. 尊重孩子的追求和理想

在父母的眼中，孩子常是自我的一部分，子女是他理想自我再来一次的机会。

——（中国）费孝通

经典事例

杨程上小学6年级了，他一直都按照父母为他设计好的道路前进着。因为父母不停地在他的耳边重申，要他一定要好好学习，从小就要刻苦努力，这样将来才能上好大学，才不用像父母这样因为没上好大学而找不到赚钱的工作。

小学升初中考试，杨程很顺利，依照分数，他能进入父母为他选定的好中学。假期中，杨程想好好放松一下，他从小就喜欢下围棋，所以想在假期中钻研一下棋谱。可哪知道，才刚进入假期，妈妈就给杨程买了好多初中的教材辅导书。

杨程皱着眉头对妈妈说："我还没上中学呢，现在看太早了。"

妈妈立刻严肃地说："不超前学一些，你将来怎么能上好大学？"

杨程央求妈妈："我想利用假期钻研棋谱，成为国手是我的理想……"

"什么理想！"妈妈一下子打断了杨程的话，"只有上好大学才是你的理想，其他的你什么都不能多想！好好看书，不然你看我和你爸，不就因为当初……"

杨程听着妈妈又开始了"长篇大论"，欲哭无泪。

智慧点拨

孩子一说理想，父母更多的是像杨程母亲那样，想到上好大学，将来有好工作。但许多父母都忽略了孩子心中的那个追求，那个梦，只是一味地将自己的想法强加给孩子，让孩子顺着自己的安排走下去。父母对孩子的追求与理想的不尊重，导致了多少孩子的梦想被扼杀。

有不少父母认为，孩子现在还小，他不理解父母的苦心，不知道现在社会上竞争的激烈。但父母却忽略了孩子的自我意识，他也有自己的思想，也有自己的追求。只有孩子自觉自愿地去做一件事情的时候，他才会积极主动，也才会竭尽全力。

父母对孩子的追求与理想的尊重，也能避免孩子产生逆反的心理，从而更好地倾听分析父母对他的理想提出的意见和建议。毕竟，孩子的未来最重要，父母无不是想要让孩子幸福生活的。所以，父母最好不要对孩子的追求与理想横加干涉。

综上所述，父母对于孩子的追求和理想，应该给予尊重和理解。并且还要引导与教育孩子，让他要积极地为自己的追求与理想去努力奋斗，帮助孩子实现自己的梦。

参考建议

孩子的追求与理想，不应该受到父母的指责与轻视。孩子未来的道路，更不应该是父母遗憾的弥补。每一个孩子心中都有梦，又有谁知道不会美梦成真呢？所以，父母要改变观念与态度，努力做到尊重孩子的追求与理想。

1. 不要为孩子设计理想

就如著名社会学家费孝通先生所说的，现在许多孩子已经成为了"父母理想自我再来一次的机会"。不少父母都热衷于为孩子设计好理想与追求,让孩子沿着设计好的路线前进。殊不知,这对培养孩子的独立能力,以及自主选择的能力都是有害而无益的。

因此,父母最好不要为孩子设计理想,应该允许孩子有自己的兴趣爱好,允许孩子向着自己的理想道路发展。当然,父母可以向孩子提出建议和意见,让孩子经过深思熟虑后再作出选择。

2. 不要给孩子的理想过多压力

孩子的理想与追求产生的时候,可能他的年龄还小,父母需要给孩子的是尊重,然后才是鼓励与支持。切记不要在孩子的理想刚有个雏形的时候,就开始对孩子进行强迫式的教育,或者让孩子为了他的理想不停地努力。长此以往,会让孩子对理想产生厌倦,甚至恐惧。而且,父母过多的压力和警示,也会打击孩子为理想而奋斗的积极性。一旦孩子放弃理想,则会不利于其未来的成长。

3. 让孩子有正确的人生追求

父母要注意,尊重孩子的追求和理想,其前提是孩子的人生追求与理想必须是合理的,必须是有利于他的成长的,也必须是有利于他人、社会的。

孩子还处于成长时期,他眼中的所有东西都是新奇的,所有的事情都是刺激的。而具有探索精神的孩子,对一些事情总是会想去尝试。因此,父母要在孩子成长过程中对孩子密切关注,在适当的时候给予适当的指导与帮助。要让孩子以现实的准备为前提,让孩子有一个正确合理的人生追求,让他的理想真正成为他可以为之奋斗的目标。

4. 鼓励孩子为理想而努力

父母要让孩子知道,理想的建立不是说笑话。一旦一个人确立了追求的目标,确立了奋斗的方向,有了远大的理想,那么这个人就一定要为了自己的理想而努力。只有经过努力实现了理想,这个人的一生才算活得有意义。否则,只树立理想而不为之奋斗,那就变成了空想,空想家是永远都不可能成功的。

金玉良言

孩子的追求和理想也许幼稚,也许太过遥远。但无论哪一种,都是孩子的一个梦,父母都应该用尊重的态度去看待,并且还要给出自己的意见与建议。只有尊重孩子的追求和理想,父母才能帮助孩子更好地为他的追求而努力,更

好地为他的理想而奋斗。

17. 尊重孩子的隐私和秘密

人类最不能伤害的就是自尊。在家庭中建立亲情乐园，要从尊重孩子开始，尊重孩子的隐私开始。

——（中国）卢勤

经典事例

上小学6年级的吴丹最近经常听同学诉苦，她们说妈妈总是偷看她们的日记。吴丹想起了自己的日记，自己的妈妈有没有偷看呢？

这天，吴丹写完了日记，故意放在了书桌上没拿。她躲在书房门背后，想要看看妈妈对她日记的反应。

妈妈从书房门口经过的时候，看了看屋子中没有孩子的身影，于是只站在书房门口说："吴丹，你的日记本忘在桌子上了，记得收起来。"说完，妈妈转身又忙去了，并没有进书房关注吴丹的日记。

吃完晚饭，吴丹与妈妈坐在一起看电视，她问妈妈："妈妈，您真的不看我的日记吗？"

妈妈笑笑："你都说是日记了，我怎么能看呢？"

"我的同学们都说，她们的妈妈偷看她们的日记的。"

"那是她们的妈妈，你放心，你的妈妈不会偷看的。因为那是你的小秘密，除非你自己想要告诉我。你信任妈妈，妈妈也就信任你，我尊重你的秘密与隐私。"

智慧点拨

隐私是每个人藏在心里的，不愿意告诉别人或者不便于告诉别人的事情。孩子的日记与信件，往往都是他的隐私与秘密的隐藏地。父母要向吴丹的母亲学习，既要与孩子开诚布公，同时也要尊重孩子的隐私。父母只有与孩子相互信任，孩子才有可能将自己的秘密吐露出来。

随着孩子的不断成长，他的生活领域渐渐拓宽，他所吸纳的知识越来越多，而他的情感也自然丰富起来。孩子的自我意识与自尊心也在不断增强，原来毫无顾忌地什么都说的情况会越来越少，他的心门也在慢慢关闭。但很多父母却并没有意识到孩子的成长，他们认为孩子不应该有秘密，必须所有一切都是公开透明的。于是不少父母便随意地闯入孩子的"私密地带",甚至私拆孩子信件、监听电话、偷看日记,而且这些行为还屡见不鲜。而孩子面对父母的这种做法,反感心理就会骤升。这样一来,孩子与父母的沟通将变得更为困难。

因此,父母应该杜绝这些不尊重孩子隐私与秘密的行为,还给孩子一个宽松的隐藏秘密的空间。父母要让信任构架通往孩子心灵深处的桥梁。

参考建议

拥有隐私与秘密,是孩子成长的一大特点。面对孩子关闭的心门,父母不应该有焦虑和愤怒的情绪产生。父母需要放松心态,并且应该对孩子的隐私与秘密表现出尊重,只有用合理的交流方式,才能帮助孩子解决各种问题。

1. 从细节上多观察孩子

随着孩子的长大,他所经历的事情越来越多,他也不可避免地有自己的想法,而有自己的秘密更是很自然的事情。尽管孩子有些秘密并不一定对其成长有利,但是这也一样是孩子成长的表现。所以,父母要对孩子的隐私与秘密,给予充分的尊重。

父母应该多从细节上观察孩子,密切注意孩子诸如态度、语言、行为上的一些不寻常,及时发现孩子的成长变化。好的变化,父母要给予支持与鼓励;不利于成长的变化,父母不要过多地训斥与责骂,应该用尊重的态度对其因势利导,让孩子能自然接受意见并改正。

2. 由对话了解孩子的想法

许多父母都有这样的体会,随着孩子年龄的增长,他的秘密也越来越多。迫切想要知道孩子究竟在想什么的父母,对于孩子秘密的好奇更是强烈。而这时候,就更要求父母尊重孩子的秘密与隐私,不能有偷看、偷听等不光彩的行为。父母应该相信孩子,并且要理解孩子。

父母可以为孩子营造一个轻松、民主、宽容的家庭环境,多和孩子进行平等的对话交流,在闲聊中了解孩子的内心想法,从而最终达到与孩子情感上的沟通。只有了解了孩子的想法,父母才能有针对性地给予孩子帮助。

3. 培养孩子分辨是非的能力

孩子有隐私、有秘密是必然的,但是孩子还在成长过程中,他的分辨能力还不完善。孩子的想法有时候过于单纯,因此他还不能很明确地分辨好坏。若是孩子的分辨能力得不到培养,再加上孩子对秘密与隐私的保护,父母很有可能发现不了孩子的变化,从而为他自身的成长埋下祸根,甚至直接酿成大祸。

因此,父母在尊重孩子秘密与隐私的前提下,一定要让孩子学会分辨黑白善恶,让孩子知道什么样的秘密与隐私是不应该有的,让他将一切歪曲与黑暗挡在成长的门外。

4. 让孩子学会自我教育

父母要明白,苛求一个还在成长期甚至有些叛逆的孩子,让他一定要如何、一定不要如何是很难的。而有一些隐患,却又是隐藏在孩子的隐私与秘密里的。因此,这就要求父母要对孩子进行教育与帮助,让孩子学会自我教育,让他自己将一些成长中的绊脚石搬开。父母可以通过一些故事、实例或者道理,来提高孩子的防范意识,让孩子自己通过行为与思想的调整,杜绝危险因素。

父母也要注意,让孩子自我教育,并不等于放纵。不是说所有的危险都要孩子自己去认识,自己去改正。父母要密切观察孩子,不要让孩子的隐私秘密变成他藏匿污点的死角。

金玉良言

孩子的隐私与秘密不是"苛政",因此它不会猛于虎。只要父母能以尊重的态度去对待,当孩子真正将父母当成朋友的时候,他自然会将心中藏着的事情说给父母听。这是一个规律,父母越是尊重孩子的秘密与隐私,孩子与父母的距离就会越近。

18. 尊重孩子的意愿和想法

教育最复杂的任务之一,就是把服从法律的强制性向善于动用自己的自由权利结合起来。孩子只要不做有害于自己和他人的事,就应当让他们有行动的自由,不要硬去改变孩子的意愿,要让孩子懂得,他们只有为别人提供达到目的的可能性,才能达到自己的目的。

——(德国)康德

经典事例

美国第32任总统富兰克林出生在一个民主的家庭中。他的母亲萨拉在他幼年时期,总是非常尊重他的意愿与想法,这不仅促进了富兰克林与母亲之间的亲子关系,而且使富兰克林从小就非常有主见。

幼年的富兰克林有一头漂亮的卷发,看上去十分帅气。因此,母亲经常喜欢用各种服饰来打扮他。但不少时候,富兰克林却并不喜欢母亲为他选的衣服。

有一次,母亲想给他穿带花边的套装,富兰克林大声说出了自己的不满。接着,母亲又想给他换成苏格兰短衫,但富兰克林也拒绝了。后来,母子二人经过商量,一致同意富兰克林穿水手服。

母亲萨拉曾经这样说:"父母们对于衣饰的品味虽然高雅,可是父母们执拗的儿女却并不喜爱。……我们从来不曾试图对他施加影响,来反对他的喜好,或者按我们的模式规定他的人生道路。"

智慧点拨

仅仅是一件换衣服的小事,但却反映出来富兰克林的母亲萨拉的明智,反映出她对孩子的想法与意愿的尊重。这位母亲的做法,使得富兰克林从小就有良好的个性发展,同时也形成了良好的品格。因此,这种做法十分值得父母学习。

孩子随着年龄的增长,就会对自身与外界的一些事情产生自己的意愿与想法。而不少时候,孩子的想法也并不是完全没有道理,他的意愿也并不是完全不能被接受。因此,父母应该以尊重的态度来对待孩子的想法与意愿。在与孩子的沟通交流过程中,父母应该少一些类似于"你必须……"、"你不能……"的强制性、命令性的说法,而是要用商量与建议的口吻,尊重孩子的意愿与想法,用平等的态度来对待孩子。

因此,父母应该注意到孩子长大的信息,注意到孩子成长的特征。对于孩子说出的"我认为"与"我觉得",父母要给予重视与尊重,要让孩子的独立思考意识与抉择能力得到锻炼与成长。

参考建议

当孩子想要向父母表达他的想法和观点时,父母要对孩子的这种行为表示尊重,要给他足够的时间和空间,同时更要耐心倾听孩子的话语。毕竟,做父母的都不想错失孩子成长的每一个环节,所以,对于孩子的想法与意愿,父母也要给予尊重与理解。

1. 允许孩子自己做决定

孩子在对待一些事情上,尤其是关乎其自身的事情时,经常会有自己的意见与想法。不少时候,孩子总是期待事情的发展能如他所愿。但有的父母却会代替孩子作出决定,剥夺了孩子表达意愿与想法的权利。

因此,父母在处理孩子的事情的时候,最好多听听孩子的意愿与想法,允许孩子发表自己的意见,毕竟自己最了解自己的需要与渴望。如果孩子的意见可行且有利于他的成长,父母要允许孩子自己作决定。而且,就算孩子的意见不完善,父母也只能是提出意见与建议,让孩子自己斟酌后再作选择。

2. 理智对待孩子的意愿与想法

许多父母都会将孩子的一些想法当成是孩子的幼稚话,认为孩子说出来的语句多半没有意义,这种认知是错误的。

对于孩子的意愿与想法,即使他说得不正确,即使听起来的确十分幼稚可笑,父母也不应该嘲笑与打击孩子,更不能忽略孩子的想法,要通过讲道理来让孩子学会辨认是非。而对于孩子的想法与意愿,父母也不能采取压制的做法,更不能用权威来强迫孩子顺从,让他丢弃自己的意愿。

3. 倾听孩子的完整表述

有一些父母不理会孩子的想法,不接受孩子的意愿,很大一部分原因,是父母并没有将孩子的话听完。孩子的想法刚说了个开头,父母就自认为理解了孩子的真正意图,从而阻止孩子继续说下去。这样的做法,一样是不尊重孩子想法与意愿的表现。

父母应该认真地将孩子的话听完,将孩子的完整想法听进去。只有完整地了解了孩子的意愿,父母才能给孩子提建议或意见,才能让孩子重新思考。

而且,让孩子完整地表述自己的意愿与想法,也是对孩子思维逻辑能力的一种锻炼,这对其未来成长也是大有益处的。

4. 为孩子的错误意愿与想法"拨乱反正"

父母尊重孩子的意愿与想法,并不代表对孩子的所有想法都全盘接受。对于孩子的一些错误意愿与想法,父母也要及时地进行"拨乱反正",要让孩子的思想保持纯净。

对待孩子的错误思想,父母不能如临大敌般地进行严苛批评或惩罚。父母要正确看待这些错误,要知道孩子分辨是非的能力还不成熟,父母需要对孩子

进行引导与教育,让孩子自己意识到错误并自行进行改正。

金玉良言

孩子也是有思考能力与决断能力的,父母不能将孩子当成私有财产。只有意愿与想法受到尊重的孩子,他的思维意识与表达能力才能得到更好的锻炼。而拥有自己的意愿与想法,也是孩子长大的表现,父母应该对其表现出赏识与尊重。

19. 尊重孩子的各种权利

当父母尊重孩子的权利,并引导孩子珍惜自己的权利时,真正有益的家庭教育才能开始。

——(中国)孙云晓

经典事例

一天,一位母亲发现上 5 年级的女儿在屋里走来走去,而且不停地叹气。母亲想孩子是不是遇到了什么困难,要么就是遇到了什么挫折,再不难道是女儿自己出了什么问题?

第二天,等孩子上学走了,万般急切而且好奇的母亲撬开了孩子的抽屉,找到了女儿的日记。当她拿到日记本的时候,发现有一张纸条被夹在了日记中。于是,母亲先抽出了那张纸条,只见上面写着:"亲爱的妈妈,我就知道您会看我的日记。您这样做真是太让我失望了! 我有什么烦恼是我自己的事情,我相信我自己能解决。"

母亲有些后悔,她不尊重孩子的行为竟然被孩子猜了个正着。晚上,孩子放学回家后,母亲郑重地向女儿道歉,并说:"以后,妈妈会尊重你的权利。"女儿听后,高兴地扑进了妈妈的怀里……

智慧点拨

父母总是牵挂着孩子,看见孩子有一些不寻常的举动,父母的担忧无可避免。就如故事中的母亲,她的焦虑想必不少父母也感同身受。但是也正如故事中的女儿所说,尽管她会遇到问题,但她也有信心自己解决。父母过多地干涉,

不但是对孩子权利的不尊重,同时也会失去孩子的尊重。

父母在教育孩子的时候应该注意到,孩子也同父母一样,是独立的个体,也是发展中的人,也一样是具有权利的个体,而且是积极的主动的权利主体。孩子的成长过程不仅是被动地接受父母影响和教育的过程,同时孩子也应当有主动性,并且还要对这个过程产生有利的影响。尊重和保护孩子的各项权利,不仅是家庭保护的根本,也是家庭教育取得成功的关键。

因此,父母应该重视起孩子的各项权利,并使他的权利得到充分的保护与维护,让他能够健康成长。

参考建议

有些父母认为,孩子是父母的附属,所以孩子本身并不具有什么所谓的权利。但事实并非如此,孩子也拥有同成年人一样的权利。因此,父母应该尊重孩子的各项权利。

1. 不为孩子包办所有事情

孩子是父母的宝,大部分孩子从小就被父母"捧着",一切本应孩子自己动手的事情,都由父母帮忙操持。长此以往,许多孩子养成了不爱劳动、无法独立生活、责任心差的坏习惯。这样的孩子将无法面对人生中遇到的各种问题,无法依靠自身能力生存下去。

所以,这种为孩子包办所有事情的做法,不仅是不尊重孩子权利的表现,也会对孩子的成长极为不利。父母应该为孩子创造成长的条件,培养孩子的生存和发展能力,让孩子在生活实践中充分行使其全部的体能、智能和社会性参与的权利。

2. 父母要找对自己的"角色"

父母通常认为自己是保姆、老师、安全员、提款机、警察、法官的集合体。而现实生活中,很多父母又认为自己就是孩子"学习的拐杖",只要孩子学习好,其他什么都无所谓。

这些不能找对自己定位的父母,都忽略了孩子的权利,而且也忽略了这样一个事实:父母的首要职责,应该是保障孩子的生存权利,并且抚育孩子健康成长。孩子的学习重要,但更重要的是孩子的身心健康。父母对孩子的教育,并不只是学习的教育,教育是多方面的。

3. 不要忽视孩子的需求

我国《未成年人保护法》中明确规定:"父母或者其他监护人应当根据未成年人的年龄和智力发展状况,在做出与未成年人权益有关的决定时告知其本人,并听取他们的意见。"也就是说,父母不应该忽视孩子的需求,不应以自己的判断来为孩子决定或者强迫孩子接受一些事项。

刚进寒假,母亲告诉 9 岁的女儿:"妈妈已经为你报了书法班、舞蹈班。"女儿不高兴地说:"您跟我商量了吗? 放假期间我不想去!"母亲却说:"我这是为你好,还用得着商量? 多学点东西对将来有用。"但女儿却十分不领情,脸上写满了对母亲的不满。

父母总是没与孩子进行过商量,就做一些自以为是对孩子有好处的决定。这反而会招来如故事中的女儿那样的反感。父母应该尊重孩子的权利,让其参与到一些事情的决策中来,这样才能起到良好的教育效果。

4. 一定要杜绝家庭暴力

父母对孩子施以家庭暴力,是最不尊重孩子权利的表现。很多父母面对孩子不尽如人意的言行,总是非打即骂,甚至采取一些其他手段对孩子进行惩罚。尽管从主观上来看,父母是为了孩子好,但是从客观上来说,父母的这些行为会给孩子的身心带来极大的不利影响。

因此,父母应该转变"孩子不打不成才"的旧俗观念,要尊重孩子的各种权利,让孩子以正确的方式纠正成长中的错误。

金玉良言

很多时候,父母习惯于用成人的眼光来衡量孩子的世界,来观察孩子的言行与举动,甚至评判孩子的好坏与善恶,但这些行为却都在无意中剥夺了孩子的权利。父母应该学会尊重孩子的各种权利,才能给孩子一个自由发展的空间。

20. 征求并尊重孩子的意见

对别人的意见要表示尊重,千万别说: "你错了。"

——(美国)戴尔·卡耐基

经典事例

周末吃晚饭的时候,妈妈对柳莹说:"明天我们把你送到奶奶家去,你要在那里住一个月。记得要听爷爷奶奶的话。"

10岁的柳莹吃惊地问:"为什么?"

爸爸回答说:"我和你妈妈都要出差,家里没人照顾你。"

柳莹皱了皱眉:"为什么不和我商量呢?我想去姥姥家的。"

"商量什么?让你去你就去!"妈妈说,"你还挑,奶奶家和姥姥家有什么区别?"

"可是……"

"没有可是!"爸爸又打断了柳莹的话,"大人决定的事情没有你插嘴的份!"

第二天,柳莹果然被送到了奶奶家。她非常不高兴,她只是想告诉爸爸妈妈,奶奶家离学校太远了,若是去姥姥家,上学还近些,怎么他们就是不听她的意见呢?

智慧点拨

父母大多会像柳莹的父母那样,很随意地就替孩子作出决定,不问孩子的意见,甚至也不允许孩子发表意见。这种做法是不可取的。很多时候,孩子的意见也可以起到很重要的作用,甚至是决定性的作用。因此,父母不应该无视孩子的意见。

一个家庭总是要有各种各样的大事小情,而这种种的事情有的关系到个人,有的则需要全家来一起面对。当然,生活中有些成人的事情是不必让孩子知道的,但是对于有些事情,作为家庭成员的孩子,完全具有对其提意见的权利。遇事经常和孩子商量,并征求孩子的意见,也是父母对孩子的一种赏识和尊重。

尤其是在涉及孩子自身的事情时,父母更应该多听听孩子的意见,毕竟自己的事情自己最有发言权。父母切忌对孩子大包大揽,不问孩子的喜好,强迫孩子接受安排。而对于家庭共同面对的事情,父母也要综合包括孩子在内的所有家庭成员的意见,才能最后定下结论。

所以,征求并尊重孩子的意见,除了能搜集到更快解决问题的办法,同时还能拉近父母与孩子的距离,更能增加父母与孩子间的互相尊重。

参考建议

孩子和父母都是家庭中不可缺少的一分子,父母不能因为孩子年龄小、阅历浅就无视孩子的意见。父母在决定一件事情之前,不妨听听孩子的看法。有时候,孩子的意见也非常重要,甚至能对整个事情产生重大的影响。

1. 善待孩子的参与权

孩子也是家庭的一个成员,对于需要整个家庭共同面对的问题,孩子应该也具有参与讨论和做决定的权利。也就是说,孩子也具有家庭问题的参与权。

有的父母认为,孩子还小,他的意见根本就没有参考价值。而且因为孩子接触的事物少,他的思想也并不如父母般成熟,他所作出的意见与决定,也许并不十分有用。但父母却忽略了一点,孩子对于新生事物的接受程度要远超于成人,而许多新鲜观点也许正是父母解决问题的最佳途径。因此,父母应该善待孩子的参与权。面对家庭的一些问题的时候,也应该适当让孩子参与进来,并要认真听取孩子的意见。

2. 鼓励孩子有自己的看法

征求孩子的意见,不是指询问孩子"是不是"或者"好不好",而是应该让孩子将自己的心中所想说出来,让孩子对一件事物发表一个完整的自我意见或者建议。

父母应该多鼓励孩子,让他多参与到事件的讨论中来,并且能够说出自己的不同见解。而让孩子有自己的看法,同时也是对孩子思维能力和语言组织能力的一个锻炼,可以让孩子养成勤于思考,并且善于发言的好习惯。

3. 正确对待孩子的不同意见

所谓"各抒己见",就是指各人能充分发表自己的意见。对于孩子也是一样,父母要正确对待孩子所说的不同于己的意见与看法。

若是孩子的意见有可取之处,父母应该表现出赏识与尊重,并要对孩子进行鼓励和支持;若是孩子的意见并不能起到什么作用,父母也不要对孩子的话置之不理,除了要尊重孩子的意见之外,还要让孩子明白他的意见究竟不妥在哪里,这样也可以提高孩子分辨是非的能力。

4. 不要忽略孩子的反对意见

其实绝大部分的人对于反对意见都抱有不友善的态度,要么是尽力反驳,要么是据理力争,有的甚至干脆就装作没有听到。的确,反对意见也许会让人觉得不舒服,但不少时候反对意见却恰恰是正确的处理问题的方法。

而对于孩子的反对意见,父母切记不要因为是孩子,而且又是反对的声音就对其意见彻底忽略,也不要对孩子的这种意见进行讽刺与阻挠。父母可以与孩子进行有针对性的争论,通过商量和交流,最后得出一个有利于解决问题的结论。

金玉良言

家庭的概念包括所有成员,父母不应该剔除孩子的声音。在遇到一些事情的时候,父母完全可以让孩子也参与到讨论中来,并且以诚恳的态度征求孩子的意见,更重要的是要尊重孩子的意见,这样可以培养孩子的主人翁意识以及大局观。

21. 给孩子自主选择的机会

青年出于对父母的爱和尊重,有时不得不抑制自己的愿望和爱好,放弃自己所选择的,也许有着特殊兴趣和才能的领域,而去屈从父母或保护人的愿望。这种痛苦的选择往往足以压抑他们的热情和对人生的乐趣。这对社会来说是在已经死气沉沉的生活中又增添了一个消极因素,而不是增加一份生气勃勃的力量。

——(印度)甘地夫人

经典事例

母亲带着7岁的儿子去逛书店,儿子站在摆放字帖的书架前认真地看着。不一会儿,儿子对着母亲举起一本英文描红字帖说:"妈妈,这本书你看好吗?"

母亲提醒儿子,他已经有的一本英文描红字帖还没写完。但看到儿子渴望的眼神,母亲换了一种口气说:"真是个爱学习的孩子啊!不过,你若是买回这一本,家里就有两本英文描红字帖了。但你必须都保证写完,否则就不买。你自己选择吧,是买还是不买?"

儿子想了想,坚定地说:"买!"

后来,儿子果然履行了自己的诺言,每天都用20分钟的时间,在两本描红字帖上都认认真真地完成一页字。每次母亲看着孩子认真的态度,都会欣慰地微笑。

智慧点拨

生活中,父母对于孩子的选择,经常忽略或者否定。但这样时间长了,就会打击孩子对于选择的积极性,孩子也会形成依赖心理。故事中母亲的做法值得提倡,她相信孩子能处理好自己的事情,给了孩子自主选择的机会。可见,只要给予孩子肯定与尊重,让他自由发展,父母及时为孩子提供帮助并加以指导,孩子就可以做得更好。

很多父母习惯于孩子"听话",但孩子的"听话"又能听多久呢?他总是要面临人生的一系列抉择的,他总是有父母不能替他做决定的时候。父母要让孩子尽早学会自主选择,才是给了孩子一个在未来生存的技能。父母要让孩子不仅是听话,更要有主见。

美国著名管理学家彼得·德鲁克说:"'因为信息时代取代工业时代、世界无边的竞争、放权自由的管理模式',未来的历史学家会说,这个世纪最重要的事情不是技术或网络的革新,而是人类生存状况的重大改变。在这个世纪里,人将拥有更多的选择,他们必须积极地管理自己。"由此可见,在现代世界,自主选择权对于孩子未来的发展多么重要。所以,父母应该多给孩子自主选择的机会,让孩子对自己的人生能够作出准确的选择。

参考建议

这个时代的孩子,从很小开始就面临许多的选择,而父母又是不可能陪伴孩子一生的。因此,父母应该通过一些让孩子自主选择的机会,来锻炼孩子的选择能力,这对于他的未来成长是有十分重要的意义的。

1. 要教孩子自己想办法

孩子在生活学习中总是会遇到各种各样的坎儿,要么是难题跨不过去,要么是障碍不知道该如何清除。这时候,父母就要鼓励孩子自己多想想办法,不要什么都想帮着孩子解决。让孩子自己想办法,就是让他自己多思考,让他自己寻找最合适的解决方案。若是失败了,孩子可以从中得到教训,父母也可以帮助孩子分析自省,从而提高他的判断能力。而孩子有了良好的判断能力,对于他的自主选择是大有益处的,这将大大减少他做错误决定的机会。

2. 要让孩子成为自己的主人

对于一些事情,尤其是关于孩子自身的事情,父母就要将选择权留给孩子,要让孩子成为自己的主人。虽然父母很明确地知道这些事情应该如何做,但是,父母还是要给孩子一个机会,让他能够自己为自己的事情独立下决定。

而且,父母也不要害怕孩子会犯错,孩子从错误中学到的东西,往往要比从父母直接的指导中学到的东西要多得多。父母要让孩子知道,成为自己的主人对于他的未来生存是十分重要的。父母只能是提供一些参考与建议,孩子越早学会自己下决定,就能够越早养成独立的习惯。毕竟,未来的太多事情,还是需要孩子自己去抉择的。

3. 减少对孩子的指责

既然给了孩子自主选择的机会,那么父母就要信任孩子,不要对孩子作出的决定给予指责,甚至批评与嘲讽。那样将会打击到孩子的自信心,会影响到孩子的心理健康。经常地否定孩子的选择,孩子就会觉得这是父母对他的选择的不尊重,也会打击到孩子对自主选择的积极性。

4. 不给孩子太多的限制

给孩子自主选择的机会,就是要求父母放手,不用太多的规矩去限制孩子的自由。既然是自主选择,父母就要让孩子有一片自由发挥的天地。

当然,父母对于放手想必还是会有顾虑,这时候,父母可以采用共同决定的方法。比如,孩子喜欢踢足球,父母就可以说,只要你功课做完了就可以玩,但是一周只能踢两次,一次只能踢两小时。如此,将自主权交给孩子,这样不但可以培养孩子独立自主的能力,而且也会激发孩子为了自己的喜好而更努力去做那些"必须做"的事情。另外,不给孩子太多限制,放手让孩子去做,还能增加他的责任感和自信心。

金玉良言

人的一生,充满了一个又一个的选择,一个人的选择又往往决定了他的生活。因此,父母应该多给孩子一些自主选择的机会,让孩子尽早学会对他的人生做决定,这才能保证孩子在复杂多变的社会中的生存、竞争与成功。

22. 不要给孩子贴上"笨"标签

教育学的人道主义精神在于要使一个在绝大多数儿童来说能够胜任而偏偏对他来说不胜任的儿童不要感到自己是一个不够格的人，要使他体验到一种人类最崇高的乐趣——认识的乐趣、智力劳动和创造的乐趣。

——（苏联）苏霍姆林斯基

经典事例

上小学 3 年级的陶浚对数学一直很憷头，他在数学方面的理解能力与分析能力，与别的孩子相比有些差距，父母对此非常着急。

这天，陶浚拿着考了 50 分的数学卷子回家，妈妈一看见卷子上的分数就急了，冲他大声嚷道："你怎么那么笨！我花钱让你上学，你又考这么点分回来！你天生就是学不会的笨脑子！"

陶浚委屈地看着妈妈，小声地说："我才不笨呢……"

"什么？"妈妈听见孩子的话更急了，"你不笨？你不笨你考这么点分？你看人家邻居的孩子，门门功课满分，你呢？笨得要死，这么简单的数学都不会。"

陶浚开始掉眼泪，妈妈却不理会，只说："哭什么哭！还有时间哭？这么笨还不快去看书，下次再考这么点分看我怎么收拾你！"

后来，陶浚再看见数学，就如看见猛虎，他不会的东西越来越多，甚至原来擅长的科目也渐渐学不会了。他感觉自己真的成为一个"笨"孩子了。

智慧点拨

生活中，类似陶浚这样的悲剧不少见。许多父母都如陶浚母亲那样"恨铁不成钢"，"笨"标签一张又一张地被贴在孩子身上。随着时间的延长，孩子在这种心理暗示的作用下，也坚信自己就是笨，从此失去了所有学习兴趣。

其实，每个孩子降生到这个世界上的时候，都是父母的宝贝，都是父母未来的希望。所有的父母都期望自己的孩子不仅能健康成长，而且最好还要出人头地。但是由于孩子的成长发展不尽相同，当孩子接受知识稍微慢一些，有些父母就开始给孩子以负面的标签。要知道，没有人能全面发展，每个孩子都有自己独特的个性。若是父母一味地抱怨孩子"笨",将会极大地伤害到孩子积极进取的自信心,对孩子的自尊也有很大影响。

因此,父母应该相信孩子,不要给孩子贴上"笨"标签。父母要相信,每个孩子都蕴藏着很大的潜能,只有给予鼓励与欣赏,他才能发挥潜能,从而更好地成长。

参考建议

俗语说:"种瓜得瓜,种豆得豆。"父母不停地给孩子灌输"你很笨"的思想,日久天长,最终孩子也许真的就笨了。所谓的笨,都是父母"种"出来的。因此,父母一定要撕掉孩子身上的"笨"标签,只有"种"下优秀,最后才能收获成功。

1. 了解孩子的实力

每个孩子对于知识的理解消化程度都是不同的,有的孩子接受能力强,有的孩子则弱一些。父母应该了解自己孩子的实力,只要孩子在自己的知识掌握程度上有了进步,他就值得表扬。

父母要切记,不要总用不符合孩子实际能力的高标准去要求孩子,一旦孩子达不到就会使孩子的自信与自尊都受到打击。

2. 多看到孩子的优秀面

没有人是完美无缺的,也没有谁是一无是处的,孩子也一样。父母要多看到孩子的优秀面,多让孩子体会成功的喜悦,不要总是说孩子在某个方面很笨,应该尽量减少孩子的挫败感。也许孩子做数学题慢,但是孩子背古诗很快;也许孩子写作文是个困难,但是孩子朗读英语却很有一手。每个孩子都有自己的闪光点,父母可以通过发扬孩子的优点,来激励他弥补自己的缺点。

3. 对孩子不要吝惜鼓励的话语

鼓励是给予、是肯定,鼓励可以使人坚定信念。一个人如果生活在鼓励当中,他将会更快接近成功,也会创造更多的奇迹。对于孩子尤其如此,父母更是不要吝惜鼓励的话。

上小学5年级的儿子在班里学习成绩一直倒数。家长会的时候,老师建议母亲让孩子留一级。母亲回家后没有责骂儿子,甚至对老师关于留级的话都只字未提,反而鼓励孩子说:"今天老师在全班家长面前表扬你了,说你进步不小。所以,你只要再加把劲,一定有更大的进步。"母亲的话激励了孩子,孩子在后来的学习中真的提高了成绩,就连建议他留级的老师都觉得不可思议。

可见,鼓励的话语对于孩子的成长与发展具有多么重要的作用,母亲一句鼓励,竟能让几近留级的孩子闯过难关,这不能不说是个奇迹。所以,父母不要总用尖刻的话语去说孩子笨,即使孩子真的理解接受慢一些,但只要有鼓励,他也一样能够有所进步。

4. 帮助孩子建立正确的自我形象

父母要知道,一旦经常对孩子说他很笨,久而久之,孩子就会自己戴上"笨"的帽子,而且再也摘不下来。在心理学中有一个"皮格马利翁效应",是说人的期望对人的行为效果和心理发展具有重要影响。也就是说,如果父母认为孩子是优秀的,并且经常用适当的语言给予鼓励,那么他一定会向优秀的方向发展,而且还会越来越好。

因此,父母要帮助孩子建立正确的自我形象,让孩子感觉自己是优秀的,让孩子拥有自信心与自尊心,他才能拥有精神支柱,他才会逐渐走向成功。

金玉良言

没有谁生下来就是笨孩子。所以,父母要看得到孩子的努力,要看得到孩子的优点。同时,父母也要让孩子知道,只要他认真努力了,就一定会有收获。而丢掉"笨"标签的孩子,也会在父母的期望与鼓励下,获得更大的进步。

23. 不拿孩子与别的孩子比

没有种不好的庄稼,只有不会种庄稼的农民,中国的孩子受的是物质的溺爱,精神上的挫折教育。我们总是拿孩子和别人比较,忘记了孩子的优点。

——(中国)周弘

经典事例

安安今年上小学6年级,和晶晶是同班同学,也是好朋友,父母间总免不掉要谈论起这两个孩子。

每次安安看电视很长时间,妈妈顺口就来一句:"你看人家晶晶,一放学就写作业去了,你再看你,书包一搁,就看电视,怎么和人家比呀?"

家里来了客人,安安趁机跑出来玩,妈妈当着客人的面,批评安安:"每次去晶晶家，人家晶晶根本就不出门，总是闷头在书房里写作业，不到吃饭时间不出来。你再看看你？"

家长会后，妈妈对安安说："你和晶晶是好朋友，怎么你的成绩就赶不上人家呢？平时多和人家学一学，别就知道疯玩。"

不仅比学习，妈妈还会比孩子的行为、态度、礼貌……久而久之，安安和晶晶不再是好朋友了。

智慧点拨

孩子的自尊心比较强，也很敏感。如果父母像安安的妈妈那样，有意无意总是拿他和别的孩子作比较，那么久而久之，孩子也许会嫉妒，也许会自卑，而这些都是不健康的心理状态。所以，父母言语要谨慎，不能拿孩子和别的孩子作比较。

其实，每个孩子都是一块尚未雕琢的璞玉，都有成才的可能性。父母的盲目比较只会让孩子失去自我，不能对自己有一个清楚的定位。所以，父母不能盲目羡慕别人的孩子怎样聪明，学习成绩有多好等，要善于发现自己的孩子的闪光点。

而有些父母偏偏喜欢拿自己的孩子和别人的孩子作比较，如果自己的孩子被比下去了，就开始怀疑他，对他失去信心，甚至失望。除了让自己不开心外，还会让孩子变得不自信。如果把别的孩子比下去了，父母除了能从中获得满足和成就感外，可能会让孩子产生骄傲自满的心理。但早晚有一天父母会发现，人外有人，天外有天，这样的比较什么时候才是头呢？

可见，拿孩子作比较本身就是一个不明智也不理智的行为，所以父母一定要杜绝。

参考建议

孩子犯错了，父母可以适当地批评，但是要谨慎自己的言语，千万不要把别的孩子当做衡量自己孩子的标准，相信、赏识的眼光会让他变得独一无二。

1. 客观地评价自己的孩子

孩子和孩子之间是不一样的，肯定会存在性格、能力、天赋等多方面的差异。父母应该对自己的孩子有一个全面的认识，不能只抓住缺点去和别人的优点比，要相信自己的孩子可能在某些方面比不上别人，但是总会有一点要远远超过别人。也许反应有点慢，但是很细心；也许表达能力欠缺，但是善于倾听；

也许学习成绩不好,但懂礼貌,有爱心。只要父母真诚地赏识自己的孩子,总会发现他在某个方面是突出的,他就是独一无二的。

2. 不把别人的孩子当做衡量自己孩子的标准

每个孩子都有独特的个性,父母不能盲目期待自己的孩子变成别人的样子,更不能拿别人的孩子当做衡量自己孩子的唯一标准。许多父母最喜欢拿孩子学习的成绩作比较:"你看人家齐天明,这回又考了个班里第一,你再看你!"孩子听了这句话可能心里会想:"你要是觉得他好,让他给你当孩子呀!"

其实,父母应该冷静思考,这么说的目的是什么?是希望孩子学习成绩有所提高吗?那么,这样说真的能起到提高他成绩的作用吗?父母的出发点应该是鼓励,而不是打击,如果这样说:"你成绩虽然没他好,但是妈妈相信你,通过努力,一定会取得好成绩的。"相信这样的语言一定能起到激励作用,不至于让孩子产生反感的情绪。

而且学习成绩只是评价孩子的一项指标而已,并不能说明自己的孩子就真不如别人。所以,父母要摆正心态,不把成绩作为唯一的评价指标,更不能把别人的孩子当做唯一的评判标准。

3. 不加强孩子横比的思维模式

通常情况下,孩子喜欢从父母的口中得出一些评价,他会用试探性的口吻问这类问题,"我画得比她好看,对吗"、"我们谁跑得比较快"等。这个时候父母要回避横比的话题,鼓励他,但不加强他的比较意识。父母可以这样回答:"这个很难判断,你把树叶画得很美,色彩清晰。但他的太阳很明亮,着色也有进步。"或者说:"你跑得快,因为你比他高。"这样慢慢淡化孩子横比的意识。

4. 坚持"先好后差,重好轻差"的原则

当父母和别人聊天的时候,免不了要提到孩子,但父母应要坚持这样的原则:先好后差,重好轻差。也就是说,父母在提到自己的孩子时,要先表扬优点,再说缺点。说优点的时候,时间要长,语气要诚恳,是发自内心的赏识;谈不足的时候,内容要简略一些,维护他的自尊,并表示相信孩子,能将这些缺点都改掉。这样才能起到激励的作用,以免天天唠叨,让孩子反感。

金玉良言

父母应该让孩子学会和自己比,拿自己的今天和昨天比,让孩子在每一次

的考验中都有进步。当孩子失败时,父母帮助他分析和总结,启发他自己解决问题;有进步时,父母要多表扬,多鼓励,帮助孩子树立自信心,建立起亲子间良好的沟通渠道和方式。

24. 满足孩子的合理要求

当孩子的要求得到满足,他就会信任周围的人,反之则不信任自己和其他人。

——(美国)艾里克森

经典事例

方明上初中后,一直想换一辆新自行车,因为现在他骑的是爸爸的老自行车,有些旧了,各个零部件也没那么灵活了。他曾想出各种各样的理由,多次向妈妈提出更换自行车的申请,最后终于把妈妈说得动心了。

于是,妈妈找爸爸商量:"给儿子买辆新自行车吧!"

可是没想到爸爸却说:"憋着他,不能他想怎么样就怎么样,暂时不给他买。否则样样都满足他,他的幸福指数会越来越低,轻易得来的东西也不会珍惜。"就这样,方明的自行车拖了3个月才买。

后来,方明在日记中写道:"这段时间总算梦想成真,换了新的'坐骑'了。乍一看,小样长得还挺精神,一身蓝色'坎肩',还戴一副黑色'墨镜','脚'还是两钢圈,坐在它身上,真是春风得意,犹如坐在一个大弹簧上,一颤一颤地,不亦乐乎……"

智慧点拨

看了方明的日记,就能知道他得到期待已久的自行车时激动的心情。试想,如果父母第一次就满足了他的要求,他还会这么兴奋,这么珍惜吗?

生活中,父母应该满足孩子的合理要求,但是也应该具备智慧,适时地拖延时间,延缓满足进程,以增加他的幸福指数。

一项研究表明,满足孩子的合理要求可以培养他的信任感和自信心,也可以使他保持愉快的心情。同时,满足孩子的合理要求还能使父母和孩子间建立起亲密的朋友关系,让他感受到父母的爱。因此,父母应在不影响孩子健康成长的情况下,尽量满足他的合理要求。比如彩笔、儿童书画等一些相关的学习用品,玩具、乒乓球、篮球等培养他兴趣的文体用品等合理要求。

相反,如果孩子的合理要求没能得到满足,又没有合理的原因,可能会让孩子产生逆反情绪。尤其是进入青春期的孩子,成人感、独立性在增强,有可能导致他通过不正当的手段来满足自己的要求。因此,父母要满足孩子合理的物质和精神要求。

参考建议

当然,满足孩子的合理要求不是对孩子有求必应、百依百顺,也不是不管什么要求都持漠视的态度,而是要把握好"度"。一般来说,合理要求会因时、因地、因人而异,但基本原则是:保证孩子基本生活的物质和精神需要,以有利于其成长,并在家庭经济承受能力之内。

1. 父母在原则问题上要保持一致

父母要对一些原则问题持相同的态度,也就是说,对孩子的同一要求的处理方法要一致。父母不能今天高兴了,就都答应了;明天不高兴了,同一要求就拒绝了。这种做法不利于孩子辨别自己的要求是不是合理,也无法形成正确的是非观。久而久之,孩子还会学会看父母的脸色行事。所以,父母要保证不因情绪变化失去理智判断,也要在一些原则问题上保持一致,减少矛盾,给孩子树立一个统一的、正确的价值观。

2. 拖延满足孩子的时间

父母应该满足孩子的合理要求,但又不要轻易满足他。因为轻易得来的东西不仅不会珍惜,还会使孩子形成有求必应的习惯,降低其幸福指数。而终有一天,当要求不能得到满足时,他可能会经受不起打击。而拖延时间是培养孩子自控能力的好方法,这样会让孩子知道"来之不易",并让他学会等待,适时地控制自己的欲望。

3. 说明不能满足其要求的原因

有时因为客观条件不允许或者其他原因,孩子的合理要求不能得到满足,父母要向孩子阐明原因。如果父母不分青红皂白只是不予理睬或者一概拒绝,有可能会伤害他的积极性。当然,满足其合理要求不是让他养成挥霍浪费的不良习惯。所以说,父母也要教育他勤俭节约,让他合理消费。

4. 满足孩子合理的精神要求

对于一些合理的物质要求,有些父母绝不含糊,能满足的都尽量满足,但是合理的情感要求往往是父母容易忽略的。比如,孩子要求一个拥抱,要求在睡前听一个故事,要求和父母聊聊天、散散步,这些都是孩子合理的情感需要。因此,父母要多注重生活细节,不能盲目地用物质需要替代孩子的精神需求。

金玉良言

父母一定要拒绝孩子不合理的要求,因为迁就和顺从只会助长孩子"以自我为中心"的心理。拒绝他的目的是让他学会控制自己的欲望,知道这个世界上不是所有的要求都会得到满足,从而增强其耐挫的心理,树立其正确的是非观。

25. 不在别人面前批评孩子

父母不宣扬子女的过错,则子女对自己的名誉就愈看重,他们觉得自己是有名誉的人,因而更会小心地去维持别人对自己的好评;若是你当众宣布他们的过失,使其无地自容,他们便会失望,而制裁他们的工具也就没有了,他们愈觉得自己的名声已经受了打击,则他们设法维持别人的好评的心思也就愈淡薄。

——(英国)洛克

经典事例

吕涛10岁,妈妈给他买了一副乒乓球拍,希望他能练一手漂亮的球技。刚买来的时候,吕涛兴奋不已,每天都练习。可是现在一提到球,他就像泄了气的皮球,没兴趣了。

一天晚上,吕涛坐在电视机前看电视,妈妈走到儿子身边问他:"儿子,球拍呢?"吕涛专注于电视:"丢了。"妈妈很气愤,责斥了他几句,可是吕涛毫无羞愧之感,气得妈妈走到电视机前把电视关了。可是,吕涛不理睬,甩开房门离开了。

爸爸回家后和吕涛谈了很久,终于解开了孩子的心结。后来,吕涛给妈妈

写了一封信：

"妈妈，您知道我为什么要丢掉那副球拍吗？因为它已经不能给我带来快乐，反而成为我的负担。您还记得吗？开始时，为了提高我的球技，您每天晚上都陪我练习。可是后来，您逐渐失去了耐性。当着其他孩子的面指责我：'别人的孩子几块钱一副球拍就能打一手好球，而你拿着300多块钱的球拍，却打不出像样的球来。'您还指责我……您知道吗？您的揠苗助长已经让我对它失去信心了，现在我只要站在球台旁，心里就会发抖，发一个球，您批评的声音就会回响在我耳边。在这种情况下，我还能练出好球吗？"

智慧点拨

父母望子成龙、盼女成凤的心情都能理解，但对孩子的学习或某一方面的爱好特长寄予很高的期望，恨铁不成钢，甚至恼羞成怒，当众批评甚至羞辱孩子，最终结果只能像吕涛那样，不仅达不到父母的期望，自尊心和积极性都被打消了。

孩子渴望被保护、被爱，更渴望得到尊重和理解，而父母当众批评孩子，会让他觉得父母是在揭他的短，甚至揭开他心灵上的"伤疤"，导致孩子自尊自爱的心理防线崩溃，甚至产生以丑为美的错误心理。

不当众批评孩子是要求父母多站在孩子的立场想问题，尊重孩子，保护他的面子，这样会有益于他形成一种自尊、自爱的心理。一般具有这样情感的孩子，也往往尊重他人，进而也能得到别人的尊重，在生活中也会更自信，责任感也会更强。

所以，当孩子有缺点时，父母要在没有外人的情况下，对孩子进行善意的批评，并建议或引导孩子说出补救的措施。这样的教育方式，孩子往往更能接受。

参考建议

成功的家庭教育来源于父母了解孩子，接受并尊重他，而不是揭他的短。因此，当孩子的行为表现不能令父母满意时，父母千万不要劈头盖脸地随意指责，要根据不同的场合，结合不同时期孩子的心理特点给予积极引导。

1. 适度沉默，给孩子保留尊严

在公共场合，一些很明显的错误或者顽固性错误，父母不用说，孩子自己也会意识到。如果这时父母还是依照惯性指责一番，可能会让他很没面子。久而久之，会让孩子形成"无所谓"的态度，说过后，眨眼就忘记了。

相反,父母如果适度沉默,给孩子保留了一份尊严,也会营造出一个紧张的气氛,让孩子忐忑不安,不知如何是好。当然,这段时间也正是孩子自我反省的好时机,往往能达到事半功倍的教育效果。

2. 批评要合理,不夸大事实

生活中,有些批评之所以会遭到孩子的抵触,甚至让他产生不满,就是因为父母批评的理由不充分,甚至夸大事实,使他反感。

所以,要想抑制孩子不良品德、不良行为、不良习惯等,父母的批评一定要合理,让孩子从心理上服气。合理的基础是父母要先弄清事实,听一听孩子的理由,然后批评要有针对性,不东拉西扯,让孩子真正认识到错误,才能有教育的意义。

3. 找准批评的时机

当孩子犯了错误,批评惩罚必要而难免,但要选择时机,注意场合,讲究分寸。在公众场合,父母可以制止孩子过分的行为,然后把他带到其他地方,让孩子认识错误。

一般来说,犯错误的时间和教育的时间间隔不宜过长,因为时间间隔太长可能导致孩子已经忘记了这件错事,教育效果也不明显。当然,父母要允许孩子做错事、说错话,因为犯错可以获得相关经验和学识,正是他成长的机会。

金玉良言

批评孩子是一门学问,即使不当众批评孩子也要做到恰到好处。有些是非分明的事情,一定要给孩子讲清楚。尤其是对于一些比较严重的问题,父母要马上制止,言词程度要根据犯错的程度、孩子的心理承受能力和认识错误的情况而定,以免他产生侥幸心理。

26. 不说讽刺孩子的话

讽刺、挖苦、训斥是孩子心灵的杀手,而表扬、肯定、鼓励是孩子成长的催化剂。

——(中国)卢勤

经典事例

　　苏淳文科成绩非常好,但数学成绩也就勉强及格。到了初中 3 年级,数学更差了,连及格都不能保证了。妈妈为此请了两名数学老师给他补习。

　　补习了一段时间后,成绩没有上升的迹象。妈妈又专门请来一名北京大学的学生,给他补习,可是数学成绩不仅没提高,英语和语文成绩反而落下来了。眼看着孩子再过半年要中考了,妈妈情急之下,批评他:"你怎么这么笨呢?请了这么多'牛'人给你补习都不行。你在数学上的反应就像是一头牛!"

　　初三第一学期过去了,苏淳拿着成绩单沮丧地走到妈妈面前。妈妈接过成绩单:"天哪!数学竟然考了 46 分。"瞬时露出一脸无奈的表情,刚要说点儿什么,这时,苏淳说话了:"妈妈,不用说了,我已经替您惩罚过我自己了。"说完,把衣服袖子挽起来,胳膊上露出一片青紫的印迹。原来孙淳惩罚自己的方式就是用指甲掐自己,妈妈看了后,很心疼。

智慧点拨

　　孩子是脆弱的,尤其是自尊心强的孩子,成绩差了,最伤心的是自己,而苏淳的妈妈恨铁不成钢,一句无心的话超出了孩子能接受的范围,伤害了他的自尊心。同时,妈妈请很多老师辅导的做法,无疑放大了他数学成绩差的这个事实,从而使他失去学好数学的信心,甚至用不正当的方式惩罚自己。可见,父母的讽刺和挖苦,只会适得其反。

　　语言是父母与孩子沟通的重要途径,语言内容、表达方式等对孩子的行为甚至心理发展都有很大的影响。激励和赞赏会让孩子越来越优秀,但挖苦和讽刺反而会使孩子变得不以为耻、习以为常,无形中加深了其不好的行为,也会助长他不诚实和任性的毛病。

　　生活中,有些父母并不是有意要挖苦孩子,当看到孩子做错事时,盛怒之下,讽刺的语言就脱口而出,说完之后,气消了也就没事了。可是孩子不会忘记这些刻骨铭心的伤害,他可以接受父母的批评,但是绝对不能接受人格上的侮辱。久而久之,讽刺就形成一堵无形的墙,成为父母与孩子之间沟通的障碍。

　　所以,父母在教育孩子的时候,一定要深思熟虑,不要用讽刺的话刺伤孩子幼小而又脆弱的心灵。

参考建议

教育孩子,父母的心态很重要,在批评孩子的过程中,父母要善用语言的艺术,遵循一条原则:冷静下来,阐述事件本身,不带有个人情绪色彩。

1. 不给孩子贴"笨"标签

社会心理学认为:每个人的自我形象,部分取决于自己对他人反应的理解。这种现象对敏感的孩子的影响尤为突出。如果,父母总是说孩子"笨",会让他产生怀疑,认为自己真的很笨,甚至按照"笨"的模式塑造自己,约束自己,解释自己的某些行为。所以,像"笨"、"傻"、"你怎么这么不争气"等都不能用来刺激孩子。

那么,当孩子拿回不满意的成绩单,或是做错事情时,父母怎样管好自己的脾气,不让负面评价脱口而出呢?父母可以坚持"停想教"三个原则:先把负面的语言"停"下来,然后"想"一想这些话会造成哪些后果,最后再心平气和地"教"育他。

2. 批评孩子的行为而不是人格

批评孩子时,父母要遵循一条原则:批评孩子的行为而不是人格,这就要求父母在尊重孩子独立人格的基础上,就事论事。

父母在批评孩子时,应该把握好几条原则:故意冷淡孩子,可以使他感受到无声的惩罚,从而有利于他反省自己的过失;选择合适的时间、地点来批评教育孩子,这样才能达到预期的目的;批评教育孩子不能伤害他的自尊心,所以切忌当众训斥;利用孩子的好奇心、好胜心,用激将法刺激他,使之改正缺点;借助于寓言、故事、童话等加以引申发挥,旁敲侧击,含蓄委婉往往能收到良好的教育效果;用幽默的手段批评,能消除孩子的抵触情绪,让他在笑声中受到教育。只要坚持以上原则,一定可以让孩子在情感上接受批评,从而改正错误。

3. 把握好"玩笑"的度

俗话说:"说者无心,听者有意。"孩子比较敏感,对孩子偶尔好的行为表现,父母要表扬,提高其积极性。可是有的父母没有注意到这一点,比如,孩子突然主动帮妈妈打扫卫生,不用催促,自动写作业了,父母这时候感到惊讶,就说"今天太阳怎么打西边出来了"或者"你还是我的女儿吗?怎么一下变得这么勤劳",话语中带有意外和高兴,但是明显也带"刺"。这些话还是不说为好,以免打消孩子的积极性。而表扬是最直接,也是最能激励孩子的方式,因此,父母最好用表扬的方式鼓励孩子,不用阴阳怪调的话嘲笑、讽刺孩子。

金玉良言

父母讽刺孩子的话包括:"这点小事都做不好,你还能干什么呀"、"没见过你这么笨的孩子"、"你可真厉害,居然做出这种事来"、"你就天天看电视吧,以后就和电视过一辈子"、"你就学成这样,以后连扫马路都没人要你",等等,父母切忌说类似的话,以免伤害孩子的自尊心。

27. 不说对孩子要求过高的话

过高的希望,带来孩子的无望。

——(中国)卢勤

经典事例

一位上初中的女孩在日记中这样写道:

父母对我有很高的希望,这让我很苦恼。小时候,妈妈把我送进了重点小学,每次我都能考班里第一。后来我考上了市重点中学,这个地方高手云集,我的成绩不像小学那样好了,我尝到了失败的滋味。

一次考试后,我沮丧地回到家。妈妈用期待的眼神望着我,问道:"考得怎么样?"我说考得不好。然后,妈妈低低地应了一声:"考得不好,下次努力吧!"说完,她就忙自己的事情去了。虽然妈妈没批评我,但我开始深深地自责起来,希望下次能考好,希望能够对得起妈妈。

很快又一次考试来临了,妈妈不断叮嘱我:"你要考得不好,同学会看不起你,老师也会看不起你,周围的人都会看不起你。"听了这些话,我很恐惧。如我所料,考试成绩下来,仍旧很不理想。

我开始怀疑,妈妈究竟爱的是我,还是爱我的考分,真希望妈妈能设身处地为我想一想,别总盯着"分"。

智慧点拨

所有父母都希望自己的孩子能健康成长,成为有用的人,这无可厚非,期望本身是一种信任、负责任的态度。但是像案例中女孩描述的那样,妈妈的态度给她带来了巨大的压力。一次又一次的失败让她开始怀疑自己,甚至怀疑父母的爱。可见,过高的希望只会让孩子和父母都很痛苦。

现实生活中,还存在很多这样的父母。某市曾对800名学生的父母做过一项调查,调查结果显示:超过95%的父母希望孩子受教育程度要达到或超过大学毕业,对孩子期望的就业职位依次是:医生、工程师、大学教师、科技人员、运动员、作家、翻译,而这几类从业者在全部就业人员中的比例才不到1%。

同样有一项针对学生的调查,有21%的孩子称"我感到活得很累",40%的学生认为,自己一直处于不断努力,但却总达不到父母的目标的状态。为此,他们产生强烈的内疚感和焦虑感。有近一半的孩子认为对不起父母,有的甚至出现做恶梦、难以集中注意力等病理反应。事实证明,长期处于过高要求影响下的孩子,一方面容易变得怯懦、自卑、做事缩手缩脚,另一方面产生强烈的逆反心理,对父母,甚至对社会都抱有敌意。

由此可见,过高的希望不仅平添了孩子的痛苦,也给父母带来了无限的烦恼。所以,父母一定要根据孩子的能力,给他合理的期望。

参考建议

每个孩子的心理素质和学习能力都是不一样的,父母对孩子高期望、严要求可以理解,但是应当把握好"度"。期望过高只会让孩子觉得,无论怎么努力都达不到父母的要求,渐渐地失去信心,怀疑自己的能力。所以,父母一定要根据孩子的实际能力和水平,提出适当的要求。

1. 不宜说类似下面的话

父母的语言透露出对孩子过高的期望,如,"妈妈为了你,连那么赚钱的生意都停了下来,你要是学习不好,你对得起谁呀"、"你要是考班里前5名,我就给你……"、"爸爸妈妈这么努力,都是为了你好",等等,这些语言透露出父母对孩子的高期望,无形中给孩子造成巨大的心理负担和压力,所以,父母最好能避免。

2. 反省自己对孩子的期望

教育心理学家认为,对孩子提出恰当的期望和要求,更容易产生良好的期待效应。父母不可以将主观意愿强加在孩子身上,因为孩子的人生不是单纯的父母的延续。所以,父母要尊重孩子的意愿和选择。无论孩子从事任何工作,只要适合自己,就是成功的。同时,人的差异性决定了世界的多样性,应该按照他的个性特点发展,让他扬其所长,避其所短。父母不可拔苗助长,也不可给孩

子过大压力,默默的支持应该是孩子前进的最大的动力。

3. 关注孩子的点滴进步

成绩是一点点提高的,优秀是一点点培育出来的。所以,教育孩子不能急于求成,而是要让孩子每天进步一点点。关注其进步的同时,父母不能过分关注成绩和名次,因为考试充其量不过是检验孩子学习质量的一种手段,分数并不能真实地反映他的学习水平。

相反,父母要细心观察孩子每一次小进步,及时鼓励,并发自内心地为他高兴,总有一天他会取得令人满意的成绩。

4. 给孩子制定阶梯式目标

父母要建立在充分了解孩子的知识水平、兴趣爱好、学习能力和优势的基础上,本着"跳一跳,够得着"的原则,给孩子制定一份阶梯式的目标。同时,父母要在孩子前进过程中,适时、适当地赏识、鼓励,并始终对孩子有一个良好的期待。对于一些高难度的问题或工作,父母要视孩子的能力,分成几个阶段,每个阶段的完成都给他一定的鼓励。

金玉良言

父母对孩子不要说要求过高的话,在孩子幼年时也不应管束太多,要让他自由地发挥天性,在其本性流露中慢慢发现他的特长与爱好,进而因势利导,循序渐进地对他加以培养。父母只有对孩子提出合理的要求,才能收到教育孩子的良好效果。

28. 不说让孩子自卑的话

自觉心是进步之母,自卑心是堕落之源,故自觉心不可无,自卑心不可有。

——(中国)邹韬奋

经典事例

听说王茜要代表学校参加市共青团主办的歌唱比赛,王茜的妈妈兴奋极了。第二天,妈妈给王茜买了一套漂亮得体的新衣服,还把王茜亲了又亲。

可是，因为第一次参加大型的歌唱比赛，难免有些紧张，王茜站在舞台上面红耳赤，唱得简直一塌糊涂。最后，连评委都有些不好意思，打出了几个照顾分，但王茜的得分还是最低的。

回来后，妈妈知道了比赛结果，非但没有安慰失败的女儿，相反和王茜比赛之前相比判若两人："我真为你感到丢脸！你怎么能唱成这个样子呢？简直是不可思议！今天别想出去玩了，好好在房间里反省。"王茜低着头，伤心地走向了房间……

智慧点拨

妈妈的这番话，让王茜完全放弃了努力，认为自己从此就会是一个失败者，脆弱而敏感的心灵充满了强烈的自卑感。因为她在最需要母亲鼓励时，母亲却着实数落了她一通。

自卑是自我评价或自我意识的失衡，使人往往过低地评估自己的能力和品质，由此变得悲观失望，甚至是自暴自弃。如果孩子长期处于自卑的心理状态，就会影响学习和生活，也会束缚他的创造才能与聪明才智。

在这个世界上，很多人之所以会失败，不是因为他们不能成功，而是因为他们不敢争取，因为他们让自己陷入了自卑的情绪中，总是把"我不行"、"我没希望"、"我会失败"等消极的话挂在嘴边。

实际上，每个人都或多或少有一些自卑感。自卑感是一种性格缺陷，也是一种消极的自我评价与自我意识，对孩子的心理健康会产生负面影响，更会对孩子身心的正常成长起消极作用。

同时，心理学专家研究发现，一个人自卑性格的形成往往源于儿童时代。所以，父母应该关注孩子是否有自卑心理，一旦发现，务必尽早帮助他克服，以免随年龄的增长最终形成自卑的性格，给其健全的个性留下遗憾。

参考建议

德国诗人歌德曾说："人生最大的悲剧是自卑。"的确如此，对于一个孩子来说，身心发展不够成熟，自我调适能力差，对很多评价没有一个正确认识。如果父母总说一些刺激他的话，让他更自卑，恐怕就是悲剧中的悲剧。所以，父母不能再"雪上加霜"，应该积极引导他，减弱他负面的情绪。

1. 永远不贬低孩子

比尔·盖茨的父亲在教育他时，遵循一条原则：永远不要贬低孩子。的确如此,贬低孩子不仅不能改变孩子的不良习惯,只会使孩子更加没信心。试想,一句"这个都干不好,你将来能做什么"把孩子的将来都否定了,可想对孩子的刺激是巨大的,这恐怕也是最容易断送孩子前程的一句话。

所以,父母一定不要说贬低孩子的话,应该经常鼓励他:"困难是可以克服的,只要肯努力,并坚持不懈,就会实现目标。"从而增加他的信心和勇气。

2. 不说以下类似的话

孩子的心灵比较脆弱,经不起打击,所以父母一定要注意言行,做到以下几点:不说拿孩子和别人比较的话,"你看看人家××"、"人家××行,你怎么不行呢";不说挖苦孩子的话,"你真是废物"、"你真是不自量力"、"你脑袋进水了?想什么呢"、"这么简单都不会"、"你没救了";不说质问的话,"你怎么总是出错"、"你就知道玩,长大了能有什么出息",等等。父母要做到不说以上类似伤害孩子自尊心的话,保护他幼小的心灵。

3. 在孩子失败时,不指责他

孩子失败时,最需要父母安慰,相反,父母的质问和指责会让他认为父母很冷酷,同时形成一种错误的认识:失败和错误是一种"罪恶"。可见,无谓的指责对孩子的成长没有任何好处。久而久之,孩子还会变得忧郁,甚至心灵扭曲,这些都可能是父母无意中造成的。所以,父母要端正思想,失败和犯错误并不是什么大事情,只要处理得当,给他时间,他会慢慢从失败的阴影中走出来。

4. 把"疑问句"换成"肯定句"

人多少都会存在自卑情绪,孩子也不例外,所以,父母要多鼓励、肯定他。同时把一些类似于"你行吗"、"你能独立完成吗"的疑问句换成"你能行"、"妈妈相信你能独立完成"的肯定句。父母在平时也要有意识地对他说"你可以"、"你好棒"、"你干得真漂亮"等类似的话为孩子打气加油。

金玉良言

为了消除孩子的自卑情绪,父母除了不说一些刺激他自尊心的话以外,还可以教他鼓励自己的方法。如,每天走在上学的路上,对自己说"我是最棒的"、"我今天可以表现得很好";遇到困难时,暗示自己"我可以"、"我一定能行",这样让孩子学会自我激励,从而慢慢克服自卑心理,建立积极的心态。

29. 不说抱怨孩子的话

看看我们的孩子,他们生存的环境是多么恶劣:江河被污染,蓝天被污染,食物被污染,水被污染,就连家庭的气氛也被"抱怨"污染了。

——(中国)卢勤

经典事例

星期日,一位母亲陪5岁的儿子上绘画班。这个班允许父母陪着孩子一起学习,好让父母知道怎样辅导孩子。

上课后,老师在上面讲,这位母亲一直在下面提示:"快听,应该这样画。""快看,老师是怎样画的。""你听明白了没有?""唉,不对,不是这样!""你怎么就听不进去呢?""真是不争气,这么简单都画不好!"就这样,这位母亲的话把孩子的思路完全打断了,孩子根本就听不到老师在说什么。

老师讲完课后,孩子们开始画画了。这位母亲更忙了,一会儿给孩子擦了这一笔,一会儿又涂了那一画,"不行,不对,你画得和老师不一样。"孩子都快被母亲说哭了。

最后,孩子的画和老师示范的画很像了,这位母亲的脸上才露出满意的笑容。

智慧点拨

试想,一个刚学画画的5岁孩子,画画的动作还不协调,根本不能与老师相比,如果能像老师画的那样,也就不必参加学习了。在课堂上,与其说这位母亲在指点孩子,还不如说她是在抱怨孩子。

孩子的学习过程有自身的规律,总是从不会到会,从不好到好,从幼稚到成熟。对于孩子,父母不应该抱怨,应该给予真诚的指导与鼓励。因为抱怨传递给孩子的是一种负面信息,只会让孩子产生胆怯心理,遏制他探索求知的欲望,甚至感到厌烦,说不定本来很有天分的孩子,也就这样被父母压抑了。

所以,父母应该允许孩子在错误中成长,善待孩子的错误与缺点,给孩子一个成长的空间,让他跌倒之后,学会自己爬起来。父母最应该做的是帮孩子分析原因,总结错误,这样才能有效地帮助孩子不断取得进步。

有的孩子非常内向,上课时即使会作答,也不敢举手,虽然有实力,但成绩却不理想。这种孩子,其动作总是缓慢,畏畏缩缩,的确令父母感到焦急。可一些母亲为了矫正孩子的这种性格,总是再三责骂:"你实在太死气沉沉了!""你应该活泼一点!"但是,这种方法很难奏效,因为越抱怨,就越容易使孩子畏缩、消极,形成心理负担。

参考建议

在日常生活中,父母不要轻易抱怨孩子,而是要允许他犯错,同时适当鼓励孩子,给他自信心。这样,就能让他保持自己可贵的学习动机和积极性,同时也会保持住他的自尊,其实这就是给孩子以继续求知探索的鼓励。

1. 抑制住自己的烦躁情绪

有些父母性格比较急躁,看到孩子拖拖拉拉,就会发火:"快过来,你让爸爸喊你几遍?"这样的话让谁听了都会不舒服。看到孩子成绩不好了,质问他:"你怎么搞的,怎么这次成绩这么差!"父母只要看到孩子表现没能如自己的愿,一股无名火就燃烧起来了。其实,这样很不利于孩子的健康。因为成绩差了,自己还伤心呢,父母的质问、抱怨,只会让他更加委屈。

所以,父母不要把不良情绪传给孩子,在发火之前,沉默10秒钟,然后把一些抱怨的话换成陈述的方式表达出来,如,"快过来,爸爸在等你",或者"这次没考好,来,爸爸和你分析一下原因"。相信这样孩子更能从心理上接受父母的建议。

2. 不抱怨孩子"不听话"

很多父母经常抱怨孩子不听话,认为明明对孩子好,他还不领情。事实上,父母应该了解孩子的年龄特点和发展水平,他逆向而行,可能是出于好奇,也可能是逆反心理。父母要掌握孩子的心理后,再采用应对措施,尽量不要当着孩子的面抱怨:"和你说了多少遍了,你怎么这么不听话呢!"这样只会遏制孩子的好奇心和求知欲。

此外,"听话"绝对不是孩子的优良性格,而父母这样说无疑让他认为"听话就是一个好孩子",慢慢地使他失去独立思考、自己选择的机会。所以,父母不能用抱怨的态度,责备孩子"不听话",相反应该迎合孩子的心理,引导他按正确的方向走。

3. 不抱怨孩子"懒惰"

有些父母抱怨孩子懒,不叠被子,房间乱糟糟。其实孩子懒并不是天生如此,父母应该好好检讨自己。有没有给孩子动手的机会?孩子第一次动手时,有没有做到耐心指导,不剥夺其动手的权利,不打击他做得不好。如果父母的答案是否定的,那么一味地抱怨孩子"懒惰",孩子就会如父母所预言的那样,越来越懒惰。所以,父母要适时地根据孩子的年龄、性格特点等,多鼓励他做家务,慢慢帮他克服懒惰心理。

4. 容忍孩子的缺点

孩子在成长过程中,总要出现这样那样的问题,父母要怀着一颗宽容的心,试着容忍孩子身上的缺点,耐心地等待他成长。否则,总是抓住孩子的缺点不放,只会更助长他的坏习惯。所以,当发现孩子身上有问题时,父母先要反省自己,把自己身上的缺点解决了,孩子自然也会效仿,问题也就迎刃而解了。

金玉良言

抱怨是一种消极的情绪,会加强孩子的负面行为。相反,父母如果用赏识的目光欣赏他,鼓励他,他才能扬长避短,按照父母期待的那样发展。所以,父母不能只专注孩子的缺点,要努力发掘他身上的亮点,让他在赏识的目光下成长。

30. 不说威胁孩子的话

威胁容易削弱管教的效果,威胁就等于试探,而试探就意味着孩子可以不听父母的话。

——(美国)斯波克

经典事例

一位母亲在街边哄孩子,可是,孩子并不听劝,还是拼命地哭。母亲说好话,给他东西,都不管用。最后,母亲实在不耐烦了,大声说:"你还哭不哭?再哭我就走了!我就不要你了!"并做出要走的样子。这时,孩子哭得更凶了。

母亲二话没说,扭头就向前走。孩子见妈妈真的走了,不要他了,这下慌了

神,赶紧追上去,边哭边喊:"妈妈,不要扔下我,我不哭了……"

智慧点拨

这样的场面让人很心疼。这位母亲的心情可以理解,但是说出这样威胁孩子的话却不应该。父母是孩子最信赖的人。孩子从出生起,就特别依赖父母,同时也存在没有父母就不能生存的潜在不安全感。

不管孩子是否懂事,他的心里,都经常有"爸爸妈妈会不会不要我"这样的担忧。在这种心理背景下,如果对孩子说"你不听话,妈妈就不要你了"之类的话,孩子的潜在不安全感就会加剧,易于受到心理打击。同时,这种不安感,很可能会让孩子做出极端举动,比如自杀。到那时,父母后悔就太迟了。

威胁孩子是一种很愚蠢的手段,它不但不能让孩子变得听话,而且会伤害孩子的心灵。要知道,孩子需要安全的环境,包括现实生活中的,也包括心灵上的。

而有些父母将孩子对自己的依赖视为筹码,逼迫孩子按照自己的想法行事。当他的表现与期望相悖时,情急之下,动辄就说"再不听话就不要你了"之类的语言恐吓孩子。而孩子受到威胁恐吓后,怕失去父母,就乖乖地顺从了父母。表面上,暂时的问题解决了,但是给孩子带来的更多的负面影响是父母始料未及的。

事实表明,孩子的心里有不安的土壤,对孩子说威胁的话,轻则导致孩子无法集中精力学习,性格压抑;重则会萌发出许多恐惧,并可能最终演绎为不幸。不管怎样,都会毁掉一个好好的孩子。所以,如果不想毁了孩子,就不要说威胁他的话。相反,父母要以正确的方法教育他,使他不至于产生无谓的恐惧心理。

参考建议

积极的语言,对孩子会产生积极向上的效果;而消极威胁的话,只会使孩子消极。所以,父母应该给孩子营造一个积极正面的语言环境,经常说宽容的话取代威胁的语言,这样孩子才能在轻松快乐的氛围中成长。

1. 不说警告孩子的话

有时父母被孩子气急了,动辄就说:"我警告你,你要是下次再……我就……"教训孩子一顿后,还威胁孩子:"下次还敢不敢了。"父母以为这样孩子就顺从了,但有些孩子听了这些话后,不仅不会服从,相反会产生逆反心理:我下次还要去试一试,你看我敢不敢。

事实上,父母的这些警告和所谓的"威严"更不利于孩子改正错误。父母要让他明白道理,有什么话心平气和地谈,而不是让他因为怕挨打或挨骂不再犯错误,这样孩子的坏习惯才能真正根除。

2. 不说 "等你爸回来收拾你"

生活中,一些母亲喜欢拿孩子的爸爸摆出来吓唬人,似乎爸爸更具有威慑力。实际上,这种做法非常不科学,不仅拖延了孩子认识错误的时间,还容易让他陷入恐慌中。这样也相当于母亲放弃了教育的主动权,等于告诉孩子:爸爸需要畏惧,妈妈不足惧。所以,当孩子犯错了,母亲不要拿爸爸来说事,应该及时教育,让他意识到错误。

3. 不要用医生、警察、老师等威胁他

孩子不听话时,很多父母经常会说:"你再不听话,就让医生来给你扎针!""你要是再这样,我就不要你了!""你必须给我'头悬梁,锥刺股'!""再哭,我就让警察叔叔把你抓走!""再敢撒谎,我就撕烂你的嘴巴!"……

作为父母,千万不要用医生、警察、老师及其他让孩子害怕的人来威胁他。一个怕医生的孩子,生病时是不会跟医生合作的;一个怕警察的孩子,即使迷路了,他也不会去问警察;一个怕老师的孩子,怎么能安心听老师的课?可见,威胁孩子,可能就会给孩子以后的生活带来负面影响,所以千万说不得。

4. 不说 "再哭,让狼把你叼走"

狼来了的故事大家都听过,但是有些父母竟然把"狼来了"当成一张王牌,或者用鬼、神来威胁孩子。实际上,这种做法不仅误导孩子,还会使其成为一种条件反射,对这类事物产生恐惧感,形成胆小、怯懦、软弱的不良性格。而且,这种做法在孩子小的时候能起到震慑作用,当孩子大了之后,父母再这样说,容易给孩子留下一个不诚实的印象,不利于孩子塑造良好的个人品格。因此,父母最好不用狼、鬼、神来吓唬孩子。

金玉良言

发现孩子的错误后,父母不能用威严来震慑他,要晓之以理,动之以情,让他明白错在哪里。在发现错误的基础上,父母可以鼓励孩子制定一份改正错误的计划书,让他自我约束,自我监督,这样更利于孩子身心健康发展。

第三章

正确树立自己的威信

很多父母常常抱怨孩子不听话，
但实际上，
他们常用自己的行动来抵消自己的言语效果，
让孩子认为父母是说一套、做一套，
不必对父母的话认真。
孩子希望父母以身作则，言行一致。
如果每位父母都能这样，
那么，孩子的成长就会受到良好的影响。
只有父母做得好，
才能给孩子树立榜样，
才能树立起威信，
才能与孩子沟通好，
才能教育好孩子。
实际上，最好的家庭教育是"不教之教"，
要求孩子做到的父母自己首先要做到。
榜样的力量是无穷的，
对孩子来说，父母的行为往往会比说教更有说服力，
也更容易让孩子接受。

31. 对孩子的承诺要兑现

信用是难得易失的，费十年工夫积累的信用，往往由于一时的言行而失掉。

——（日本）池田大作

经典事例

曹志上小学6年级，奥数学得非常好，但是一直痴迷于网络游戏，经常跑到同学家或网吧，一玩就忘记了时间。

爸爸曾向他许下诺言，如果能在奥数比赛中考第一名，就给他买一个笔记本电脑。这对于爱玩电脑的他来说是一个极大的诱惑。经过努力奋斗，曹志果然没有让爸爸失望，考了第一名。可是当曹志兴奋地让爸爸兑现承诺时，爸爸却犹豫了。

爸爸考虑到孩子迷恋电脑游戏，如果给他买一个笔记本电脑，无疑更助长了他玩游戏的行为，权衡利弊之后，没有给他买笔记本电脑，只是买了一个MP4敷衍了事。

曹志对此非常气愤，认为爸爸没有履行对自己的承诺。于是，为了报复"爸爸"，变得堕落了，上课不再认真听讲，而是整天抱着MP4听歌。从此，成绩一落千丈。

智慧点拨

现实生活中，很多父母为了让孩子好好学习，或者让他有良好的表现，采用曹志的爸爸的做法，向他许下丰厚的物质奖励。而当孩子做到时，父母又会以这样或那样的借口，不能兑现，相当于给了孩子希望，最后又亲手把希望之门关上了，结果换来的只是孩子的失望和叛逆。所以，承诺孩子的事，就一定要办到，以免造成无法挽回的局面。

试想父母说话不算数，那么孩子还会对其他人信守诺言吗？而且当他不把父母的话当回事的时候，教育如何落实？曾有位母亲警告自己的孩子，再说谎话就用针把他的嘴缝上。试问：如果孩子再说谎，这位母亲真会用针缝上孩子的嘴吗？回答显然是否定的。这样不仅不能停止孩子撒谎，更不利于他诚信品格的养成。

有些父母也不是故意给孩子开空头支票。一种可能是因为父母确是忙,抽不出时间履行承诺;另一种可能是父母只是说着玩,完全没当回事,认为孩子年龄小,忘记了;最后一种可能就是,承诺只是改变孩子某些不良行为的临时措施,可能当场奏效了,可是事后却无法收拾残局了。

父母可不要小看孩子,他能辨别是非,他也渴望得到尊重。如果父母不能杜绝以上三点,那么父母最好不要对孩子许下诺言,以免最后换来的只是孩子的失望。

参考建议

古人有"曾子杀猪"的故事,为现代父母做出表率,说到要做到。如果父母只是单方面教育孩子要遵守诺言,自己却对孩子言而无信,教育从何谈起?所以,父母一定要留意自己说过的话,千万不要给孩子留下一个说话不算话的坏印象。

1. 对许诺有一个正确的认识

父母要明白,许诺不是为博得孩子一时欢心而说的大话。因为这样只能偶尔刺激孩子完成当前的某项任务,或者取得一次进步,而不能激励孩子不断进取,也不利于形成良好的品德。只有言行一致,才能让孩子信服。父母一时兴起许下的诺言往往容易忽略,不利于和孩子建立信任的关系。同时,父母也不要因为一时气愤说出一些不切实际的话。

2. 不轻易对孩子许下诺言

许诺可以作为鼓励孩子的一种手段,但长期使用不利于孩子的发展。尤其是父母忙或者资金不足满足不了孩子的物质需求时,父母就不要轻易许下诺言。一旦许下诺言后,父母最好将承诺记在记事本上,提醒自己及时兑现。

另外,父母也最好不用物质奖励激励孩子,太多的物质奖励会让孩子变得贪婪。随着孩子年龄的增长,孩子的精神世界逐渐丰富。精神奖励更有利于促进其精神需要,从而成为一种自发的行为。所以,父母要多注重精神层面上的奖励。

3. 承诺不能兑现时,要主动向孩子道歉

父母因为工作忙或者其他客观原因,可能也不得不对孩子食言。但是父母要认识到这一错误,勇于向孩子道歉,阐明不能兑现的原因,求得孩子的谅解,并寻找适当时机履行诺言,做出一些补救措施。比如,买份小礼物表示歉意,表

明诚意,让孩子知道食言只是父母的无心之举。

言出必行不单单是指兑现对孩子的承诺,还包括平时脱口而出的很多话。比如:"下次再剩饭,就给你留着,让你下次吃",结果自己把孩子的剩饭给吃光了;"下次玩具不收拾好,就全扔掉",最后父母把孩子的玩具收拾好了。这样的行为都是父母说话不算话的表现,说多了,孩子会对这些话习以为常,不以为然。所以,父母要么就不说,要么就言出必行,适当地"狠"下心来,纠正孩子的不良行为。

32. 认真对待孩子提出的问题

我没有什么特殊的才能, 不过是喜欢寻根刨底地追究问题罢了。

——(美国)爱因斯坦

经典事例

在火车站,有这样一幕:

一个中年男子拉着一个五六岁的男孩走上一辆火车,男孩兴奋不已。

坐下来之后,男孩开始问问题:"爸爸,这个就是火车吗?"

爸爸回答:"对。"

男孩继续问:"那这个火车为什么是绿色的,那个为什么是红色的呢?"

爸爸思考了一下,说:"因为它们也要穿不同颜色的衣服,才更好区分!"

后来男孩一连问了好几个问题,"它为什么要鸣笛呢"、"它能装多少人呢",等等。

最后,爸爸失去了耐性,用生气的声音回答:"你哪那么多问题? 你要知道这些干吗? 好好坐着,行吗?"

听了爸爸的训斥,男孩受到了惊吓,快乐的笑脸一下沉了下来,不再问问题了。

智慧点拨

孩子的问题在大人看来比较幼稚,但很可能是灵感、灵光的闪现。而这位父亲失去耐性,最终用斥责声停止了孩子的笑容,也让他没有勇气再提问题了。这种行为只会让孩子失去学习的机会,也使他畏于向别人说出自己的疑惑。所以,实际生活中,父母应该心平气和地认真对待孩子的问题,满足他的好奇心和求知欲。

在孩子眼里,周围很多事物都充满了神秘、新鲜。他好奇,有探求这些未知事物的欲望,并将这些欲望寄托在"无所不知、无所不能"的父母身上,于是他开始向父母发问。而这些问题正是智慧火花的迸发,推动着孩子智力的发展。

但是,有些父母不明白这个道理,烦于解释这些幼稚的问题,甚至信口雌黄,胡编乱造,随便应付,尤其是面对难以解答的问题时,父母会用"哪这么多为什么"、"你怎么会有这么多怪问题"等压制他的提问,甚至斥责孩子:"烦死了,你是'十万个为什么'吧?"久而久之,孩子的好奇心被遏制住了,对周围事物漫不经心,表达能力有所下降,甚至智力发展受到阻碍。

因此,父母一定要正确对待孩子提出的每一个问题,做到耐心倾听,认真回答。

参考建议

当孩子问问题的时候,父母应该为他强烈的求知欲感到骄傲,尽可能地回答他的提问。不要轻易发火,失去耐心,更不要因为懒于回答,就用恐怖的声音惊吓孩子,打消他提问题的积极性。

1. 认真听取并耐心回答

在听取和解答孩子问题的过程中,父母可以发现和发展孩子的兴趣爱好,有利于因材施教,丰富孩子的知识,促进他智力发育。所以,针对孩子的提问,父母一定要予以足够的重视。作答时,父母要认真思考,注重科学性,切勿信口开河,简单应付,更不可推诿或欺骗。

对于一些疑难问题,或者孩子不能理解的答案,父母要深入浅出,力求通俗易懂。当孩子表示不懂时,父母也切勿急躁,告诉孩子"这个道理很难懂,但很有意思,等你将来上学了,好好学习知识就会明白了"。这样在孩子幼小的心灵里埋下了求知好学的种子。

2. 启发孩子自己思考、验证

有些问题很幼稚,父母不必做出回答,可以通过提出问题的方式,让他积极思考。有些问题,父母要引导孩子自己观察,让他自己去验证。比如,孩子问:"妈妈,苹果核的籽是什么味道的?"父母可以鼓励孩子亲口尝一尝,自己去证实。

对于一些其他小常识,父母也不必做出回答,可以鼓励孩子:"你亲手做一个实验,验证一下就有结果了。"必要的时候,可以给孩子一些指导,这样不仅利于孩子形成严谨的思维,还有利于他积极思考,养成坚持不懈的探索精神。

3. 和孩子一起寻求答案

面对不确定的问题时,父母不能为了维护自己的面子,随便应付,甚至做出错误的回答误导孩子。父母可以用鼓励的语气说:"瞧,你提了一个多好的问题,连我都被难住了。"这样鼓励他问问题的同时,也维护了自己的面子。然后,父母可以建议孩子:"咱们一起查查书或者请教别人,寻求一下答案。"或者直接告诉孩子:"这个妈妈也不确定,咱们一起上网查一查。"这样不仅让孩子掌握了解决问题的方法,还能让孩子对书本产生浓厚的兴趣,促进他学习的自觉性。

4. 遵循一些"答题"的原则

孩子的思维跳跃性比较强,问题也是千奇百怪。针对不同的问题,父母要遵循以下答题原则:对待知识性问题,父母要以启发为主,不宜说得太透,鼓励他积极思考;对待生理问题,比如"我是怎么来的",父母要根据孩子的年龄和理解能力作出解释,如果孩子年龄比较小,不易理解,父母可以让孩子观察小动物,间接明白一些生理现象;对于一些是非题,包括人际关系、生活常识,父母除了要告诉孩子"是"或"不是",还要给孩子讲明道理;对于一些没有答案的问题,父母可以把问题留给他,给他想象的空间……

金玉良言

孩子的问题多种多样,但有的问题并不一定要求父母作出精确的回答,他只是想获得一种满足感,希望得到父母的重视。所以,当孩子总喜欢追着父母说话,问一些无聊的问题时,父母要反思,最近是不是冷落了孩子,应抽出时间来多陪陪他,满足他被重视的愿望。

33. 有时需要向孩子学习

由我们这一代人自己喊出"向孩子学习"的口号,不是作秀,而恰恰是我们不甘心落伍的心灵写照。

——(中国)孙云晓

经典事例

丹丹上初中1年级。有一次,她向爸爸要零花钱被拒绝了,原因是每个月她的零花钱都是固定的,爸爸不能随便给她加钱。

过了几天,爸爸发现女儿在给旧手表、随身听和一些衣服拍照片,并上传到网上拍卖。爸爸笑话她:"你这破东西,谁要啊?网上谁也不认识谁,谁愿意没见到真东西就轻易汇款给你!"但是丹丹很自信,不仅没听爸爸的,还在网上做起了广告。

过了几天,丹丹果然收到了几张汇款单,金额一共是685元。这时,爸爸对她刮目相看,不得不感叹,现在的孩子真有办法。于是,他对女儿说:"你真是好样的,看来爸爸得向你学习了。"

智慧点拨

现在的孩子成长在科学技术飞速发展的信息时代,获取信息的能力远远超过成年人的想象。不仅在创新意识方面超过了成年人,在其他方面也有很多值得父母学习的地方,比如,他更乐于接受新鲜事物,面对一件新买的电器,成年人可能还不知道怎样使用,也许几分钟后,孩子就能让它听从指挥。此外,现在的孩子自主意识也比较强,有自己的想法,追求平等。在这些方面,父母都应该放下架子,以孩子为师。

现代社会是两代人共同成长的社会,现代教育是两代人之间相互影响的教育。父母向孩子学习,不仅可以激活自己学习新知识的兴趣,还能让孩子变得自信。做父母的老师让孩子有一种自豪感,孩子自然从心里发出"我能行"的正面信息。同时,父母向孩子学习的态度,可以增进与孩子间的感情,建立一种平等、和谐的家庭氛围。

但有些父母担心,虚心向孩子学习会有损做父母的权威和尊严。事实恰恰相反,父母承认自己在某些问题上的无知,表明向孩子学习的态度,就像向孩子道歉一样,不仅不会丧失父母的权威,还会拉近与孩子的距离。如果父母不懂装懂,自以为是,才会损坏自己在孩子心目中的形象。

参考建议

儒家经典《论语》言:"三人行,必有我师焉。""三人",其中也包括孩子。能否向孩子学习,最重要的是观念能否转变。父母要善于发现孩子的至真、至善、至美,学习他的纯洁和质朴,活力与激情。但是,孩子身上一样有很多缺点,因此,向孩子学习必须有科学的理念与方法。

1. 树立终身学习的观念

人习惯于把一生分为两半,前半生用来接受教育,后半生用来从事劳动。但法国著名的教育家保罗·朗格朗在联合国教科文组织国际成人教育促进委员会上曾提出,教育应当贯穿人的一生。的确如此,如果父母不爱学习,让孩子学习又从何谈起? 在知识社会和信息社会,父母向孩子学习是终身学习的重要原则和途径,也是成年人明智的选择。

2. 了解自己的孩子

向孩子学习的前提是要了解孩子,了解时代的变化。生活在信息时代的孩子是一本内容极其丰富的书,他们兴趣广泛,标新立异,父母需要了解他的生活,了解他的心理。

曾有一位母亲板着"我吃的盐巴比你吃的饭还多,我走过的桥比你走过的路还多"的教育面孔,认为孩子就得听父母的。但是,久而久之,孩子的叛逆越来越厉害,母子间的隔阂越来越大。

后来,这位母亲认真反省,作出改变,强迫自己和儿子一起看 NBA,了解球星科比、奥尼尔;还陪儿子一起欣赏台湾明星周杰伦的歌,等等。慢慢地,她发现孩子喜欢看 NBA、喜欢听歌是一种兴趣,一种潮流,也没什么不好。最后,她逐渐走进儿子的内心,儿子也被妈妈的行为感动了。

这位母亲最初的教育方式未免太专制了,让孩子不能接受。而后来,走进孩子的内心世界之后,才消除了母子间的隔阂。因此,父母只有了解自己的孩子,才知道能向他学些什么。但是,父母也要"取其精华,去其糟粕",注意纠正孩子的不良行为习惯。

3. 欣赏孩子的优点

欣赏孩子的优点是向孩子学习的必要条件。即使孩子有很多缺点,父母也要相信孩子身上一定具备自己身上所没有的优点,只有这样,才会用发现的眼光捕捉孩子身上的闪光点,并欣赏他。同时,父母要改变语言方式,在充满失败的语言环境里,是很难向孩子学习的。因此,优秀的父母要善于发现孩子身上的长处,并及时、真诚地向他表示自己对他的欣赏。

4. 学习孩子的新信息、新观念

在信息时代,孩子往往走在了大人的前面。他接触新鲜事物的途径比较多,接受程度也比较快。这个时候父母需要虚心向孩子学习,比如,孩子电脑玩得好,上网比较快,父母可以多请教孩子。

有一位孩子曾经被父母训急了,说:"你对你对都是你对,你多对啊!你还是蛋白质呢!"父母没听懂:蛋白质不是好东西嘛!殊不知这里的"蛋白质"是"笨蛋、白痴、神经质"的意思。如果父母听不懂这些话,无疑会让教育变得难以落实。所以,父母要跟上时代的步伐,向孩子学习,及时掌握他的新语言、新名词。只有知己知彼,父母才能把教育落实在实处。

5. 学习孩子的"简单"

孟子曰:"大人者,不失其赤子之心者也。"可见,童心难能可贵。一般大人看问题的角度比较复杂,缺少孩子那种对生命的纯真视角。比如,孩子间发生了冲突,这是非常单纯的心理行为,就是一种心理的需要和释放,并且他们之间很快就能修复。

但父母就可能有一些世俗的观点,认为这个孩子太好斗。因此,父母不妨放下大人的架子,学习孩子的直来直去,通过适当的方式释放自己的感情。

金玉良言

父母与孩子互相学习的这种模式可以使父母将自己的价值观自然而然地传授给孩子,有效地实现两代人共同成长的目标。但是因为年龄差异,代沟还是存在的,冲突也是在所难免的。这就需要父母与孩子多建立对话式、交互式的沟通模式,多用尊重、平等的态度听孩子讲话,进而向孩子学习。

34. 要学会对孩子说"不"

人们时常说,我是母亲,我是父亲,一切都让给孩子,为他牺牲一切,甚至牺牲自己的幸福,这恐怕是父母送给孩子的最可怕的礼物了。

——(苏联)马卡连柯

经典事例

一个女孩在超市偷东西,被售货员当场抓住,之后坐在门口抱头痛哭。不一会儿,女孩的奶奶慌慌张张地走了进来,看到孙女泣不成声,大声斥责售货员："你们谁欺负我的孙女了?"超市的工作人员不悦地说："你孙女偷东西,被我们抓了个正着。"

奶奶听了,大惑不解地问孙女："你有没有偷人家东西?"孙女满脸委屈："没有,阿姨冤枉我。"这时,奶奶怒气冲冲地说："一个才10岁的孩子哪有偷东西的概念,她只是觉得好玩而已。你们不要乱冤枉她……这么多人欺负她一个,你们太过分了。"

售货员听了,就坚持说："不信,您看我们超市的录像,您孙女已经把玩具放到书包里去了。"奶奶听了,很愤怒,但仍然狡辩道："小孩子不懂,认为什么都能放进书包里……"就这样,带着孙女急匆匆地走出了超市。

智慧点拨

现在的孩子大多是独生子女,父母对孩子的宠爱可以理解,但是宠爱过了头就变成了溺爱。案例中奶奶的包庇只会助长孩子错误的行为,甚至让她学会撒谎。

生活中,父母如果同样地迁就、顺从孩子的错误行为,只会让他形成以自我为中心、自私刻薄、固执倔强、脆弱依赖、任性的个性。所以,父母满足孩子合理要求的同时,也要对他的错误行为说"不"。

有些孩子心理承受能力非常脆弱,容不得别人指出他的毛病,甚至稍有不如意就离家出走。出现这些问题的原因在于,孩子的成长需要爱,但爱决不是简单地给予和满足,也不是让他永远躲在一个温室里。要知道,孩子的成长一样需要磨炼和痛苦。

一项研究显示,那些在童年时期被娇惯的孩子长大后难以面对生活中的挫折,在工作和人际交往中往往会出现问题,对现实的认识也是扭曲的。

正如美国斯坦福大学研究青少年问题的威廉·达蒙所说："娇惯的危险在于会产生自我中心和自我关注。这是导致心理疾病的诱因。他会坐在那里焦虑,而不是想方设法改变这个世界。"所以,父母也要提高孩子的耐挫能力,学会对孩子的不合理要求说"不"。

参考建议

面对孩子的各种要求,父母应该懂得判断,坚决拒绝那些无理要求。但拒绝决不是简单、粗暴地反对或制止,而是要用讲道理的方式指出他不当的行为,让他心服口服。

1. 拒绝孩子要趁早

拒绝孩子的不合理行为和要求最好在 12 岁以前,因为那个时候,他的思想意识还没有成熟,尽管会因为遭到拒绝而难过,但最多也就是痛哭一场。但如果等到他思想意识逐渐成熟时再开始对他说"不",恐怕已经不是哭闹那么简单了,轻则叛逆,重则有可能离家出走、自杀、走上犯罪的道路,等等,到那个时候父母后悔晚矣。因此,对孩子的不合理要求说"不"要趁早。

2. 对孩子的哭闹说"不"

哭闹是孩子达到目的的有利武器。一般来说,当孩子的某些要求没有得到满足时他会哭闹,这个时候,父母不是心软了,就是无奈了,为了制止孩子,就不得不立即满足他的要求。久而久之,使得孩子越来越任性,也越来越难管教。所以,父母要坚持一条原则,当孩子无理取闹时,坚决不能满足其不合理要求。

但是,一不要打,二不要骂,三不要在这时给他讲道理。相反,父母可以利用转移注意力的方式,让他不再专注于自己的行为和愿望。渐渐地,当孩子认识到哭闹已经不能作为满足不合理要求的手段时,他也不再动辄就用哭闹做武器了。

3. 坚持原则,不给孩子讨价还价的机会

父母制定的规则不可以飘忽不定,根据喜好随意更改,这样对孩子来说很不公平。尤其对于一些原则性的问题,父母要是非分明,坚持原则,不能给孩子"讨价还价"的余地。因为"讨价还价"会让孩子心存侥幸,同时过多的争议导致自己失去耐心时,最终受伤害的还是孩子。

其实,合情合理地拒绝孩子很简单,只要父母放下身份,理解并尊重他,用耐心、爱心和决心来执行规则,孩子自然会听从父母的建议,从而树立正确的是非观。

4. 说"不"时要说明原因

有些父母意识到要拒绝孩子的不合理要求,制止孩子的不良行为。但当孩子询问缘由的时候,父母经常会对他说:"我说不行就不行。"这句话透露出父母的无奈,也流出教育的专制。这种粗暴的态度只会压抑孩子的个性,慢慢积累孩子心中的不满。

这种情况下,父母要耐心给孩子讲道理,分析不能这样做的原因。适当的时候,听一听孩子的心声,也能少一些误会,多一些理解。

5. 说"不"要坚持到底

对于很多父母来说,最难的还是将态度坚持到底,因为不忍心看到孩子那么伤心。其实,不忍心恰恰是孩子固执、哭闹的根源。所以,父母应该学会"冷漠","狠"下心来,要将说"不"坚持到底,对孩子的固执、要赖、任性都要坚决说"不"。久而久之,孩子自然会纠正自己错误的行为。

金玉良言

对于一些原则性的问题,父母要坚决说"不"。但是有助于孩子创新、探索、尝试的行为,父母不要轻易对他说"不",否则会压抑他的好奇心和求知欲。相反,父母应该鼓励他勇于尝试,积极探索,从而促进他创造力的发展。所以,说"不"是要求对孩子的错误行为、不合理要求说"不",父母可不要动辄就说"不"。

35. 允许孩子指正父母的错误

当你意识到自己错了,那么你还是对的;如果你继续犯错,那就不可恕了。

——(中国)崔凯

经典事例

9岁的端端因为吵闹着要边看电视边吃饭,乱发脾气,被妈妈教训了一顿。事后,妈妈决定和孩子好好谈一谈。

妈妈和孩子面对面地坐着,说:"端端,我要好好和你谈谈。"端端正襟危坐,点头道:"好吧,妈妈,我们谈谈。"妈妈问:"你知道妈妈为什么生气打你吗?"端端回答得很清楚:"因为不好好吃饭,还发脾气。"妈妈继续问:"知道这样不对,为什么还这样做?"

这时,端端打断了妈妈:"等等,妈妈,有件事我必须和您谈一谈,然后再谈我不乖的事。"妈妈见女儿一脸诚恳,答应了。女儿继续说:"妈妈,我来问您,您上次为什么对外婆发脾气?外婆这么大年纪,还要照顾我,还要做饭,这么辛苦,您还对她这么凶?您对妈妈发脾气,我也对妈妈发脾气。"

听了女儿的话,妈妈犹如一盆冷水当头泼下,回想着自己和母亲在一些培养孩子等小事上的争吵,这些镜头竟然都印在了孩子的脑海里。但是妈妈马上冷静下来,对孩子说:"你说得对,妈妈会努力改正,不对外婆发脾气。"

听了妈妈话,女儿也郑重地说:"那我也会改正我这个缺点,但妈妈您要说到做到,改正您对外婆凶的缺点。"

智慧点拨

父母是孩子的老师,身上的优缺点孩子都会学习。端端的妈妈对外婆发脾气的情景完全印在孩子的脑海里,孩子自然会效仿,并且问得妈妈哑口无言。但是,人非圣贤,孰能无过？当父母意识到,或被孩子指出错误的时候,一定要正视这个问题,积极改正。那么,这种勇于承认错误、改正错误的态度孩子也会效仿。

一般允许孩子指出父母错误的家庭大多比较民主、平等,孩子也会是非分明,敢想敢做,有主见,犯错误后,有勇气承担。相反,有些父母在孩子面前犯错误后,觉得很没面子,喜欢遮遮掩掩,尤其在孩子指正后,还自圆其说,为自己辩解。其实,这样更不利于孩子形成正确的是非观。

同时,有些父母担心经常被孩子指出错误,影响在他心目中的形象,也不利于教育。事实证明,父母勇于承认错误,在孩子心目中的威信不仅不会降低,相反,尊重孩子,孩子反过来会更敬重父母。父母对孩子以诚相待的态度,愈加赢得孩子的信任。

世界上没有完美的人,父母也不必有太大的压力,不必非得在孩子心中建立一个十分完美的形象不可。事实上,每个人都会犯错,父母犯错正是给孩子呈现了一个真实的世界,这里有错误,也有宽容。当然,在孩子指出错误时,父母要虚心接受,勇于承认并改正,这样才利于他形成一个健全的人格。

参考建议

接受孩子的批评是沟通的开始,父母只有虚心听取孩子的建议后,才能让他认真听从父母的建议,教育的效果也才更明显。

1. 不遮掩自己的错误

有些父母总是谨小慎微,避免在孩子面前犯错。事实上,一个错误行为如果得到恰当的利用,反而创造了一个教育契机。所以,父母不必对错误遮遮掩掩,要允许孩子指出自己的错误,并作出示范,积极改正,给孩子树立一个好榜样。

2. 虚心接受孩子的批评建议

当孩子指出父母的错误时,父母应该持欢迎态度,说明他已经具备一定的是非观念和判断能力了。但有些父母喜欢摆"架子",在家庭中剥夺了孩子发表意见的权利。事实上,这样不仅不利于培养孩子分辨是非、独立思考的能力,也不利于父母了解孩子。

所以,当孩子对自己的错误行为提出批评时,父母要虚心接受,坚持做到以下三原则:一要"听得进",二要"想得深",三要"改得快"。相信这样亲子间的沟通会更融洽,家庭气氛会更和谐。

3. 主动反省自己的不足

每个人都会有缺点,当意识到不足时,就应该认真反省,努力做到不再犯同样的错误。曾有一位母亲抱怨:"孩子太难对付了,不仅不接受我的批评,还能为错误找出很多'理由',反过来还要列举我很多问题。"这种情况,父母要调整心态,认真思考,孩子列举的问题是否合理,然后接纳孩子的合理建议,孩子自然会接纳父母的批评。

另外,父母可以针对孩子的批评写一些反思性的文章,比如,关于脾气的、虚荣心方面的,这样更有利于发现自己身上的不足。

4. 勇于向孩子道歉

天下的父母,谁也不敢保证对待孩子的态度永远是正确的。自己对孩子做了错事,父母一样要向他承认错误,说一句"对不起",表明诚恳的态度。尤其是在错怪了孩子的时候,父母一定要肯向孩子认错。总之,道歉是要求父母顾及孩子的感受,为他作出表率。当然,父母要注意道歉的态度,不能过于生硬,也不能轻描淡写。

金玉良言

当孩子指正父母的错误时,父母应该对孩子说声"感谢",表明虚心接受的态度,并且表明改正错误的决心。如果孩子指出的所谓的"错误"不对,父母也不能盲目打击孩子,还是要鼓励他发表意见,然后再给他讲明道理。

36. 不当着孩子的面说别人不好

全部教育，或者说千分之九百九十九的教育都归结到榜样上，归结到父母自己生活的端正和完善的举止。

——（俄国）列夫·托尔斯泰

经典事例

奥巴马是美国第四十四任总统，也是美国第一任黑人总统。在他幼年的时候，父母离异，那么他是怎样在母亲的抚养下健康成长的？又是怎样成为第一位黑人总统的呢？

奥巴马的父亲和母亲离婚后，母亲只身一人带着奥巴马求学，生活非常拮据。这期间，奥巴马只见过父亲一次，父亲对他从没有尽到赡养义务，甚至没有给过他们母子生活费。

然而，母亲从没有表现过对父亲的愤怒，也从来没有在儿子面前说父亲的坏话。而且，每次谈到父亲，母亲都说他的优点。她总对奥巴马说："你的爸爸幽默、聪明、擅长乐器，还有一副好嗓子……"母亲不仅让儿子以有这样一位父亲自豪，还让他为做一个黑人而自豪。

在这种环境下长大的奥巴马，不仅性格健全，还学会了豁达，更学会了在糟糕的情况下，看到积极的一面，形成了乐观的性格。

后来，奥巴马说："我身上最好的东西都要归功于我的母亲。"

智慧点拨

奥巴马的妈妈将乐观的性格带给了他，并让他知道他有一位优秀的父亲，在极大程度上减轻了父母离异给奥巴马带来的心理上的打击。如果当初母亲总在他面前抱怨父亲，那么怨恨、愤怒就会充斥他整个心灵，相信这样的心态不能使他积极地面对生活的挑战，更不能成为一名出色的总统。

一位母亲对父亲的正面评价，能让孩子有一颗豁达的心。同样，父母对其他人的正面评价一样让孩子学会欣赏别人，看到别人的优点。

而有些父母不注意平时的言语，有意无意当着孩子的面，说一些别人的是是非非。这种行为对培养孩子良好的性格非常不利，尤其是年龄小的孩子，他不具备判断能力，一般会不假思索地接纳父母的话。父母对别人的负面评价，孩子会全盘接受。久而久之，导致孩子戴上有色眼镜看人，甚至不能正确处理人际关系。

还有些父母认为，孩子小，什么都不懂，也不会对他造成什么影响。事实上，孩子即使听不懂谈话的内容，但可以清楚地看到大人脸上的喜怒哀乐，感受大人说话的语气，从而受到父母情绪的影响。

父母总是批判、讽刺他人，孩子也会用同样的眼光看别人。他会习惯专注于别人的缺点，不懂得如何用欣赏的眼光去看待别人。此外，童言无忌，如果父母当着孩子的面透露了别人的隐私，可能会导致不可收拾的局面。

总之，父母在孩子面前说别人是非，不仅不利于孩子的成长，对家庭本身也是不利的。所以，父母要端正态度，不在孩子面前说别人不好。

参考建议

父母平时要在孩子面前多说他人的长处和优点，多尊重别人，理解别人，为孩子做一个待人接物的楷模。

1. 不当孩子的面指责"另一半"

德国著名心理治疗大师海灵格说："不管在什么情形下，孩子都本能地向父母认同，这种认同中的一个重要含义是：我承认，我是你的孩子。"很多人都会觉得自己的另一半有种种缺点，所以就有意、无意地向孩子抱怨，但本意不是让孩子站在自己这边，只是感情上的发泄而已。

不过，对于孩子来说，他可能会对被指责的一方产生厌恶情绪。但是，父母毕竟是父母，他又会通过很多方式再去认同他。久而久之，会让孩子产生一种矛盾的心理，不利于其心理健康。所以，父母应尽量在孩子面前说对方的优点，少说缺点，给孩子创建一个和谐的家庭氛围。

2. 不当孩子的面指责他的老师

老师本应该是值得孩子尊敬的人，但如果父母不注意言行，当着孩子面，对老师做出负面评价，有可能导致老师在孩子心目中的形象越来越差。如果孩子对老师产生厌恶情绪，那么恭敬心从何而来？如果恭敬心都没有了，学习效果又如何改善？可见，父母当着孩子的面说老师坏话，对老师不能产生什么不良影响，但对孩子是"百害而无一利"。

相反，一般来说，孩子越喜欢一位老师，相应地这门课程也就学得越好。所以，父母要在孩子面前多作正面评价，如，"遇到这么优秀的老师，你真幸运"，让孩子带着这样的心情学习，相信这种情况下，他的学习热情才会高涨，成绩才会

提高。

当然,如果老师的教育方式存在一些问题,父母可以和老师面对面地沟通。总之,不能在孩子面前说老师的是非。

3. 不说孩子朋友的是非

父母应该尊重孩子,也尊重孩子的朋友。对孩子朋友的不正确行为,父母可以当面指出,不要背地里指责他的是非。因为批评朋友的行为就会让孩子不舒服,这种背后说闲话的方式更会让孩子厌烦。所以,父母一定要避免说孩子朋友的是非,同时也一定不要背后评论孩子好朋友的父母。

4. 消除对弱势人群的歧视和偏见

父母应端正对残疾人或弱势群体的态度,给孩子树立正确的榜样。同时,父母也不能无视个人特征和差异,就给别人贴上一个所谓"残疾"的标签。此外,父母也不能把人种、性别的偏见挂在嘴边。否则,孩子会在不知不觉中被"传染"上这些偏见,偏见一旦形成,再矫正就比较困难了。

总之,父母在家庭内部最好少用一些带有偏见色彩的语言,让孩子在"干净"的环境中健康、快乐地成长。

金玉良言

如果孩子在别的地方听到一些是非传闻,父母要告诉孩子,人们看问题的角度不一样,自然会形成不同的评价。然后帮助孩子分析情况,鼓励孩子从多角度看问题,引导他去看积极向上的一面,并且教育他不能背地里说别人的坏话。

37. 不用"权威"的口吻指责孩子

在任何情况下,首先要让孩子自由自在地成长,这才是父母情深的表现,而且必须将这样的深情作为治家的宗旨。父母心胸狭窄,感情用事,或光依靠长辈的权威,等等,对家庭教育都是有害无益的。

——(日本)池田大作

经典事例

父亲教10岁的女儿在水池中练习蛙泳的动作。但很长时间过去了，女儿依然掌握不了动作的要领，经常有一些不该出现的动作。

父亲一旁看得着急，情绪也变坏了，开始数落起女儿来："说了多少遍要你手脚并用，你怎么就是不听？还有你那脑袋，不扎进水里去，你那是蛙泳吗？跟狗刨似的。你的动作完全不对，让你按照我教的做，你怎么就不听呢？"

女儿被父亲责备，却也一声不吭。可跳下水去，动作还是不协调。父亲的责备让女儿开始委屈地掉眼泪，但孩子却不服软。父亲一看女儿的态度更加生气了，话说得也越来越重。

最终，女儿的蛙泳还是没有学会，父亲的心情也沉闷到了极点。而在父亲权威的口吻之下，女儿也渐渐对游泳失去了兴趣，甚至不愿意再下水。

智慧点拨

孩子的成长总是免不了犯错误，也总是免不了因为一时的理解不到位而学不会某项技能或功课，就像故事中的女儿，父母要知道，学习是需要过程的。而且对于孩子的过失，父母也不要像故事中的父亲那样，以"权威"的口吻来加以指责，那样对孩子的教育将会收效甚微，甚至适得其反。

权威，是人类社会中某种不容置疑的、强制性的力量，要求人们无条件地遵从。由这个定义可以看出，权威是一种威慑的力量。对于还在成长中的孩子来说，威慑的力量若是使用不当，经常会让孩子不能从中得到教育与收获。许多父母可能会说，权威就是要对孩子严格要求，这样有什么错吗？的确，孩子缺乏经验，分不清是非的界限，而且不善于自我控制自己的情感和行为，严格要求对孩子来说很重要。但是，父母的权威也要有分寸，对孩子既要严格要求，更要让孩子感受到爱。

所以，父母要避免用"权威"的态度来面对孩子的错误，更不要用"权威"的口吻去指责孩子，要找到孩子认识并改正错误的良方。

参考建议

孩子犯错的时候，父母会生气也是在所难免。但是，对于孩子的过失，父母应该以理智的态度去面对，既不能过度严苛指责，也不能放任其错误横行。父母要记住，不要总是以权威的口气指责孩子，即使责备孩子，也要讲究科学的

方法。

1. 选对时机，把握尺度

孩子会犯一些明显不利于他成长的错误，而这个时候，父母如果要责备他，也需要选对时机，而且还要把握尺度。

当孩子犯了错误以后，父母应该及时予以指出，不要积攒到最后翻老账，否则会让孩子认为他的错误因为没有责备就不是错误。而面对孩子眼前的错误，父母就要采取就事论事的态度，不要牵扯出孩子以前的类似错误，更不要趁着孩子这一次犯错误的时机，就将孩子所有做错的地方都扯出来。这样容易让孩子产生逆反心理，时间长了，他反而会将父母的批评教育当成耳边风，不再接受。

2. 让孩子明白过失的后果

孩子多会为自己的利益而犯一些错误，比如，为了维护自己的东西而与同伴打架，甚至打伤同伴。这时候，父母不要用所谓的"权威"口吻来责骂孩子，否则，孩子的注意力将会全部集中到父母的责骂上，他将不会明白自己过失的后果，也根本不会反思自己的行为。

因此，父母在孩子犯错误之后，要及时对孩子讲明白他的行为过错所带来的不利影响，只有明白了事情的利害关系，他才能对自己的行为进行改正和约束。

3. 要善于运用语言的艺术

所谓"权威"的口吻，就是父母在面对孩子的错误的时候，经常不问青红皂白，情绪激动地破口大骂，甚至将所有过错都怪罪到孩子头上。父母这样的指责，往往会让孩子产生恐惧的心理。久而久之，孩子对此类的指责，还会由恐惧转为无所谓，他将不会明白父母的指责对他的教育意义。

所以，父母在批评教育孩子的时候，也要善于运用语言艺术。父母的态度应该和蔼而温和，语速也要放慢，而且还要斟酌用词，尽量减少辱骂、威胁之类的词语。父母的话只有让孩子听清楚，并且让他能真正听到耳朵里去，他才能明白自己的错误所在。

4. 让孩子知道父母的爱

父母的"权威"口吻一出来，受指责的孩子本身就已经有害怕的感觉了。而若是父母对孩子责备之后，又将孩子冷落在一旁，甚至一连几天都对孩子抱有怨气,那么孩子将会对父母的权威产生恐惧,他会认为父母不再爱他了,也会逐渐产生抵触的情绪。如此发展下去,将会对孩子的心理成长产生不利影响。

父母在批评过后,还要记得告诉孩子,父母之所以批评他是因为爱他,要让孩子知道,批评是为了让他更好地成长。父母要对孩子的悔过行为给予认可与关爱。这样一来,不但让孩子能够反省过失,同时也增进了亲子关系。

金玉良言

尽管父母的"权威"口吻是为了要震慑住孩子,目的是要让孩子能牢记错误的教训。但是,"权威"的口吻有时候也会给孩子带来负面影响,甚至影响孩子对错误的认知,也影响孩子的成长。父母的教育应该有理智,也要有分寸,这才能让孩子受到更大的教益。

38. 在孩子面前父母不互相"拆台"

父母在教育孩子的问题上不能意见一致,更不能相互配合,是一件憾事。

——(中国)卢勤

经典事例

7岁的秦磊不喜欢爸爸新买的玩具,于是随手扔到了地上。爸爸要他捡起来,秦磊根本不予理睬。爸爸生气了,教训了秦磊几句。接着,秦磊就委屈地哭了起来。

正在厨房准备晚饭的妈妈听见了儿子的哭声,连忙出来询问情况。爸爸把经过讲述了一遍,妈妈听后不以为然地说:"不就是一个玩具吗?有什么大不了的,值得这么跟孩子较劲?"

说着,妈妈把秦磊搂进怀里,一边哄孩子,一边指着爸爸对孩子说:"这个臭爸爸,咱不理他了。"

秦磊一看有妈妈帮忙撑腰,一下子哭得更厉害了。爸爸却看不惯了,于是就和妈妈你一言我一语地吵了起来。本来是父子小矛盾,很简单就能化解,现在却演变成了父母大矛盾,竟然化解不能。秦磊愣愣地站在父母身边,不知该如何是好。

智慧点拨

孩子的成长需要父母双方共同的教育与帮助,而在生活中,我们却经常听到类似秦磊妈妈说给孩子的话,"不理臭爸爸了"或者"你妈说得不对",这样的话往往让孩子要么无所适从,不能分辨是非;要么就借机扩大他的影响,让父母对其更加不好管教。因此,父母在孩子面前,即使是意见不一致,也千万不要互相拆台。

每个人跟每个人各个方面的情况,都不会有完全相同的时候。作为家庭中的两个主要成员,父母双方也会因为成长经历、教育水平,以及性格、认知等方面有所差异。所以,在对孩子的教育方面,出现分歧也是难免的事。但是,许多父母却并不能很好地处理这些分歧,尤其是在孩子面前,经常互相拆台来证明自己正确的情况屡见不鲜。而一旦出现这种情况,不但对孩子的教育起不到效果,同时也会影响孩子的心理健康,更对家庭的和睦造成危害。因此,这种现象要引起父母的注意。

在家庭中,遇到事情,尤其是孩子的教育问题,父母双方需要换一种方式来解决分歧,一定要避免互相拆台,同时也要避免孩子的教育受到影响。

参考建议

孩子的思想与情感,父母最好要重视起来。不要让父母间的互相拆台,成为孩子钻空子的机会。一旦孩子利用了父母教育意见的不一致,他就会养成一些不良习惯,时间一长,孩子就会变得任性,父母的教育也很难起到大作用了。

1. 避免在孩子面前暴露分歧

对孩子的教育,父母双方总是会有不一样的意见出现。比如,一般母亲心软,多会对孩子放纵;而父亲严格,会对孩子严加管教。一旦出现类似的教育分歧,父母双方都要先暂时忍耐下来,尽管是面对孩子,也要维护对方的尊严与权威。切记不要当着孩子的面,就开始针对分歧进行争论甚至吵架。否则,不但会降低父母的威信,也会使孩子无所适从,甚至会让孩子产生类似于投机取巧等不良的心理。

2. 父母双方多一些沟通交流

有不同的意见不怕,怕的就是意见双方没有交流,让不同的意见之间的裂缝越来越大,最后变成不可逾越的沟壑。因此,父母双方应该多一些沟通,互相对彼此的意见有更深层次的了解。并且通过沟通,尽量做到双方互相调和,若是能消除相左的意见,父母双方的意愿达成一致,则会更有利于对孩子的教育。

另外,父母双方之间多一些沟通交流,还能避免不同意见的产生,从而也能避免类似教育不同路的情况发生。

3. 父母间要多"补台"

所谓补台,就是要通过各种方法来帮助事情成功。父母间在遇到对孩子教育产生意见分歧的时候,不要拆台,应该多补台。

父母双方要互相尊重,杜绝诋毁、讽刺甚至辱骂对方的话语。即使遇到对方意见与自己不同的情况,也要设身处地为对方多想想,有道理的就改变自己的错误想法,若是仍然觉得对方意见没有道理,也要在回避了孩子以后,再与对方商量。

其实,父母双方都是为了孩子好,都是要让孩子能成长为栋梁。所以,与其为了教育分歧而互相拆台,倒不如一起为了孩子能健康成长互相补台。

4. 父母也要共同学习

对孩子成功的教育,需要正确的教育理念,也需要掌握大量的教育知识,比如,一些名家的教育方法或教育理论,都可以拿来借鉴或者学习。而头脑中的知识多了,再产生分歧也可以互相运用知识来进行调节。

所以,父母在教育孩子的问题上,可以通过共同学习来达到统一教育思想的目的。只要父母双方都积极行动起来,一起学习掌握足够多的知识。再遇到问题,可以共同探讨,共同寻找解决问题的方法,以减少产生分歧的概率。

金玉良言

家庭教育需要保持顺畅与和谐,只有父母双方的教育坚持了一致性的原则,对孩子的教育才能达到理想的效果。所以,父母在孩子面前一定要避免互相拆台,不要让孩子感觉无所适从,更不要让孩子钻了家庭教育的漏洞。

39. 不要问"爸爸好还是妈妈好"

儿童天生具有秩序感,这是一种内部的感觉,它能区别各种物

体之间的关系，而不是物体本身。

——（瑞士）皮亚杰

经典事例

假期结束，5岁的儿子被母亲从外婆家接了回来。回家后，儿子告诉母亲："妈妈，在外婆家，小姨问我'是爸爸好还是妈妈好？'"

"哦？那你怎么回答的呢？"母亲微笑着看着儿子。

"我一开始说妈妈好，后来……"儿子顿了一下，声音有些小了，"后来又说爸爸好。不过，其实我想说爸爸妈妈都好的，但小姨说只能说一个。"

母亲笑着拍拍儿子的头，接着把孩子拉进了自己的怀里说："无论是爸爸还是妈妈，我们都是爱你的。其实小姨她们也是一样喜欢你，不过是爱你的方式不同。我们都希望你健康长大，你只要记住这点就够了。"

儿子听后也笑着点点头，然后亲了亲母亲的脸，表示他记住了。

智慧点拨

这是一位明智的母亲，她绕开了问题，直接告诉孩子父母对他的爱，让孩子将爱记在了心中。父母应该向她学习，不要追问孩子类似"父母谁好谁坏"的问题，就如故事中的母亲所说，父母只是希望孩子能平安长大。

孩子是父母爱情的结晶，对于孩子来说，无论是爸爸还是妈妈，都是他生命中不可缺少的重要成员。所以，问孩子"爸爸好还是妈妈好"或者"爸爸疼你还是妈妈疼你"之类的问题，用时下时髦的话来说就是"很没有营养"。

孩子一般是不会自己去做比较的，但若是父母或其他长辈非要引导孩子作出这样的比较来，若是回答的不尽如父母之意，不但是让父母自寻烦恼，同时也对孩子的心理成长产生影响。

有时候父母或其他长辈还会采取一些实物诱惑，来换取孩子口中让自己开心的答案，这样就很容易让孩子养成阿谀逢迎的坏习惯，甚至会导致孩子不再说真话，变得言不由衷，变得世故与狡诈。同时，这种做法也往往会让孩子形成"谁给好处就说谁好"的心理，从而污染了他原有的那份纯洁。所以，父母要想保护孩子的纯真与健康，就不要用这类本就没有正确答案的问题来问孩子。

参考建议

究竟是爸爸好一些？还是妈妈更胜一筹？类似的问题举不胜举。尽管父母可能只是想要活跃下家庭气氛，但是却给孩子增添了烦恼，得不偿失。其实就连父母自己都无法得出确切的答案来，那又何必去让天真无邪的孩子绞尽脑汁呢？

1. 不要让父母间的矛盾影响孩子

父母之间会因为各种各样的事情而产生矛盾，有的矛盾是关于孩子的教育问题的，有的则是与家庭生活中的纠纷相关联，或者父母在理想、事业、目标、思想上的分歧。但有的父母在面对这些矛盾的时候，总是不加以克制，在孩子面前进行争吵，甚至互相诋毁。更有甚者，还会将孩子拽进无意义的争吵之中，向孩子询问究竟是爸爸正确还是妈妈正确，强迫孩子支持一方。

其实，父母的这些做法都是错误的。这样一来，原本是父母间的矛盾，就会牵连到孩子身上。而那些矛盾也会对孩子的心灵造成刺激，若是长此以往，将会对孩子的身心发育产生极大的影响。

2. 让孩子知道父母的爱都是一样的

尽管有时候父母自己可以避免向孩子询问此类问题，但是总还会有别人向孩子提出这些问题。而孩子的回答有可能除了"爸爸好"、"妈妈好"，甚至还有别的什么人也好。这时候，父母不要多计较孩子究竟说了谁好，应该要让孩子知道，父母对他的爱都是一样的。妈妈要经常告诉孩子爸爸的好，爸爸也要经常对孩子说妈妈的好，父母给孩子的爱是不分伯仲的。孩子只有生活在父母共同的爱的雨露下，才会健康成长。

3. 尽最大努力去维持家庭的稳定

对于孩子来说，家庭稳定，生活和谐，父母和睦，都是他成长道路上不可缺少的外部支持条件。父母的爱情生活质量高，相处融洽，就会让孩子成长在美好和谐的家庭氛围中。这对孩子的心理发育也十分重要。

而万一家庭出现严重矛盾，父母感情不和非要离异的时候，也千万不要让孩子来选跟爸爸走还是跟妈妈走，更不要让孩子来判断究竟谁对谁错。即使遇到家庭分离的情况，父母也要告诉孩子，无论是爸爸还是妈妈，依然都爱着他，不会因为不在他身边而改变。

当然，父母双方最好还是维持家庭的和睦稳定，这样无论是对孩子的教育

还是成长都是有利的。

金玉良言

作为父母,一定要避免类似于"爸爸好还是妈妈好"的问题。孩子本性都是天真而单纯的,但类似于"父母究竟谁好"之类的问题,会让孩子产生困惑,因为在他心中,父母就是他的天。也就是说,这类问题既不利于家庭的和谐发展,也不利于孩子的未来进步。所以,无论是父母,还是其他人,都应尽量避免问类似的问题。

40. 不要做"专制型"父母

不管以什么名义,毁灭个性的做法就是专制。

——(英国)穆勒

经典事例

6岁的梁蕾正在家里开心地看着动画片,妈妈却突然关了电视,并对孩子说:"你马上就要上小学了,应该多看些书。赶紧进屋看书去,以后不要再看动画片了。"

梁蕾很不乐意,但是又不敢反抗,只得乖乖地回了自己的房间。但她根本不想看书,刚才的动画片中的情节还留在脑子里。于是她推开了书本,开始玩起了桌子上的小玩具。

而这还只是梁蕾生活中的一个小片段,事实上,她的父母非常专制。他们认为,孩子毕竟是孩子,她不懂的东西太多,必须由父母来好好管教,只有父母才知道能让她健康成长的最佳途径。所以,在日常生活中,他们严格规范梁蕾的一言一行,稍有一点不合他们定的规矩的地方,就毫不留情地批评甚至打骂。

后来,梁蕾果然成了父母心目中的"乖乖女"。但是,随之他们却发现,孩子经常不自信,而且总是显得很焦虑,完全不像其他孩子那样开朗。他们很纳闷,自己的孩子怎么变成这样了呢?

智慧点拨

梁蕾父母的种种做法的确十分专制,也正是因为他们的专制,才让孩子的外表变得乖巧，但内心却并非如此。其实，父母专制会使孩子的心理出现问题，所以父母要引起重视，千万不要像梁蕾父母那样，成为孩子的"专制型"父母。

专制，就是凭借自己的意志独断独行，操纵一切。本来这是只有旧时代的君主才有的行为，但在现在的许多家庭中，父母却往往容易出现这种行为与思想，将孩子看成是自己的所有物，而自己就是孩子的"上帝"。这样的父母将孩子控制得很严，而且要孩子完全无条件服从。在"专制型"父母面前，孩子不能有自己的想法，因为父母往往会认为他的想法是不正确的。而且，"专制型"父母永远都是严肃的面孔，尽管他们是想用"严"来表达对孩子的爱，但是孩子却经常感受不到关爱。在这样家庭长大的孩子极容易产生不良心理，甚至形成偏激的性格。

所以，专制用在家庭教育中是不可取的。父母应该审视自己的教育行为，不要让自己的专制，给孩子的成长留下遗憾。

参考建议

专制型的父母都会认为自己是在对孩子负责，在对他的未来负责，在为他的一切负责，他们认为这就是爱的表达。但是，孩子也有自己的思想，他也有自己的判断与感受。因此，抱有专制态度的父母，需要改正自己的态度与做法，才能有利于孩子的成长。

1. 放宽对孩子的控制

父母往往会对孩子有许多的操控与限制。比如，孩子要乖乖听话，不要任意妄为；还比如，孩子应该按照父母说的去做，不应该随着自己的意愿想干什么就干什么，等等。

但是，父母需要想一想，这些要求，究竟是不是孩子所真正需要的？对孩子的这些限制，究竟是不是真的有利于孩子的发展？一系列的"要"与"不要"，是不是在阻碍孩子的个性成长？父母的这些想法与做法，孩子是否能从中得到愉悦的感受呢？

所以，父母要放宽对孩子的控制，不要事事都替孩子作好决定，更不要用各种各样的框框来框住孩子的自由。让孩子快乐成长才是父母最需要做的。

2. 不要用自己的喜好来要求孩子

有的父母喜欢按照自己的喜好来安排孩子的一切，当孩子提出反对意见的时候，他们往往就会用自己一堆的经验理由来让孩子放弃自己的想法，必须听从与执行父母的决定。

　　父母要知道,自己的喜好并不一定是孩子的喜好。父母的喜好,有的是自己的性格所致,有的则是因为自己幼时的遗憾。但是,孩子也有自己的个性发展,孩子也有自己不想留下的遗憾。所以,父母要多听听孩子的意见,多让孩子发表自己的想法。只有最适合孩子自己的,才是有利于他成长的。

3. 多让孩子感受到温暖与支持

　　父母一旦专制,就会变得严厉起来,对孩子也会经常虎着脸,口气严肃,话语尖刻。尽管这样的态度是会对孩子产生威慑的力量,让孩子在父母的严威下变得乖乖听话。但是,孩子在父母这样的态度之下,往往会有"爸爸妈妈是不是不爱我"之类的想法。孩子若是感受不到父母的温暖与支持,他便会有叛逆与消极的心理出现,这对他性格的养成极为不利。

　　因此,父母要改变态度,多让孩子感受到温暖,感受到父母对他的支持,他才能够拥有快乐、感恩并且健康的心理。

4. 做孩子的知心朋友

　　做孩子的知心朋友,就是要求父母要尊重孩子,尊重孩子的想法,对孩子的成长多一些推心置腹的讨论与建议,少一些指手画脚的武断制止与专制要求。孩子只有感受到父母朋友般的关爱与帮助时,他才会对父母敞开心扉,父母也才能针对孩子的内心思想开展教育,也才能真正使孩子获得教育,收获成长与进步。

金玉良言

　　鲁迅曾说:"听话,自以为是教育的成功,等到放到外面来,则如暂出樊笼的小禽,它不会飞鸣,也不会跳跃。"父母想必都不愿意自己的孩子变成那樊笼中的小禽吧? 所以,请抛弃专制型的教育,给孩子一片自由发展的天空,让孩子有一个真正属于自己的成长历程。

41. 不要做"无能型"父母

　　我认为今天有些父母所犯的最大的错误是,忽视了对孩子的关心与照顾,以及有效地鼓励孩子们的责任感和认识到自我价值。一般而言,缺乏父母支持的孩子,往往自我价值感较低,妨碍了他们建立良好的品行和达到较高的成就。 这不但影响孩子个人和家庭，而且对国家也不利。

——（美国）里根

经典事例

上小学6年级的赵悦，是大家公认的"坏孩子"。他学习成绩差，脾气暴躁，还经常和人打架。

父母对他也是用尽了所有能想到的教育办法。最开始，父母总是好言相劝，甚至用物质奖励来利诱，但很快他们发现，孩子不但没有改正错误，反而因为父母的"好脾气"而变本加厉。后来，父母则采取了"棍棒教育"，对孩子的错误非骂即打。开始的时候，赵悦被打得厉害了，会哭着认错。不过，认完错没几天，他就又恢复了原状。然后再犯错误，父母继续打。到了最后，父母的打骂对于赵悦来说，已经成了家常便饭，他也变得很麻木了。

一天，学校的老师告诉赵悦的母亲，若是赵悦再这么胡闹下去，就要让他退学。母亲哭着对赵悦说："我已经不知道该怎么对你了。妈妈求求你，你别再这样了，好吗？"

但赵悦却丝毫不为所动，依旧我行我素。他认为，自己的人生已经看不到希望了，倒不如破罐破摔。

智慧点拨

让一个才十几岁的孩子，就对人生看不到希望。不得不说，赵悦的父母的确是"无能型"的父母，他们对孩子的教育以失败告终，孩子的人生道路也因此面临毁灭。

无能型的父母，在面对孩子的教育出现问题的时候，总是会手足无措。他们往往无计可施，却又想要尽力挽回。所以，无能型的父母要么乞求，要么顺从，要么强迫，要么暴力。他们总是抱怨孩子的错误，从来不在自己的教育方式上寻找原因。父母对孩子教育的无能，将会是孩子一生的悲哀。

其实，每个父母都是爱孩子的，他们只是希望孩子能够顺利长大，而且学有所成，最实际的一句话就是"要有出息"。但是，对于孩子的教育也需要父母重视起来，不是说，父母只要有这个愿望，然后按照自己的意愿去要求孩子、对待孩子，这个愿望就能顺利实现的。

父母需要反思自己的教育形式，只有让孩子在教育中有好的收获，这个教育才是有意义的。否则，孩子得到的只是父母的"无能"，他的身心成长也会产

生扭曲。

参考建议

　　有人曾说："没有有问题的孩子，只有有问题的父母。"客观来看这句话，也是很有道理的。父母的教育方式出了问题，才会导致受教育的孩子也出现问题。父母要摘掉"无能"的帽子，要"有能力"面对孩子的成长需要。

1. 丢掉对孩子的娇惯

　　父母对孩子教育无能的最大表现之一，就是娇惯。很多父母对于孩子的要求百依百顺，对于孩子的无理取闹，表现出屈服甚至助长。这样的父母对孩子极端溺爱，不对孩子说一个"不"字，让孩子在自己的头上作威作福。最终，父母的权威扫地不说，孩子的教育也以失败告终。

　　所以，父母一定不要再娇惯孩子！该是他自己做的事情，一定要自己做；该是他自己承担的责任，一定不能由父母来代替；错了就是错了，不能迁就妥协。这样做的目的，是让孩子扔掉任性，让父母在孩子面前树立威信。丢掉娇惯的教育，才是对孩子有利的。

2. 不要总用暴力来解决问题

　　有一些父母习惯于用暴力来纠正孩子的错误，甚至对孩子还有羞辱、谩骂，或者威胁恐吓的行为。而父母的此种举动，也会对孩子产生影响。父母经常给予孩子暴力伤害，那么孩子在未来就会形成暴力的性格。

　　美国儿童教育专家 L. 罗恩·贺伯特曾经说过："每一项处罚都是在招认自己的控制能力不好。"当父母没有很好的能力去控制孩子的行为的时候，那么他就是失败的父母，就是无能的父母。所以，父母一定不能用暴力解决关于孩子的所有问题，只有适当的方式，才能让孩子真正受到教育。

3. 避免经常抱怨孩子

　　没有不犯错误的孩子，父母应该正视孩子成长中遇到的问题。若是对待孩子的错误，父母不是想办法去面对、解决，却总是产生对孩子抱怨的情绪，孩子也容易产生习惯于怨天尤人的心理。而这个结果则正是父母"无能"所造成的。

　　所以，父母要多欣赏孩子，对于孩子的错误也要用积极的引导与帮助，让孩子克服困难改正缺点，才是父母正确的做法。

4. 切忌逼迫孩子

俗话说:"强扭的瓜不甜。"父母不能将自己的意志强加给孩子,更不能将孩子当成实现自己没有实现的愿望的工具。逼迫孩子来做任何事情,那将是最无能的表现。

所以,父母应该端正自己的思想,不要给孩子过高的要求与期望,应该充分理解与尊重孩子的需要。父母应该用自己的关爱与经验,来帮助孩子实现成长与进步。

金玉良言

父母对孩子的教育,应该是张弛有度,合理而又合情的。盲目地为了教育而教育,却不从自己身上寻找教育失败的原因,这样是不能显示出父母的"能力"的。所以,父母对于孩子的教育要从根本上发现问题,并及时解决问题,切不可让问题发展到无可救药的地步,否则就真的是"无能"的表现了。

42. 对孩子顶嘴、申辩要宽容

我可以不同意你的观点,但我誓死捍卫你说话的权利!

——(法国)伏尔泰

经典事例

期末考试结束了,上小学5年级的申勇拿着试卷回到家。爸爸一看成绩,除了数学,其他科目都考得还算可以。但相比较而言,这数学也考得太差了,才43分。

爸爸皱着眉头问申勇:"怎么数学考这么少呢?"

申勇却无所谓地说:"那有什么啊,很多名人的数学都考不好的。"

"什么?"爸爸有些吃惊地看着申勇:"你考不好还狡辩?"

申勇摇头晃脑地说:"爸爸你有所不知,我们语文课本里有一位诗人叫臧克家,就是写《有的人》的那位。据说他当年考大学,数学才考了0分,但这不也不妨碍他成为名人嘛!"

爸爸听了哭笑不得,心想:这孩子考试失败,居然还用这样的话来顶嘴,看来是需要好好教育一下了。于是爸爸对申勇说:"一个人要想全面发展的确不容易,但若是他有能力却不努力就另当别论了。你说的那些名人只是个例而已,并不是普遍存在的。而且,你不是学不会的孩子,你也不是偏才,在爸爸妈妈眼中,你是个好孩子呀! 难道你想让自己成为不学无术的人吗?"

申勇一听,有些不好意思了。爸爸笑笑,拿过数学试卷,与申勇一起查找漏洞纠正错误。申勇表示,以后一定要尽自己最大努力去学习每一门课,爸爸听了欣慰地笑了。

智慧点拨

孩子的想法总是会让人吃惊,而他的许多出其不意的想法便也成了他顶嘴、申辩的理由。但故事里的父亲是一位明智的父亲,他以宽容的态度对待向他讲出"歪理"的孩子,并且还通过教育让孩子明白了他的过错所在,这样的教育方式值得父母学习。

在生活中,父母往往会以自己的判断来评价甚至责备孩子。而有独立思想的孩子也往往会以顶嘴的方式来进行申辩,进行抗议。但是父母应该注意的是,一定要正确对待孩子的顶嘴与申辩。不是说,只要孩子开口他就是错的,父母应该宽容对待他的这种行为。

父母一定要在弄清楚孩子想要表达的意思之后,再对孩子的顶嘴、申辩行为作出判断。父母只有用宽容的态度,才能化解孩子顶嘴的尴尬局面,也只有宽容对待,父母才能找到解决矛盾的最佳途径。

所以,父母不要将孩子顶嘴、申辩的行为当做是孩子的"大不敬"表现,只有宽容对待,才能与孩子更好地进行沟通。

参考建议

孩子之所以要顶嘴,是因为他不同意父母的说法;而孩子之所以会申辩,也是因为他有他自己的想法。所以,父母对待孩子的这类行为,要具体事情具体分析,最重要的是,应该理解并宽容。

1. 让孩子改变说话的方式

面对时代的飞速发展,父母都希望自己的孩子不被时代所抛弃。但孩子也许并不理解父母的这一苦心,对于父母的说教,他可能会用顶嘴的方式来"回敬"。顶嘴,在不少时候都让许多父母感觉十分伤心与心寒。

因此,父母首先要宽容对待孩子的这种表达,然后再通过引导与教育,让孩子逐步改变说话方式,让他的话语与态度变得可以为人所接受。父母要让孩子知道,只有先有礼貌,才能"有理走遍天下"。否则,无礼之人即使有理,也会无人问津、无人理睬。

2. 耐心倾听孩子的话

父母对于孩子的顶嘴、申辩应该要能有所区分,哪些话的确是孩子在为他的正当理由而申诉辩论,哪些话却又是孩子为了自己的一些小利益而在无理取闹。

所以,这就需要父母在听到孩子的反驳的时候,要能够控制好自己的情绪,用宽容的态度来对待孩子。而也只有耐心倾听孩子的话并完整听完,父母才能明白孩子的真正意图。而也只有明白了孩子真正想要的,父母才能"对症下药",对孩子的教育才能有的放矢。

3. 营造合理辩论的氛围

其实,孩子的顶嘴与申辩,父母也不要将其看成是坏事。孩子对于父母的反驳,正是说明他的成长,他不再是机械地对父母所提的要求进行复制,而是已经有了自己的思想。

所以,父母应该为孩子营造一个辩论的氛围,允许孩子为自己的行为或想法进行完整的阐述,之后父母可以与孩子展开辩论或讨论。最后综合各方的意见,对问题给出一个使大家都满意的解决方案。而且,辩论还可以培养孩子敢想、敢说的良好习惯,让孩子既明事理,又练口才,一举多得。

4. 让孩子学会自我分析

孩子对于父母的教育往往不能很好地理解,在不能理解的情况下让他接受就更难。而孩子在很多时候,也不能认识到自己的错误。这也往往是孩子顶嘴、申辩的理由之一。

因此,父母要设身处地地为孩子想一想,宽容他的反驳父母的行为。同时,父母还要通过引导教育,让孩子学会自我分析,要鼓励孩子正视自己存在的问题,并鼓足信心去克服它。

金玉良言

其实,孩子的顶嘴、申辩也不一定是件坏事,他这样做也是成长的表现。而父母发扬民主精神,且宽容地对待孩子的这种行为,还可以锻炼孩子的发散思维和语言能力,这对于促进父母与孩子之间的沟通也是大有益处的。

43. 理解孩子的错误并引导孩子改正

孩子的错误，上帝都会原谅的。

——（法国）卢梭

经典事例

6岁的儿子想要从冰箱中拿出一瓶牛奶，但他只拿住了瓶子上半部分。结果，孩子一失手，瓶子掉在地上摔碎了。

妈妈闻声过来，儿子正不知所措地站在冰箱旁边，惴惴地看着她。妈妈沉默了几秒钟，然后关切地问："伤到手了吗？"

儿子听后摇了摇头，妈妈接着对儿子说："你知道吗，打破东西后，清理工作是必须要做的。那么，你愿意和妈妈一起清理吗？"儿子使劲点点头。

清理过后，妈妈拿了一个瓶子，带着儿子来到厨房，让儿子试试看水装到多少的时候，是他一只手拿不动的。后来，妈妈告诉儿子："当拿一些东西的时候，若是它不能被你一手拿起，你就要一手拿着它的上端，一手托住它的底部，这样它就不会从手里滑落到地上了。记住了吗？如果实在拿不动，就告诉爸爸妈妈，我们来帮忙！"

从那以后，儿子再也没有摔碎过装牛奶的瓶子，当然也包括其他东西。

智慧点拨

故事里的母亲十分冷静，她处理问题的方法也让人佩服。一般来说，父母面对孩子打碎东西的行为，总是会爆发雷霆之怒。但这位母亲不但没有责怪孩子的错误，反而巧妙引导与教育，让孩子记住了拿东西的要领，使得孩子掌握了技能。

俗语说："吃一堑，长一智。"孩子在成长道路上所犯的错误可以说数之不清，但他若是不犯错误就得不到经验教训，也就得不到学习。因此，父母对于孩子的错误应该以宽容的态度去对待。而同时，犯了错误的孩子，往往都会情绪低落，甚至会在自信心方面受到打击，这时候他就更需要父母的理解与鼓励，以此来让他重拾做事的信心。

而对孩子的错误以理解态度对待的父母，也更容易与孩子进行心灵的沟通。同时，对于孩子的错误，父母还要加以指导与教育，让他找到错误的根源，弥补自己的不足。只有孩子改正错误,并且从中得到学习,他才能更快成长。

因此,父母对于孩子的错误要多多宽容,理解成长时期的孩子犯错误的行为。当然,父母也要注意引导孩子对自己的不当之处进行改正,让他得到进步。

参考建议

著名史书《左传》中有这样一句大家都耳熟能详的话:"人非圣贤,孰能无过?过而能改,善莫大焉。"从古时候起,人们就知道,犯错误是在所难免的,只要能够改正,那就是善了。那么,父母何不用宽容的心来对待孩子的错误呢?

1. 分清楚孩子错误的性质

孩子分辨是非的能力有限,对于一件事情的对错理解往往会存在一些偏差。因此,这就需要父母正确看待孩子的错误。所谓正确看待,是要求父母能区分出孩子错误的性质,要让孩子知道哪一些错误是坚决不能犯第二次的。而对于这类错误,父母一定要让孩子改正并牢记。

还有一些错误,不能算是"致命"的错误,但是若是孩子不及时纠正,也可能会对他的人生产生影响。对于这类错误,父母就要理性看待,要允许孩子犯错误,让孩子从错误中积累经验,让他能够从中得到学习。

2. 学会控制自己的脾气

不少父母在知道或发现孩子犯错误之后,往往立刻火冒三丈。甚至不由分说、不问缘由地就对孩子大发脾气。这样也许孩子的确认识到自己犯了错误,但是他却不一定知道该如何改正。而父母对于孩子的错误不分青红皂白地训斥,也会让孩子产生反感,甚至叛逆的心理。时间长了,孩子也许会产生"越禁越近"的想法,父母越说不对,他反而却越会去犯错误。

因此,父母要学会控制自己的脾气,遇事要尽量保持冷静的头脑,这样才能更好地对孩子进行教育。

3. 让孩子得到多方面的锻炼

孩子之所以会犯错误,与他的"不懂"也有很大关系。对于一个新鲜事物,完全不懂的新手,犯错误的概率一定会比老手要大得多。因此,父母要丰富孩子的内涵,让他多掌握知识,并且增加他动脑、动手的机会,体验多了,犯错误的机会便会少一些。让孩子得到多方面的锻炼,不仅是丰富他的阅历,也能让他对于一些可以避免的错误进行防范。

4. 给孩子改正的机会

父母要知道,不是说孩子犯了错误就是无可救药了,应该给他改正的机会。父母切记不要对孩子不依不饶,总是让孩子扣着"做错事"的帽子,这样容易让孩子的心里产生阴影,对他的身心成长都没有好处。

对于一再犯同样错误的孩子,父母要多与孩子进行沟通,了解孩子出错的真正原因,要给孩子改正的机会。同时,父母自己也要反思,是不是自己的教育出了问题,才导致孩子又出了同样的错。

金玉良言

对于孩子的错误,父母首先要理解,并多与孩子进行沟通,对孩子的错误给予适当的批评和指正。只有孩子能吸取教训,改正错误,并且能够总结经验,他才能从错误中得到进步。父母也才能对孩子有更深层次的了解。

44. 善待失败、不争气的孩子

不要只盯着孩子的失败,要多想想失败所带来的好处。

——(日本)多湖辉

经典事例

上小学 4 年级的女儿放学回到家,惴惴不安地告诉妈妈:"这次期中考试,我可能……有一科不及格。"

妈妈听后想了想,说:"是吗?考试前这段时间你很努力,可见不是你不用功的问题。没事,不及格就不及格吧!等过后,我们去找高水平的老师给补一补,你的成绩肯定能上去。"

女儿听了瞪大了眼睛,问道:"妈妈,您不生气吗?"

妈妈笑笑:"要说不失望是不可能的。不过,你已经很努力了,我又怎么能怪罪一个努力的孩子呢?我相信,在老师的帮助下你一定能进步的,不是吗?"

女儿听后也笑了。从那以后,女儿学习更加刻苦,在辅导老师的帮助下,女儿的成绩果然有了很大的提高。

智慧点拨

对于孩子的考试成绩,很多父母都将其看得很重要。父母会用成绩来衡量孩子的学习,衡量孩子在同龄人之间的位置,甚至将其当成衡量孩子是不是能成才的标准。所以,当遇到孩子考试成绩不好的时候,大部分父母都会认为孩子很失败,认为他"不争气"。这时候,父母应该向故事中的母亲学习,要让自己的心态变平和,并用适当的鼓励与安慰,来激发孩子的上进心。

其实每个孩子都不愿意遇到失败,更不愿意被父母说成是"不争气的孩子"。俗话说:"人生不如意事十常八九。"对于孩子来说,没有谁能一帆风顺,成长中总会有磕绊,失败更是被称为"兵家常事"。父母对于还未成熟的孩子又何必要求如此苛刻呢?孩子的所作所为是不可能都让父母满意的,那么父母倒不如多一分宽容,多给予孩子以支持与赏识,这才是让孩子能够健康成长,为自己也为父母"争气"的最佳途径。

所以,父母要善待孩子的失败,不要总将孩子的过失归结为"不争气",只有帮助孩子走出失败,让他快乐成长才是最重要的。

参考建议

所有的父母都希望自己的孩子能够成才,也都希望孩子能够如自己所愿地刻苦努力,更是希望自己的孩子是一个"争气"的人。但现实生活中,不会有那么完美的事情出现,孩子总会有失败,父母的宽容此刻对于孩子来说,就显得尤为重要。

1. 不要对孩子过分求全责备

孩子的能力与发展水平有限,不是所有的孩子都是神童。而且就算是神童也不是圣贤,他也一样会出错,他也会失败。没有谁是十全十美的,也没有谁做事能做得毫无缺点。所以,父母应该保持一颗平常心,不要对孩子过分求全责备。

孩子有他自己的个性,也有他自己的长处,父母应该多与孩子交流沟通,了解孩子的发展方向,让孩子完善自己的优势,努力弥补自己的弱势,只要孩子努力过,父母就应该对他的成就表现出赏识的态度。

2. 不要对孩子妄下结论

有的父母一看到孩子考试成绩不好,或者看到孩子参加一项活动最终落败,就立刻给孩子下了结论,认为孩子"不是那块料",或者认为孩子"生来就不争气"。殊不知,父母如此的态度,往往是在给孩子泼冷水。即便孩子想要继续努力,在听到父母的埋怨与责备后,也会将他努力的念头全部打消。父母看似是在发泄怨气,但接受怨气的孩子,心灵却已经受到了伤害。孩子一旦自己被戴上"不争气"的帽子,那么他要么是蛮干,要么就是干脆自暴自弃,不再努力。

所以,父母不要对孩子妄下结论,对待孩子的失败,要帮助他找原因,帮助他想对策,才是让孩子继续前进的正确做法。

3. 父母要"因材施教"

孩子总有他擅长的一项,也总是不可避免有他完全不得要领的弱势。有的父母只是看见别的孩子在学习或者一些特长上有不错的发挥,于是就让孩子也必须像别人一样有所成就;还有的父母只是根据时代形势来判定一些"很潮流"的兴趣,便也不顾孩子的心情及能力,要求孩子一定要达到父母定的目标。而这些情况也正是孩子失败的原因之一,父母也经常因此而埋怨孩子的"不争气"。这些做法都是极为不可取的。

父母应该通过细心观察与了解,对孩子"因材施教",帮助孩子确立正确的发展方向。孩子也只有在他感兴趣以及有能力的事情上,才能经过努力而有所作为。

4. 鼓励也要讲究方式方法

对于孩子的失败,父母的鼓励是很必要的。有了鼓励,孩子才能再接再厉。但鼓励也要讲究方式方法,鼓励孩子继续努力的同时,也要帮助孩子找到问题的所在,引导孩子改正错误,才能让他继续努力前进。

因此,父母要注意,避免总是对孩子说:"你这次失败了不要紧,努力就好。"而是要多说类似"你努力了这很好,但是要是能改正缺点将会更好"之类的话。倘若父母每次只鼓励孩子的努力过程,却忽视努力的结果,时间长了,孩子就会有"只要努力就好,做不好只是运气不好而已"的错误想法。

金玉良言

教育是对孩子的教导与培育,是对孩子内在潜质的培养与开发。而在这个过程中,孩子因为理解能力与实践能力的偏差,也会有失败出现。但只要父母有一种平和的心境,用宽容的态度去对待,并运用教育的智慧,就一定能让孩子走出失败,迈向成功。

45. 不要训斥、辱骂孩子

打骂和过分的严厉只能让儿童说谎，变成怯懦的人，同时养成儿童的残忍性。

——（苏联）马卡连柯

经典事例

上小学3年级的韩冬，最近接连遭受"失败"，先是参加学校组织的听写比赛没拿奖，然后又是数学的小考成绩很差。

妈妈看着韩冬的卷子，一脸怒气地骂道："你真是猪脑子！听写不行，连小学数学加减乘除也不会！养你白吃饭的吗？小学就这么笨，长大了肯定没出息！"

韩冬一听眼泪都掉下来了，他委屈地说："我不是猪脑子……"

妈妈听见孩子的反驳更来气了："什么？你还顶嘴？你不是谁是？你就是！这么简单的东西都不会，听写错那么多，算个数都算不对，你还能干什么？"

后来，一连几天，韩冬的情绪都很低落，对学习更是提不起兴趣来，妈妈对他的训斥也越来越多。直到有一天，韩冬逃学了，妈妈得知后又愤怒又伤心。可是，这能怨谁呢？

智慧点拨

韩冬的故事是一个遗憾。而现实生活中，这样的遗憾却也屡见不鲜。由此可见，父母的训斥与辱骂对于孩子个性发展，以及人生成长的影响有多么巨大。

苏联教育家苏霍姆林斯基曾经说："一个好的教师，就是在他责备学生，表现对学生的不满，发泄自己的愤怒的时候，他也时刻记着不能让儿童那种'成为一个好人'的愿望的火花熄灭。"尽管这是在提醒教师，但是对于父母，这条忠告同样适用。而且，尽管父母要责备孩子，也不要用训斥的口气，更要避免辱骂性的语言，只有保护好孩子的那颗追求进步与成功的自尊心，才能让孩子真正认识到自己的不足，并且能够使孩子通过努力得到改正。

父母也只有丢掉那些对孩子有所伤害的语言，与孩子之间建立起一座亲密、信任、依赖的桥梁，孩子才能更容易接受父母的教育。

所以，父母只有时刻注意自己的言行，并且用宽容的心来对待孩子，用正确的方法来指导孩子改正不足,才能帮助自己在孩子心中树立正确的形象,也才能更好地对孩子进行教育。

参考建议

生活中有不少父母,往往更擅长发现孩子的过错,而却发现不了孩子的优点,而对孩子的指责也总是用不恰当的话语。面对这样的话语,孩子也并不能很好地对自己的行为进行反思与纠正。所以,父母即便是批评孩子的过失,也还是要讲究方法的。

1. 即使是愤怒,也要"话到嘴边留半句"

孩子犯错误,有不良习惯,甚至他的行为打扰了父母,在面对这类情况的时候,许多父母往往就会脱口而出训斥与辱骂性的字眼。而实际来看,孩子犯错误无可避免,孩子也可能就是无心之举,父母又何必对孩子如此不留情面呢?

即使是愤怒,父母也需要养成这样的习惯——话到嘴边留半句。父母要想一想,有些话说出来,尤其是对孩子说是不是合适。或者,父母可以与孩子换位思考,若是自己仅因为一件小事就被别人如此的训斥甚至辱骂,自己会有什么样的心情?

因此,这就需要父母在平时多多修身养性,让自己有一个宽容的心境。对于孩子的一系列行为,父母要学会选择既不伤害孩子又能有效解决问题的话语与做法。

2. 要重视和保护孩子的自尊

被训斥与辱骂的人,都会在那些话语被说出来的一瞬间,有失去自尊的感觉。即便是孩子,也有自尊心。而有不少父母,往往忽略孩子的自尊,认为小孩子不骂不训怎么成长? 父母的这种想法一定要坚决扔掉。

对于孩子来说,他对父母的话也会有信赖感,而他也经常会以父母的话来判断自己是个怎样的人。若是父母总对孩子施以训斥或辱骂性的语言,自尊心被父母轻视得太久,孩子就有可能会自暴自弃。连父母都不尊重自己,那自己就一定是个坏人,既然要坏那干脆就一坏到底好了。因此,父母一定要珍视和爱护孩子的自尊心,避免自己的言行给孩子带来伤害。

3. 父母要善用批评的艺术

孩子有了过失,也的确是需要父母的批评的,但是批评并不是指的一定要对孩子训斥或辱骂。苏联著名教育家马卡连柯曾经说:"批评不仅仅是一种手段,更应是一种艺术,一种智慧。"批评是对孩子错误思想与行为的评价。而即使是对于成人来说,纯语言的批评都有可能会让人无法接受,更别说是训斥与辱骂了。那么尚不成熟的孩子,其心理承受能力与接受能力有限,他对于父母过于暴戾的训斥甚至辱骂,将更无法接受。

所以,对于孩子的缺点及错误,父母要善于运用批评的艺术,要注意自己的态度与言辞。父母可以通过引导,使孩子自发地主动承担责任或弥补过失,并引导孩子在改正错误的过程中,逐步培养自己的责任心和自信心。父母的批评,应该是让孩子既能接受教训,又能得到成长,同时还不会使他的自尊心受到伤害。

金玉良言

父母的训斥和辱骂,会让孩子的心灵受到伤害,也会让孩子的性格形成发生偏移。若是父母想要让孩子成长为一个自尊、自爱、自信、自强的人,就要避免用贬低性的训斥辱骂的语言来对待孩子。只有宽容对待孩子,多看到孩子的积极面,才能正确树立父母的威信,也才能让孩子的成长道路充满健康与快乐。

第四章

平等交流有利于沟通

所谓平等，
是指父母在对孩子的教育中以一种平等的姿态，
与孩子进行谈心、交流与沟通，
给孩子创造一个平等对话的平台，
以更好地进行亲子沟通，
让孩子更加健康地成长。
与孩子平等交流、相处，
就会满足孩子的自尊心、自信心。
这样，孩子的言行举止就会表现出快乐之情，
就会十分配合父母。
所以，
父母一定要有主动与孩子平等相处的意识，
只有这样，
父母的行为才会让孩子感觉到平等。
要知道，
孩子非常希望看到父母的平等行为。

46. 要平等地与孩子交流

平等是代际沟通的基石。

——（中国）孙云晓

经典事例

在2003年的春节晚会上有一个很受观众欢迎的小品叫做《我和爸爸换角色》。

小品说的是老师布置一篇作文——《我和爸爸换角色》，由于爸爸总不在家，于是老师来家访，爸爸和儿子当场换角色来完成老师布置的作业。

当儿子和爸爸角色互换后，儿子学着爸爸的语气说话，于是有了这样一段台词：

爸爸（饰演儿子）：爸，我回来了。

儿子（饰演爸爸）：叫唤什么，吓我一跳，考得怎么样啊？

爸爸：这次考得不好，考了个倒数第一。

儿子：倒数第一？！平时不都考倒数第二吗？

爸爸：我一直都是倒数第二，成绩很稳定。可是考倒数第二的那个人没来，我的成绩就滑落到倒数第一了。

儿子：你小子怎么上的学呀？你眉毛底下那俩窟窿眼是出气的呀？

爸爸：我眉毛底……我这是俩窟窿眼呀？

儿子：你平时就是这么说我的……

爸爸：你胡说，我是像你这样吗？啊？

儿子：你平时就是这样的，我还给你打折了呢！

……

智慧点拨

当儿子模仿爸爸平时对自己说话的语气和爸爸讲话时，爸爸突然感觉很意外，觉得这样的语气让自己接受不了。而其实自己就是这样与孩子讲话的，并且爸爸在没有与儿子互换角色之前，也并没有意识到这样的语气会带给孩子什么样的感受。

父母总是期盼孩子能够事事听自己的，处处要求孩子这样做或那样做，甚至有时不告诉孩子为什么要那样做,就对孩子颐指气使。有些父母虽然对朝夕相处的孩子倾心关爱,但与孩子的谈话内容仍离不开"训导",和孩子说话时的语气很生硬。

其实这种训导对孩子是不公平的,孩子需要得到父母适时的指点,并非居高临下的训导。父母和老师在孩子面前是长者,都会教导孩子要尊敬师长,但现实中真正尊重孩子的父母与老师却不太多。父母要知道,尊重是互相的,单方面地要求孩子尊重自己,无形中使孩子永远处在附属的地位。

父母只有与孩子站在平等的位置,和孩子和颜悦色地去交流,才能被孩子所接受。要想学会与孩子平等,就应该学会与孩子共同讨论。当孩子提出的要求,父母不能满足或不应该满足时,也不要粗鲁而简单地拒绝,而是要把不可以这样做的理由告诉孩子。

父母学会站在平等的位置去和孩子交流,提出的意见不仅会让孩子更容易接受,而且还能体会到教育孩子真正的快乐。

参考建议

平等是父母和孩子交流的前提。把孩子放在与自己平等的位置上,孩子会因为得到尊重而变得更喜欢与父母沟通,并变得更加懂事。

1. 不要居高临下地对孩子说话

不仅仅成人之间存在平等,父母与孩子之间的交流也需要平等。有的父母在了解孩子最近的学习情况时,就会以一种命令式的口气说:"儿子,过来,给爸爸说说你最近表现怎么样啊?"有的说:"儿子来,给妈妈汇报汇报。"

这完全是一种高高在上的口气和做派,孩子虽然会过来,可内心在想:"爸爸妈妈又要挑我的刺了。""老师批评我的事可不能让他们知道。"于是,父母想听到的都不会听到,孩子想说的话也没说出口,亲子间的交流就会进入一个恶性循环的"怪圈"。

孩子也需要尊重,当孩子没有与父母平等对话的机会,只能被动接受父母的管束时,孩子便会懒于和父母交流。

2. 在孩子面前虚心一点

父母在孩子面前要虚心一点,不要因为自己是父母就碍于面子,不懂装懂,不会装会。

父母的虚心不但不会让孩子轻视自己,反而会赢得孩子的信任,拉近彼此的距离。父母的虚心不仅会让孩子学到谦虚的处世态度,而且会增加孩子的成就感,从而激发孩子的学习兴趣。

3. 要从人格上真正与孩子平等

父母不要拘泥于自己的身份,而应该将自己和孩子放在同等的位置上,在尊重的基础上去和孩子交流而不是训导。在与孩子交流的时候,要用与朋友谈话的口气来与孩子交谈,这样才能获得孩子的信任,孩子才肯向父母倾诉。

父母千万不要忽视孩子的敏感性,不要和孩子套近乎,而目的还是让孩子听自己的,这样的"不平等条约"肯定会以失败告终。

4. 给孩子发言的机会

在家庭中,父母要给孩子发言的机会。比如家里要添置大的商品,可以让孩子提出意见供自己参考。如果孩子的参考意见合适,要考虑采用,不要以孩子还小来拒绝孩子对家庭的关心,而是要真正地把孩子视为家庭中的一员,让孩子也拥有和自己一样的发言权。

5. 不要无限提高孩子的地位

有的父母对孩子言听计从,害怕自己哪儿做的不好惹得孩子不高兴,从而将孩子养成了对父母指手画脚、乱发脾气的坏习惯。

父母听从孩子的意见时,一定要有所选择,否则看起来像是在给孩子自由、平等,彻底丢弃了父母的"专制",但事实上却是走入了另一个极端,无限提高孩子的地位就是溺爱和娇惯孩子。这样不仅不利于亲子间的交流,反而会造成沟通障碍。

金玉良言

父母应该把孩子视为与自己平等的个体,尊重孩子的想法,在遇到问题的时候与孩子协商解决。这种良好的亲子关系可以形成孩子对父母的情感依恋,让彼此间的感情变得更为亲密。父母对孩子平等的关爱,对孩子身体和心理的健康成长都具有重要的影响。

47. 一定要放下家长的架子

放下架子,你会发现孩子可能比你强。

—— (中国)卢勤

"气愤：妈妈冤枉我，我很气愤。"

"过分：妈妈没有原因地说我，我觉得她太过分。"

上面的两句话是2年级小女孩薇薇的造句作业，那天她共写了6个造句，其中就有两个说到了妈妈，并且在语句里包含着对妈妈深深的不满。

当孩子的爸爸看到这个作业时，意识到了问题的严重性。

原来，薇薇的妈妈是个急脾气，两句话不合就会对孩子的嗓门越扯越高，而孩子也是一副不服气的态度。有时孩子做错事妈妈说她，薇薇还会和妈妈犟嘴，而对薇薇一直采取赏识教育的爸爸去说，薇薇往往很痛快就接受了。

薇薇的妈妈也常常在向孩子发过脾气后又后悔。薇薇喜欢看动画片，妈妈为此没少骂过她，最后把家里的有线电视线都拔掉了，但是妈妈却感觉薇薇好像和自己越来越疏远。

智慧点拨

父母在跟孩子交流的时候，要学会低下头，放下父母的身份。比如薇薇的妈妈，在意识到自己的错误后，大可以放下妈妈的架子去向孩子道歉，去跟孩子好好谈谈，让孩子了解自己的想法，争取让孩子理解自己。

父母在教育孩子的时候要七分理智，三分情感。不能因为自己是长辈，就不加考虑地去指责孩子，这样就是缺少理智。父母要知道，孩子的心智、情绪都不成熟，所以不能对他太过苛求，在对孩子发脾气的时候要站在孩子的立场上想一想。

如果父母情绪焦躁，孩子也会焦躁；父母不信任孩子，孩子也会反过来不信任父母。每一位父母如果真的想要和孩子用"心"沟通，就首先要学会做孩子的朋友，而不是做孩子的长辈。父母应该在理解孩子的基础上去和孩子交流，理解是教育孩子的前提，一味地以长辈的身份去命令孩子该如何做，不但不容易让孩子接受，还容易引起孩子的叛逆心理。

在生活中，父母和孩子的交往应该是和平而民主的，不能是专制、独裁的。家庭成员之间应该是真正的平等关系，每个家庭成员之间不能因为年龄和职位的高低，而拥有不同的地位。

父母只有学会放下家长的架子，努力和孩子成为知心朋友，才能让孩子敞开心扉与父母沟通。了解了孩子的真实想法，父母才知道怎样做才能达到最好的教育效果。

参考建议

父母能够放下自己的架子,反而能从孩子那里得到理解和尊重。这样能够增进孩子对父母的了解,让孩子理解父母为家庭辛苦的付出,从而激励孩子更加努力地学习。

1. 放低姿态去和孩子沟通

当孩子不听话的时候,父母只有放低姿态,才能和孩子建立良好的沟通。如果父母总是强调自己的观点和尊严,而不顾及孩子的想法与感受。这样,不仅仅得不到孩子的认同,还容易引起孩子的反感,破坏了父母在孩子心目中的形象,也因而无法达到预期的教育效果。

2. 父母也要接受孩子的"教育"

从来都是父母教育子女,父母怎么会接受孩子的"教育"呢?乍听起来似乎有些颠倒,其实不然。父母应当教育孩子,孩子也应当听从父母的教诲。但是当今的社会,科学技术与文化高速发展,孩子所能掌握的现代科学知识或许在某些方面超过了成人。例如有些四五年级的小孩子就能够熟练地操作电脑,而有些成人却望尘莫及。

由此看来,在家庭中的教育者就不单单为年龄和精力所限制了。有的父母担心自己向孩子请教问题而降低自己的威信,孩子会更不听自己的话了。其实不然,父母放下架子认真听取、虚心接受孩子的意见和见解,平等地与孩子一起讨论问题,不但不会降低自己的威信,还会促进两代人的沟通,会使孩子更尊敬父母,从而也更愿意听父母的话。

3. 不要让"架子"成为父母与孩子之间的障碍

父母的"架子",会使孩子产生逆反心理。当孩子以对抗的态度对待父母的时候,其实内心对父母的失望已经有好长一段时间了。因为,长期以来不能站在平等的角度去沟通,孩子会干脆"免谈"。所以说,面对不听话的孩子,父母只有走进他们的心灵,才能找到不听话的症结所在,不要让父母的"架子"成为自己与孩子之间沟通的障碍。中国的父母都比较含蓄,喜欢把对孩子的爱埋在心里,但是父母不说,孩子怎么会知道呢?

父母应该放下架子,告诉孩子自己很爱他,如果在与孩子相处的过程中有哪些事情做得不妥,引起了孩子的反感,那都是出于对孩子的爱,请孩子理解。这样,孩子才会更加理解父母,并因为爱而宽容地看待父母偶尔的失误。

金玉良言

　　父母如果能够放下家长的架子,与孩子建立起一种亲密无间的关系。那么孩子有什么事情都会迫不及待地想要告诉父母,面临选择时第一个想到的也是父母的参考意见。这样,良好的亲子关系自然就建立起来了,让孩子在刚接触这个世界的时候就体会到爱与被爱的滋味,他也会以一种乐观、包容的心态来面对生活。

48. 试着蹲下来与孩子说话

　　只要你蹲下来,倾听孩子的心声,孩子就一点儿也不神秘。 其实,孩子比大人讲道理,他们克制自己,要求也不过分,除非大人娇宠。

——(中国)孙云晓

经典事例

　　周末,妈妈带着6岁的儿子去逛商场,她觉得儿子一定会喜欢商场里热闹非常的气氛。

　　妈妈和儿子来到商场,可是让妈妈出乎意料的是,孩子并没有表现出丝毫的兴奋,而是无精打采地逛了一会儿,就吵闹着要回家。

　　妈妈很纳闷,为什么一向喜欢去热闹的地方玩耍的孩子,却会排斥又漂亮又热闹的商场呢?

　　当她蹲下来询问孩子原因的时候,她突然明白了。原来,在孩子的角度只能看见商场里一条条的大腿,以及一些高高的柜台,在这个视野内看到的商场一点也不赏心悦目,拥挤的人群反而会让人非常不舒服,而以成人的角度是看不到这些的。

智慧点拨

　　很多父母都会从成人的角度去和孩子沟通和互动,间接或者直接地命令孩子,即使是玩耍也要"告诉"孩子应该怎么玩、玩什么。其实,孩子就是孩子,孩子的身体和思想高度都有待成长,父母若总是站在自己的立场去看孩子,就很难真正地懂得孩子的喜怒哀乐。

父母若想被孩子接受，应该找准与孩子沟通的角度。要蹲下来和孩子沟通，这不仅是位置和角度与孩子保持一致，更是一种思想和观念的"放低"。只有和孩子站在同一条视平线上交谈，了解孩子的思路，并学着用孩子的眼光去看世界，才能真正地体会到孩子对这个世界的感受。这样才能和孩子有共同的语言，才能更好地沟通，孩子才会愿意听父母的话。

很多父母都抱怨，说孩子越来越不听话，但却很少有父母反过来思考一下，自己对孩子究竟了解多少，能否了解孩子的内心感受和情感需求，说出的话是否能够让孩子接受。有的父母认为孩子还小，对周围的事物没有过多的感受，没有自尊心、羞耻心，其实这是大错特错的。两三岁的孩子也有自尊心，只不过孩子的自尊表现形式与成人不一样而已。

在与孩子交流的时候，同样一句话用不同的方式说出来，收到的效果往往大相径庭。比如当孩子做错事情的时候，父母最好不要生硬地对孩子说："你做的不对，你怎么又做错了？"而是应该委婉地告诉孩子："你再考虑一下，这样做对吗？还有更好的方法吗？"

所以，在与孩子相处的时候，父母应该蹲下来站在孩子的角度去看世界，这样可以掌握孩子的视觉、听觉与感受。在与孩子交流的时候，父母尝试着使自己的思想、语言都用孩子能够理解和接受的方式，平等地与孩子沟通，设身处地为孩子着想。这样，父母就能够成为孩子的朋友，孩子不但身体健康，心灵也会健康。

参考建议

孩子的世界与成人的世界截然不同，父母如果不能蹲下来从孩子的角度去看世界，一味地按照自己的意愿去教育孩子，便会有碍于孩子的成长。

1. 认可孩子的感受

很多父母都很乐意聆听孩子表达的正面积极的情绪，而当孩子感觉生气、愤怒或悲伤的时候，父母却不容易平静地去倾听并承认孩子内心的感受。

许多父母都错误地认为，他们不应该去试着和孩子讨论生气、悲观或者难过的感受。比如，当别的小朋友弄坏了孩子最心爱的玩具时，如果父母对他说："不要这么生气，他又不是故意的。"类似于这样的安慰，会让孩子觉得父母既不了解他的感受，也不在乎他的感受。

正确的做法应该是，父母可以对孩子说："哦，他把你最喜欢的玩具弄坏了啊，我想你一定很难过。"事实上，当父母这样说的时候，孩子才会把他的感受更进一步地告诉父母,将负面情绪宣泄出来,在内心平静后,孩子自己便会意识到,其实他不是故意弄坏了玩具。

2. 不要用成人的心理去分析孩子

如果孩子的行为不是被父母所认可的,作为父母应该以孩子的心理去分析孩子的行为动机,倾听孩子的讲述。即使父母想要阻止孩子的不当行为,也要先接纳孩子的情绪,而不能随意地提出批评和忠告。例如,孩子如果有攻击行为,父母可以告诉孩子:"你可以表达你的愤怒,但是你没有权利伤害别人,无论是身体上的还是情感上的。"

3. 用孩子的眼光和孩子一起看世界

在孩子的眼中,世界是什么样子的呢?由英国儿童健康协会在伦敦动物园举办的"婴儿世界"展览,为人们提供了全新的视角。

当成人戴上厚厚的眼镜时,他们眼前模糊的世界仿佛是婴儿的感受;他们戴上手套系鞋带时,体会的是婴儿的动作协调能力。

心理专家认为,不同年龄阶段的儿童感受到的世界都是不同的。作为父母,如果不能从孩子的角度去看世界,是不会了解孩子的。所以,父母应该把自己的心态落到与孩子一样的水平线上,用孩子的眼光来看现实的世界。这样,父母才有可能理解孩子的许多想法和行为。

4. 缩短与孩子之间的距离

如果父母总是站在成人的角度去看孩子,那么父母与孩子的距离就不仅仅是身高上的距离,而是一代人与一代人之间的距离,是一颗心与另一颗心无法沟通的距离。

所以说,父母应该学会蹲下来,倾听孩子的心声,这是对孩子的关心和理解,这样孩子与父母之间的距离就会缩短;蹲下来与孩子沟通可以营造一种和谐、相互尊重的亲子关系。只有缩短父母与孩子之间的距离,孩子才可能听从父母的建议,从而取得更好的教育效果。

金玉良言

父母要学会蹲下来倾听孩子的心声,做孩子的好朋友,以孩子的眼光来看待孩子,才能真正地教育好孩子。但是要切记,蹲下来并不是一种形式,它意味着一种理念,一种平等,以及父母对孩子的尊重。

49. 凡事尽量与孩子商量

永远保持商量的口吻,孩子犯了任何错误,在批评或处分之前务必给孩子足够的申辩时间。

——(中国)孙云晓

经典事例

7岁的儿子迷恋于收集干脆面里的水浒英雄卡,于是不停地吃干脆面,一日三餐的饭量大不如前。看着儿子天天如此,妈妈很是着急,于是决定同儿子商量一下,找出更好的办法。

中午吃饭时,儿子很耐心地"陪吃",装模作样地尝了几口饭菜,就说吃饱了。于是妈妈问儿子:"你真的不想吃了吗?"儿子点点头,"嗯"了一声,然后他就看着妈妈,他以为妈妈可能会发火或惩罚他。

"你现在不想吃也可以,但是要到晚上7点钟才吃晚餐。不过在下午,你不能吃其他的东西,好不好?"妈妈用不急不慢的语气和儿子商量,以便让他听得懂,并进行思维判断。

儿子想了想说:"那我现在要是继续吃呢?"妈妈说:"很好,吃饱了饭,下午你就不需要吃干脆面了。"

儿子显然理解了妈妈的意思,开始用心吃饭。

智慧点拨

虽然妈妈认为孩子应该用心吃饭,不好好吃饭是不对的,但妈妈并没有用生硬的语气去命令孩子必须如何做,而是用商量的口吻让孩子明白事理。

两代人之间的沟通,最重要的就是相互理解、相互尊重,而实现相互理解、相互尊重的最好的方法之一就是学会商量。人与人之间的协商非常重要,商量的美丽就在于使自己学会从别人的角度去思考问题。

同样地,孩子也有受尊重的需要。根据美国著名心理学家马斯洛的需要层次理论,受尊重的需要是人类较高层次的需要,一旦这种需要无法获得满足,人类就会产生沮丧、失落等负面情绪。

当父母喜欢与孩子协商,孩子就会因此而觉得受到了父母的尊重,因而变得非常乐意与父母交流。反之,孩子则会产生逆反心理,封闭自我。

父母学会与孩子商量问题,可以增加相互的理解,也可以避免家庭中一些无谓的争吵,更重要的是教会了孩子怎样做人和与人共事。

参考建议

随着孩子年龄的增长,孩子在兴趣、喜好、交友等诸多方面都会与父母产生分歧。这时父母对孩子的一些喜好与兴趣不能简单地禁止,而应该在充分尊重孩子的前提下与孩子商量,以求得到共识或找出正确的解决途径。

1. 多商量,少命令

父母在要求孩子做什么事情的时候,一定要注意使用商量的口吻,避免使用命令的语气。比如,在提醒孩子做作业时,可以说:"你是不是该做作业了呢?做完作业还可以看会儿电视。"而不要说:"赶紧去做作业!都什么时间了!"在父母请孩子帮忙做一件事情时,比如洗碗,可以说:"你能帮我把碗洗一下吗?"而不要说:"快来把碗洗了!"

商量的语气对孩子来说非常的重要,孩子会因此而认为父母关心他的感受,从而对父母产生好感和信任,促进了亲子的沟通。

2. 以协商的口吻来处理亲子冲突

当父母与孩子之间出现冲突时,父母常会感觉到自己的父母权威受到了挑战,并希望以父母的权威来压制孩子,迫使孩子改变主意。实际上,这样孩子不仅不会听从父母的意见,反而会产生逆反心理,导致亲子关系的恶化。

明智的父母在面对冲突的时候会使用协商的语气,让孩子体验到父母的尊重,体验到人格的平等。这样,孩子在接受父母的意见时就比较顺利。

要知道,当冲突产生时,每个人都非常注意自己的尊严,孩子也是如此。只有父母主动放下架子,与孩子进行协商来处理问题,孩子才会愿意接受父母的建议,共同解决问题。

3. 孩子的事情一定要记得与孩子协商

随着孩子的不断成长,孩子的事情一定要让孩子自己去做选择,父母不可以替孩子包办。即使父母有自己的想法,也要通过协商的方式,让孩子把自己的意见作为参考,让孩子权衡利弊后再做选择。

4. 与孩子商量不等于迁就孩子

父母学会与孩子商量，并不是简单的迁就孩子，而是父母通过与孩子的对话、沟通和了解，达成双方可接受的意见或办法，协商并不是单方面的妥协。

父母如果一味地迁就孩子，不但达不到沟通的目的，反而会将孩子培养成霸道而不通情理的性格。商量是真正地把孩子当做一个独立的人来看待。

5. 与孩子约法三章

对于孩子的不良行为，父母可以通过与孩子协商后制定规则，并约法三章，让孩子遵守。父母千万不可以自作主张地制定规则让孩子去遵守，不是出于孩子自愿的规则对孩子来说没什么约束意义。

与孩子约法三章，只是因为孩子缺乏自制力，规则是为了帮助孩子约束自己，而不是惩罚孩子。因此，规则一定要孩子内心认可的，与孩子协商后再制定，可以避免亲子冲突。

金玉良言

父母凡事喜欢与孩子协商，在"商量"的家庭氛围中，孩子会渐渐养成与人协商的好习惯，并愿意主动与父母沟通。父母遇事多与孩子商量，还能使家庭关系变得更加和谐。让孩子得到应有的尊重，孩子才会懂得尊重别人，并拥有与他人进行良好的沟通的能力。

50. 向孩子敞开你的心扉

家长一般很少向孩子透露自己的内心世界，只习惯于做道貌岸然的训导者，但反过来却要求孩子向自己坦露一切，这种不平等的要求，当然不可能取得好的教育效果。

——（英国）斯宾塞

经典事例

有一位妈妈下岗了，但是又怕家里人担心，就没有和家里人说。于是每天还是按照上下班时间出门、回家。不过，她白天要么去找工作，要么就在附近的

公园内溜达。

有一天，她回到家，6岁的儿子悄悄地问妈妈："妈妈，你是不是没有工作了?"这让妈妈感到有点惊讶，但妈妈还是随口说："当然不是啦，妈妈不是还是每天早晨都要去上班，晚上还会按时回到家里给你做饭吗?"儿子满腹狐疑地走开了。

过了几天，妈妈发现儿子似乎不怎么愿意和她说话了，妈妈很是纳闷，不知道原因出在哪里。后来，她从邻居的口中得知，前几天儿子学校组织孩子们去公园游玩。儿子在无意中看到了在公园里闲逛的妈妈。

儿子还和同学说："妈妈骗我，不和我说实话，我再也不想理妈妈了。"

智慧点拨

妈妈由于没有和儿子敞开心扉，而让谎言给儿子造成了伤害。如果妈妈能够与儿子好好沟通，这样的伤害完全可以避免。

当孩子向父母询问："您为什么不高兴? 是不是在工作上遇到什么麻烦了?"这时，父母应该考虑是否该和孩子谈谈，应该怎么谈。如果父母总是搪塞孩子说："没什么。"这样就等于父母拒绝了孩子对父母的关心，关闭了与孩子沟通的大门。

经常会有一些父母抱怨说："孩子与父母怎么那么难沟通呢? 真是搞不懂现在的孩子都在想些什么?"继而还会责备孩子不肯向父母坦露心扉，说现在的孩子个性太强，不肯听话。但是父母是否应该自问一句："我们是否向孩子坦露了心扉呢? 要求孩子做到的事情，我们自己是否带头去做了呢?"

当父母随便地将孩子的关心推开时，孩子得到的信息便是"父母如何，不该是我管的事，我还是小孩。"同时，他也觉得不被父母尊重和信赖。

教育专家指出，父母应该向孩子敞开自己的心扉，这样才能得到孩子的认可，从而有效地促进亲子关系的发展。遗憾的是，很多父母一般不会向孩子坦露自己的心声，却只希望孩子能向自己坦露一切。这样的沟通是不平等的，会成为父母与孩子之间沟通的障碍。事实证明，当父母对孩子讲话的时候，孩子从父母的语调中得到的，比在话语中得到的信息要多。

父母应该知道，没有哪一个人是完美的。在孩子面前，父母以十分轻松的方式接受自己的不完美，坦然地承认自己的不足之处，会让孩子感觉父母更加亲切，而且还能传达给孩子一种坦然处世的态度。

参考建议

父母想要正确地引导孩子,必须在互相尊重、平等的基础上加深对孩子的了解,倾听孩子的内心世界,同时也让孩子倾听自己的看法与愿望,这样才能促进亲子间良好的沟通。

1. 让孩子了解你的工作状况

父母应该明确地告诉孩子自己从事的职业,工作细节有哪些,这份工作对社会以及人类有什么意义,等等。

现在的父母的确都比较忙,但是花点时间陪陪孩子,和孩子说说自己的工作,以及工作中的酸甜苦辣,聊聊成功的体验,对孩子是十分重要的。

很多父母都会埋怨孩子不知道节俭,花钱大手大脚。但是如果父母没有告诉孩子自己是如何辛勤工作给家里赚钱的话,孩子就不会把金钱与工作紧密地联系到一起。

如果父母敞开心扉,让孩子了解自己的工作和经历,知道自己是如何谋生、如何创造属于自己的事业,就会发现孩子会因为理解父母的辛苦而变得越来越懂事。

2. 与孩子分享你的喜怒哀乐

父母与孩子一起分享自己的喜怒哀乐,会让孩子学会如何与人分享自己的情感,常常与父母进行情感交流的孩子,会更善于表达自己的感受,同时也更易于理解他人的感受。

父母与孩子的沟通是双向的,父母要想知道孩子的感受,也应该时常把自己的感受告诉孩子。这样孩子在遇到问题的时候,就会主动告知父母,并向父母描述自己的感受。

美国著名教育家斯特娜夫人认为,应该让孩子知道父母的烦恼,这无论是对父母还是对孩子,都是明智之举。

3. 告诉孩子你的小秘密

很多父母都认为,许多事情都不能告诉孩子,尤其是自己的秘密,让孩子知道了会觉得没面子。但事实并非如此,父母若能适时地告诉孩子一些秘密,让孩子知道自己是与父母共享秘密的人,他就会和父母更加亲密,也会更加地信任父母。因此父母也就更容易走进孩子的内心世界。

4. 让孩子明白你对他的期望

父母对孩子的期望不能过高或过低,应该根据实际情况,对孩子确立一个合理的期望。而且,父母应该将自己的期望告诉孩子,并让孩子明白父母对他的期望并不过分。如果父母能够做到这些,孩子一定能从父母的期待中获得前进的力量,并会努力成为一个不让父母失望的好孩子。

父母与孩子的沟通要讲艺术,只有敞开心扉才能引起孩子情感上的共鸣,从而建立起一种相互信任、和谐融洽的亲子关系。

金玉良言

父母只有向孩子敞开自己的心扉,才能与孩子建立良好的亲子关系,从而促进孩子的健康成长。如果父母只是让孩子向自己坦露一切,却从不向孩子透露自己的内心世界,这种不平等的关系会成为亲子沟通的一道屏障。父母真诚地向孩子敞开自己的心扉,才能得到孩子的认同,孩子也会因此更乐于向父母敞开自己的内心世界。

51. 不把自己的意志强加给孩子

父母不要把自己的意愿强加在孩子身上,自己没能实现的愿望让孩子代为实现,那往往使孩子成为大人的影子而失去了自我。

—— (中国) 卢勤

经典事例

有一位当工人的父亲,一心想要自己的 8 岁的女儿将来能够出人头地,便倾囊负债为自己的独生女儿购置了一架钢琴,并让自己的女儿努力练习。

但是女儿并不喜欢钢琴,并把学琴视为苦役。但是父亲却强行规定女儿每天必须练 4 小时的琴,练不够时间就不许吃饭,不许睡觉。并且效法古人"头悬梁,锥刺股",每当女儿疲倦得抬不起头,没有精力练习的时候,父亲就让女儿用绳子将头发捆吊起来。

终于有一天,女儿操起剪刀,铰断了自己的手筋。抢救的大夫十分震惊,问女孩:"你哪来这么大的勇气来伤害自己?铰断自己的手筋,不怕疼吗?"女孩说:"铰断手筋只是疼在一时,不断手筋,我一辈子也解脱不了。"

智慧点拨

父亲与女儿原本就是两个独立的人,在兴趣爱好上,父母不能取代孩子的想法,更不能把自己的意志强加给孩子。

很多父母都将孩子视为自己的私产,就像自己口袋里的东西,以为孩子可以任由自己的意识来支配。在这种思想的支配下,一些父母的关爱被扭曲了,勉强孩子去做自己不喜欢做的事情,而孩子又无法拒绝时,会使孩子走向极端,从而导致一些本不该发生的事情发生了。

父母要知道,孩子的人生应该是完全属于自己的,并不是父母愿望的延伸。父母虽然是好意,但也要考虑孩子自己的意愿。

在美国有位母亲十分希望女儿做播音员,于是对女儿说:"我希望你将来读大学时能选择大众播音系,这样以后就能成为一名新闻播音员了。"可是这位女儿听了母亲的话,却把头一转,很严肃地对母亲说:"妈妈,你怎么可以说你要我将来做什么呢?我将来要做什么,那可是由我自己决定的事情。"

很多父母认为自己是"过来人",对生活更有经验。其实不然,社会一直在发展和变迁,经验未必就是真理的标准,父母的思想既不一定符合孩子的需要,也不一定符合当前的社会。生命是属于孩子自己的,命运也应该让孩子自己来把握,父母把自己的意愿强加给孩子,结果只能是害了他。

所以说,父母应该认识到孩子是一个自由人,不应该把自己的意志强加给孩子,应该让孩子拥有自己的思想、兴趣和爱好。

参考建议

孩子的独立特征是多方面的,一方面是受到社会的影响,他的价值观选择并不完全以父母或学校的教育为准,而是呈现出多元化的特征。父母应该学会尊重孩子的意见,不要把自己的意愿强加于孩子。

1. 把孩子当做独立的个体

生活中,很多父母喜欢替孩子做计划或安排日常生活,即便孩子有能力自己安排,父母也因为觉得孩子安排的有欠妥当,而擅自进行改动。其实这种做法不但使孩子得不到尊重,而且容易让孩子丧失自我管理能力。

父母应该充分地尊重孩子,把孩子看做是独立的生命个体,让孩子充分体验独立的感觉。只有这样,孩子的自尊心和自信心才会得到充分的发展,才会成为一个有较强独立意识的人。

2. 教育孩子不可以任性

父母在教育孩子的过程中,首先要克制住自己的任性。在孩子小的时候,父母的任性可以逼迫孩子去做一些事,孩子也会顺从父母的意志。但当孩子长大以后,任性的父母往往会培养出更任性的孩子。孩子会变得叛逆,会反抗,会极端地追求自己的尊严。

任性的父母不仅会教育出任性的孩子,而且还会对孩子的其他人格特征产生不良的影响。在父母不分青红皂白、忽略孩子个性的过分管制下,有的孩子会变得性格软弱,有的孩子会变得缺乏责任心,还有的孩子会变得依赖性过强、喜欢推卸责任,等等。这样的性格特征有可能会成为一个人的人格缺陷,并最终影响到孩子的健康成长。

3. 要放弃控制孩子的欲望

孩子虽然是父母生养的,但并不意味着孩子是父母的所有物,更不是父母的附属品。每个孩子都和成人一样,虽不完整却是一个独立的个体。因此,父母首先应该调整心态,把孩子视为一个独立的、有价值的个体,放弃控制孩子的欲望。

这种观念的转变并不容易,在转变过程中,父母也许会有某种程度的失落感,这确实需要时间来调整。但是人际关系的微妙常常是,你越想紧抓不放,对方越是逃之犹恐不及,只有学会放开时,才能真正有所得。教育孩子也是一样的道理。

4. 鼓励孩子安排自己的生活

父母过多地用自己的意愿去干涉孩子,会让孩子缺少独立自主的意识,欠缺独立思考、判断和解决问题的能力。也许每个父母都对孩子有着很多的期望,但孩子毕竟有自己的生活道路,而不是父母的影子。父母应该鼓励孩子学会安排自己的生活,即使有不合理的地方,父母也应该用商量的语气给孩子提建议。

金玉良言

父母不要把自己的意志强加给孩子,每个孩子都有自己的喜怒哀乐,即使是父母也无权要求孩子事事都按照自己的意愿来做。即使是为了孩子好,也不应该这样做,强加的结果只会适得其反。父母要让孩子有自己的梦想,让孩子成为他自己。只要孩子发挥出了自身的潜能,父母就没什么可怨悔的。

52. 把握好与孩子谈话的方式

可以言，而不与之言，失人；不可以言，而与之言，失言。智者不失人，亦不失言。

——（中国）孔子

经典事例

6岁的淼淼放学回家后对爸爸说："爸爸，李老师偏心。今天在幼儿园午睡的时候，冰冰把我衣服丢到了床下，我让他捡回来，他不肯捡，我就把他的鞋子踢到墙角去了。李老师知道后批评我，还要我承认错误，老师为什么不批评冰冰呢？"

爸爸说："淼淼你又淘气！我和你说过多少次了？老师批评你，你要看到自己的错误，如果你没有一点错误，老师怎么会批评你呢？你看隔壁的敏敏多听话！老师什么时候批评过她？"

"爸爸！你总是说别人好！我不要听了！"淼淼不耐烦了，他觉得每次与爸爸说话总是扫兴地收场，所以淼淼越来越不喜欢和爸爸谈话了。

智慧点拨

孩子向父母倾诉，是出于对父母的信任，并期望通过倾诉得到父母的理解。但如果父母不但不能够理解孩子，还一味地去指责孩子，那么孩子不仅会失望，而且会感到非常委屈。

所以说，在与孩子谈话的过程中，如果采用了不适当的谈话方式，不但会影响教育的效果，甚至会引起孩子的厌烦和逆反心理，影响孩子心理健康发展。

一位教育家曾说："父母教育孩子最基本的形式就是与孩子交谈。世界上最好的教育是在和父母的谈话中不知不觉获得的。"但是，很多父母却发现自己苦口婆心地教育孩子，孩子却不以为然，甚至干脆拒绝与父母交谈。

此时，父母就应该反省，自己与孩子谈话的方式是否有问题。许多父母往往都会认为问题是出在孩子身上。但事实上，孩子并没有问题，问题还是出在父母身上。

父母与孩子的谈话，只是有一个好的出发点是远远不够的，还必须要掌握谈话的技巧。如果父母的谈话内容,孩子并不愿意听,那么即使说的是"金玉良言",也起不到任何教育的意义。父母应该知道怎么说,孩子才会更容易接受自己的意见。

参考建议

父母在与孩子谈话的时候不能不注意谈话的艺术,对谈话的内容和方式也不能不加选择。在日常生活中,父母要善于选择谈话的契机,并以诚恳的态度,创造自然民主的氛围,启发和引导孩子向健康的方向发展。

1. 别去迁就和讨好孩子

当孩子不爱吃饭的时候,有的父母会讨好孩子说:"妈妈知道你不喜欢吃,将就着少吃点好吗? 我明天就去买你爱吃的。"

讨好孩子看起来好像是一团和气,但缺乏一种家庭成员之间真挚的爱。用讨好的方式去和孩子沟通,会将孩子养成依赖而固执、软弱又任性的不良人格特点。

爱孩子就要将孩子作为一个能承担自己责任的独立的人来爱,不要用讨好的语气去和孩子沟通。

2. 不要用质问的口气去和孩子谈话

有的父母对孩子的规范意识过强,在任何时候都不会忘了去警示和规范孩子的行为。

6 岁的笑笑说:"妈妈,我要买铅笔。"

"为什么要买? 原来不是有吗?"妈妈质问道。

"原来的坏了……"

"刚买就坏了? 怎么这么不爱惜东西?"

这样的谈话其实是一种严重缺少和孩子感情沟通的谈话,父母不要用质问的口气去和孩子谈话,这样会使孩子的心理紧张,长此以往会造成亲子间的沟通障碍。

3. 要对孩子进行引导式谈话

一些父母往往在孩子小的时候十分溺爱孩子,认为孩子长大了再教育也不迟。可等孩子长大的时候,却发现孩子已经不听话了。要想从小培养孩子具有良好的习惯,引导式谈话不失为一种有效方法。

6 岁的东东每次总让妈妈给他洗脚,尽管妈妈多次教他怎样自己洗脚,可东东就是不愿意自己洗。

这天东东又让妈妈给洗脚,妈妈灵机一动说:"好,妈妈洗,其实洗脚是件很简单的事情,聪明的小朋友都会。"东东犹豫了一下,马上脱掉鞋袜,开始自己动手洗脚。

很多时候,当父母的想法与孩子的意愿不相一致的时候,不妨用引导的方式与孩子进行交流。

4. 不要对孩子进行重复指责

某些道理孩子明明已经知道,可父母还是会一遍又一遍地将孩子之前犯的错误翻出来不停地说。从心理学上讲,这样重复性的指责其实是一种重复刺激,会让孩子产生保护性抑郁。

往往父母对孩子的指责重复得越多,孩子越是听不进去,甚至还会冲撞父母。所以,父母对待孩子要像对待成人一样,注重方式和语气。即使孩子犯了错误,也应该委婉地给他指出缺点。

5. 谈话方式要随着孩子的成长而变化

随着孩子的不断成长,父母与孩子谈话的内容及交流方式都在发生着变化,从中也可以看到两代人之间心理距离的变化。当孩子的思想越来越趋于成熟,父母也要及时地调整与孩子沟通的方式,以使孩子更容易接受自己的建议。

6. 用理解代替教诲

父母总以为孩子年幼无知,需要严加看护和教诲。其实,孩子有孩子的世界,如果父母能够表示理解孩子,孩子反而会更懂事。

在理解的基础上,父母与孩子之间的交谈才有意义。孩子才能接受父母的谈话,并在无形中受到父母的影响,这样的交谈才能起到良好的教育效果。

金玉良言

通过谈话,父母能敏锐地感知孩子的身心发展状况,要以平静坦率的态度,让孩子从谈话中受到身心的教育。父母的言谈对孩子的成长有着潜在的、巨大的影响,因此为人父母者不仅要慎于行,还要慎于言。

53. 经常与孩子倾心交谈

交谈比生活中任何其他举动更为美妙。

——（法国）蒙田

经典事例

13岁的明泽是个优秀的孩子，善良、活泼，还很懂事。但最近明泽似乎有什么心事，整天闷闷不乐。妈妈问明泽："最近怎么了?"他说："我没事，妈妈。"

可是他沮丧的情绪越来越明显，妈妈决定跟他谈一谈。于是就说："你最近情绪不太好，出什么事情了?"

明泽还是回答说："我没事，妈妈。"

妈妈说："听着，儿子。你这样情绪低落，一定是发生什么事情了，到底是什么事?"明泽看着妈妈，流露出忧伤的眼神，"我今天过得不好。"他回答的声音几乎低的听不见。

妈妈说："我不明白，一个孩子怎么会一连几天都不开心。你还是个小孩子啊!"也许是这句话伤害了明泽的自尊心，他的神情更加忧郁了，泪水涌入了眼眶，他哽咽着说："你当然不明白别人怎么会过得不好!"

妈妈没想到明泽会这样回答，她觉得自己以前似乎并不了解儿子。所以妈妈沉默地、静静地听明泽诉说，听他说他的感受、他的世界。

当儿子说完了，妈妈说："现在，你看我对你的话理解的对不对，好吗?"明泽点点头，于是妈妈解释了一遍，当明泽认为妈妈理解了自己的心情后，他轻轻地笑了，精神也似乎轻松了许多。

从此以后，每当明泽有什么事情，都会主动地和妈妈倾心交谈，直到排解了负面情绪。

智慧点拨

不少父母抱怨说："我天天陪孩子做作业，一日三餐顿顿花样翻新，可孩子还是不高兴。"

"不管吃穿住行，只要是最好的，我都给了他，他还想要什么呢?"父母常常觉得自己已经很努力了，但孩子的心思似乎总也摸不透，而且似乎永远也不理解父母的辛苦，还不时地制造出各种状况，让父母闹心。父母苦恼，孩子也

苦恼。

这其实是亲子间的沟通出现了问题，而沟通的关键在于能够倾心交谈。

没有哪个父母不愿意和孩子和谐相处，也没有父母不希望自己的家庭充满欢乐和笑声。可父母总是习惯于用教训、呵斥、命令的方式去和孩子沟通。事实上，这些沟通都是消极的，因为这样只是单方面地体现了父母对孩子的要求，却忽略了孩子的感受。

长期生活在这种消极的沟通模式下，孩子会渐渐封锁自己的心灵，对父母产生敌意。真正有效的沟通在于父母和孩子的倾心交谈，倾心交谈才是亲子间积极有效的沟通方式。父母要知道孩子首先是一个人，年龄再小也有自己的思想和感受，所以在交谈的过程中父母千万不能忽略孩子的感受。

父母应该学会尊重孩子的情感，推心置腹地和孩子交谈。只有受到了父母的充分尊重和理解，孩子才会向父母敞开自己的心扉，诉说自己的心事。

经常与孩子倾心交谈，父母就能及时地了解孩子的需求、愿望，帮助孩子克服忧虑、甚至恐惧的心理。倾心交谈还可以让孩子能够理解父母的苦心，这样孩子与父母之间就不会再有沟通的障碍。

参考建议

心理学家发现，缺乏与父母沟通、很少向父母吐露心声的孩子，在学业方面遇到麻烦的可能性比较大，沾染上酗酒或吸毒等恶行的可能性也大大增加。所以，父母要重视与孩子的沟通，经常地与孩子倾心交谈，注意孩子的身心变化。

1. 要把握与孩子谈话的时机

父母与孩子交谈，需要的是一种良性的互动。因此，与孩子交谈也需要环境和时机。当孩子专心于学习或娱乐时，是不适合进行谈话的。如果父母在此时一定要与孩子进行谈话，孩子往往会心不在焉，甚至不耐烦。

比较好的谈话时机是：孩子放学回家时，吃完晚饭时，取得好成绩时，遇到困难时，孩子有不良行为时，或孩子比较空闲时。

2. 注意和孩子交谈的方式

父母和孩子的交谈要以启发为主，而不是教训和斥责。在与孩子交谈时，不能以成人的标准来要求孩子，而是要站在孩子的角度去考虑问题，耐心地启发他、说服他。千万不要以父母的权威来压服孩子，否则孩子也许会从表面上服从父母的意见，但内心却会产生反感。

3. 遇到问题要及时与孩子谈心

当孩子在成长过程中出现一些不良思想和行为的时候,要及时地与孩子进行交谈,引导孩子摆脱负面的思想和行为。如果在问题发生时,父母视而不见,但事情过后很久才想起与孩子谈心,这时孩子就已经忘记了这件事情,教育的效果就会差很多。

4. 及时安慰失败的孩子

成长过程中,孩子难免会经历一些失败和挫折,失败会给孩子带来消极的影响。这时,父母要及时地与孩子谈心,疏导孩子的不良情绪。善于沟通的父母总是会在孩子失落的时候,坚定地站在孩子的身边,安慰孩子、开导孩子、鼓励孩子。

在与孩子谈心时,可以让孩子知道,无论遇到什么困难,父母都会陪伴着他;要让孩子认识到自己的错误所在,并挖掘出他的潜能,让他更加努力上进。

金玉良言

每个人都希望得到别人的理解,而孩子也需要一个可以与自己倾心交谈的人。在父母与孩子倾心交谈的过程中,孩子能够学到的往往比从批评和命令中学到的更多。所以说,父母若想和孩子进行良好的沟通,就要常常与孩子倾心交谈,及时交换彼此的意见和想法。

54. 改改对孩子说话的语气

与人善言,暖于布帛;伤人之言,深于矛戟。

——(中国)荀子

经典事例

一天,妈妈发现琳琅的作业写得特别潦草,就非常生气,一气之下把琳琅的作业本撕掉了。

妈妈愤怒地说:"都说多少次了?你怎么就是没记性,作业还写这么乱,这是什么态度?你给我重写!"琳琅拿着被撕碎的作业本,望着自己一晚上的劳动成果被妈妈撕掉，很是生气，嘟囔着说："我就不给你好好写，想撕你就撕，看你能撕多少。"

虽说是生气，但明天还得交作业，琳琅只好将作业又重新写了一遍。但孩子心里憋了一口气，这次的作业写得还不如上次。妈妈看了，又是大怒："刚才和你说的都白说了？怎么越写越成这样了？"

妈妈刚想撕掉作业，一看表都10点多了，重写怕是写不完了，只好就算了。

智慧点拨

如果妈妈能够克制住自己的情绪，对孩子说："孩子，你今天的作业怎么写得这么潦草呢？重新写一遍吧，虽然有点麻烦，但妈妈相信你一定能写得更好。"孩子就会更容易接受妈妈的意见，并不会因为带有过多的负面情绪，而将作业写得更差。

很多父母在生气的时候，往往因不能克制自己的情绪而口无遮拦。因为他们觉得自己的孩子，自己完全有资格去训斥，所以很多难听的话都能说出来。甚至，有的父母认为，说的越难听，孩子才越会记得住，下次才不会犯同样的错误。

其实，许多话是有严重后果的，绝对不能对孩子说出口。比如有的父母在愤怒时会骂孩子说："你一次次地犯错，简直就不可救药！""你给我滚！我没有你这样的孩子！""我不要你这样的孩子，你马上从家里给我滚出去！"诸如此类的语言，对孩子来说都是一种伤害和威胁。孩子会因此都觉得自己是个没用的人，但是面对父母对自己如此差的评价，自己又无力去改变现实，这种矛盾的心理会让孩子感到惶恐和无所适从。这样的情绪压抑久了，最终会化为愤怒爆发出来。那时，后果可能就很严重了。

也许没有哪一位父母打算去伤害孩子的心，只不过有时候没有注意罢了。但人人都有受尊重的权利，孩子也是一样的。父母若不注意与孩子交谈的语气，就往往会在无意中对孩子造成伤害，因为爱的方式不对，而伤害了孩子，这是家庭教育中经常出现的误区。

参考建议

说话是一件很有学问的事情，父母同孩子说话更是需要语言的艺术。如果父母不注意，不管什么话就轻易说出口，只顾自己一时的痛快，不考虑孩子的感受，长此以往会让孩子形成逆反心理。所以，父母一定要注意与孩子沟通的方式及语气，使他更容易听取自己的建议。

1. 不要用权威的语气去压倒孩子

很多父母都会用"你是我生养的,所以我有资格管教你"的理由去约束孩子。事实上,未成年的孩子被父母抚养,是父母应尽的义务,以此作为一种向孩子炫耀和示威的借口,这种行为是错误的。试想,又有谁不是被自己的父母抚养成人的呢?

孩子往往通过父母对自己的评价,来对自己作出评断。所以,父母一定不要轻易地用权威的语气对孩子作出否定的评价,否则会对孩子的心理造成不良影响。

2. 委婉地拒绝孩子的要求

在孩子向父母提出种种合理或不合理的要求时,如果父母暂时无法满足孩子,一定要委婉地告诉孩子,不要简单而粗鲁地拒绝孩子。例如,有的孩子比较有依赖性,喜欢赖着父母。有的父母不耐烦了,就会一把推开孩子,说:"你知不知道? 你很讨厌!"

父母的这种态度会令孩子因为父母厌恶自己而产生忧虑的情绪。因为孩子未必能理解父母到底讨厌自己什么,也不会明白父母仅仅是不喜欢他比较黏人的行为,而不是讨厌他本人。如果父母只是简单地拒绝了孩子,却不加以解释,就会在孩子的心里留下阴影。

3. 和孩子说话时要表现出充分的信任

孩子总是希望得到父母的信任。如果孩子想学钢琴,父母对孩子说:"我相信你只要认真努力,就一定能学好。"这样的语气会带给孩子一份自信,并让孩子明白,只有坚持才会成功。如果父母说:"学钢琴多难啊,就你这点毅力还想学琴?"孩子的自尊会因此而受到伤害,并对自己的能力产生不自信。

4. 用赞赏的语气去鼓励孩子

每个孩子都有自己的优缺点。父母如果能够发现孩子的优点并加以赞赏,孩子会因此而更加努力。

比如,孩子画了一幅画,也许画得不是很好。当孩子拿给父母看时,不能轻描淡写地应付几句:"画得还行,好好画吧。"这样会让孩子失去对画画的热情,而是应该用赞赏的语气鼓励孩子说:"想不到我的宝贝画得这么好,如果继续努力一定会画得越来越棒。"

当孩子的表现欲得到了满足,就会对画画更有兴趣。

金玉良言

父母的语气可以决定孩子的心情,并对孩子的智商、情商、气质、修养产生深刻的影响。轻松的语气能使孩子心情愉快,严厉的语气会让孩子满腹委屈,不一样的语气会产生不同的效果。所以说,成功的亲子沟通与父母跟孩子说话的语气也是息息相关的。

55. 不刻意对孩子隐瞒什么

不要对孩子夸大其词,也不要瞒着孩子。

——(美国)玛莎·艾列希

经典事例

在晓月读初三的时候,爸爸妈妈的婚姻再也无法维持表面的平和,他们终于选择了离婚。但是面对将要中考的晓月,父母并没有把这件事情告诉孩子。而且在每个周末,妈妈都会在晓月回家之前来到家里,照旧买菜做饭、料理家务,装作这个家庭没有丝毫的变化。

直到晓月凭着自己的努力考取了重点高中之后,妈妈带她去江浙一带旅行的途中,才字斟句酌地对晓月说:"晓月,妈妈想告诉你一件事情,我和你爸爸……"没等妈妈说完,晓月立即打断了妈妈的话,她说:"我知道的,您就不用说了。"

妈妈很是吃惊,问:"你知道?你是怎么知道的?"晓月平静地说:"其实我早就知道了。我读初中不久的时候,无意中在书柜里看到了你们的协议书。没有告诉你们,是觉得你们会因此担心我学习分心,担心我像别的孩子一样和你们赌气。所以我就成全你们的苦心,当做不知道吧!"

晓月又明确表达了她的态度:"妈妈,离婚是你们两个人的私事,我不会干涉的。"妈妈看到孩子如此沉得住气,不禁感到有些震惊。她想,也许她低估了孩子的承受能力。

智慧点拨

许多父母都会尽力不让孩子知道家庭中的不幸,诸如破裂的婚姻、经济的拮据、不幸的疾病或死亡……但是,教育专家指出:当孩子长大懂事后,如果不把家庭中的重大事情如实相告,孩子可能会因此而产生被父母轻视的感觉。

一位父亲曾经说:"我非常后悔当初没有把妻子的死亡及时地告诉儿子,连续几个月我们都对他保密。我们以为这是在保护他,使孩子免受感情上的痛苦,但我们大错特错了。这样的做法导致孩子对妈妈的死亡毫无心理准备,结果大受震惊。此事过去很久以后,孩子还是不肯相信我。"

当孩子发现父母对自己有所隐瞒的时候,往往根据自己所发现的蛛丝马迹去猜测事情的"真相"。如果父母不对孩子告以真实详情,孩子反而可能会把一切想象得更糟。

所以说,父母不应该刻意地对孩子隐瞒家中的事情。孩子的年龄虽然小,但并不是什么事情也不懂,作为一名家庭成员,孩子有权利知道家里的大小事情。对孩子隐瞒家中的事情,一旦被孩子发现,孩子会有在家中被孤立的感觉,而且会因此不再信任父母。

不管是家中的大小事情,都应该顺其自然。孩子如果想要参与到家事中来,那说明孩子开始对家庭关心,并希望为这个家尽一份心。所以,父母不应该刻意地隐瞒真相,将孩子从家事中分离出去,这样的做法不利于孩子的健康成长。

参考建议

随着孩子的成长,孩子会根据自己对生活的观察向父母提出种种问题。无论事情如何严重,父母都应该将真相告诉孩子。否则孩子会通过同学或朋友等多种途径得到某些信息,而道听途说的东西往往并不真实可信,孩子反而会更加迷茫。

1. 重新认识孩子被轻视了的承受力

很多父母对孩子隐瞒的原因就是,考虑到孩子尚且年幼,心理相对脆弱会承受不了。事实上,孩子的承受力并不像父母想象的那么脆弱,而且一味地迎合孩子,避免孩子的心理承受挫折,孩子反而会因无法面对挫折而在无法避免时受到伤害。

一个人生活在世界上,永远不可能一帆风顺。孩子承受力的高低是在成长过程中所受到的锻炼决定的。一直生活在顺境中的孩子,反而会养成孤傲、自私的心态,一旦受挫容易触发极端的行为。

2. 告诉孩子你的婚姻现状

父母在离婚以后,会因为怕孩子不能接受父母离婚的事实,而对孩子隐瞒自己的婚姻现状。事实上,越是对孩子刻意隐瞒,孩子越是会认为离婚是件很不好的事情,否则爸爸妈妈为什么不说出来呢?孩子会认为,要么是爸爸不要自己了,或者是妈妈不要自己了,所以心理上反而会感到恐慌。

其实父母可以坦白地告诉孩子,爸爸妈妈只是不在一起了,但爸爸妈妈都会像以前一样地爱他,他永远是爸爸妈妈最爱的孩子。这样孩子就会懂得,离婚只是父母的私事,不会让自己受到影响,孩子也不会因此而在心理上留下过多的阴影。

3. 让孩子了解家庭经济状况

在生活中,父母可以让孩子参与经济决策和管理,明白家中每月的收入支出。虽然孩子没有必要知道家庭预算的每一个细节,但是如果孩子对家中的经济状况一无所知的话,又怎么会乐意接受父母在花钱方面对他作出的限制呢?

父母不要以为孩子还小,只要学习好就可以了,没必要关心这么多。其实,让孩子适当了解家中的经济状况,不仅可以让孩子体谅父母的难处,避免孩子乱花钱,还可以让孩子懂得家庭收入的有限性,而且有时必须在消费方面作出取舍的道理。让孩子了解家庭的经济状况,有利于培养孩子的理财能力。

4. 不向孩子隐瞒生活中的阴暗面

孩子会在看电视、听广播的时候了解到社会的各个层面。比如,当电视上播放某法制节目的时候,孩子也许会问:"贪污是什么意思?他为什么要贪污呢?""三陪女都陪什么?"

每当孩子问到这类问题,父母总是很茫然,不知该如何回答。

父母应该引导孩子正确看待社会的阴暗面。首先,不能回避现实,要对孩子的问题给予正确而浅显的解释。其次,要对孩子进行正面的诱导,并在孩子面前做好表率,"说正确的话,做正确的事",用正确的行为为孩子树立一个良好的模仿形象,这样孩子就会明辨是非。

金玉良言

不刻意对孩子隐瞒,让孩子直面生活的真相,孩子才会有能力在以后直面自己人生中的成败是非。让孩子了解生活的本来面目,孩子才能对生活有正确的认识。所以说,父母应该主动把家庭中的事情告诉孩子,让孩子在真相中学会判断,并锻炼孩子的承受能力。

56. 大人说话孩子可以插嘴

要解放儿童的脑子,使之能思;要解放儿童的嘴巴,使之能说。

——(中国)陶行知

经典事例

父母的房间传来阵阵的争吵声,9岁的小雪端着水杯迷迷糊糊地走了过去……

"你每天晚上都回来这么晚,你关心过我吗?"

"我每天在外面奔波,你体贴过我吗?"

"孩子都这么大了,你去过几次学校?开过几次家长会?给孩子讲解过几次题?"

"我是很少有时间关心孩子,但是没有我在外面挣钱,你们能吃好穿好吗?"

"爸爸妈妈你们怎么了?"小雪推开门,下意识地询问。

"大人说话,小孩不许插嘴!"爸爸妈妈异口同声地说:"回去睡觉!"

小雪本来想说点什么,但是却被父母厉声禁止了,莫名其妙地被训斥,她感到非常委屈,泪水在眼眶里打转,低声抽泣着回到了房间。

躺在床上,小雪却怎么也睡不着,她明明听到了爸爸妈妈在谈论什么事,并且谈到了自己,他们为什么不愿意说呢?还不让自己问,为什么爸爸妈妈对自己那么凶?难道他们不爱我了吗?带着一连串的问题,小雪久久不能入睡……

智慧点拨

"大人说话,小孩子不许插嘴"。很多父母都会对孩子说这样的话,这样等于把孩子完全从自己的世界分离出来,父母从心理上没有把孩子作为一个平等的家庭成员来看待。如果父母一开始就把孩子置于一个不平等的位置上,就无法真正理解孩子的想法。

父母要知道,自己的一言一行时刻都在影响着孩子。当孩子非常想知道大人之间在谈论什么话题的时候,他是有着很强的求知欲的,而且孩子也具有一定的判断能力。当孩子的请求受到父母的拒绝,会大大地打消孩子探索问题的

积极性。

事实上,孩子非常讨厌父母把他们当不懂事的小孩子对待,特别是当父母的谈话内容涉及自己的时候,便更加渴望参与谈论这个话题。

如果孩子有机会参与到大人的谈话、处事之中,这对孩子来说是一种能力的锻炼。当父母把孩子当做成人一样去对待,并且把这样的信息传达给他时,他会相信自己有能力去处理一些看似成人应该处理的事情,而且往往会处理得很好。

父母如果不想让孩子比别人晚起步,就应该从现在开始平等地对待孩子,真正地把孩子看作是家庭中的一员,让他了解家里的事情,并允许他发表自己的意见。

参考建议

在家庭中往往碰到这样的情况,当父母在谈论某话题,孩子先是睁着眼睛看父母的表情,认真倾听谈话的内容,然后便会想要和父母一起讨论。有的父母很讨厌孩子插嘴,便会责备孩子说:"不用你多嘴!"这样训斥孩子是不对的,在父母遇到孩子爱"插嘴"时,应该引导孩子进行有意义的讲话。

1. 给孩子插嘴的机会

儿童时期是孩子语言发展的关键期,父母要抓住这个时机培养孩子的表达能力。有些父母常对孩子说:"大人说话,小孩少插嘴。"这样会让孩子失去表达的机会,并在下次想要表达自己的意见时,因为怕受到父母的训斥而失去表达的勇气。

在许多成人的社交场合,孩子往往被晾在一边。他们没有了讲话的机会,也就人为地限制了口语表达的内在要求,孩子会因此变得越来越内向。

父母应该让孩子参与大人的生活,必要时还要让孩子成为"情景"的中心,促使孩子与人进行口语交流,让孩子表达自己的想法。

2. 善待孩子的"插嘴"

父母要营造一种自由的家庭氛围,让孩子的精神处于一种自由放松的状态,从而敢于在父母谈话时插嘴。也许孩子的意见会显得有些异想天开,但只要父母正确地引导,孩子便会在异想天开的言论中,埋下一颗颗创新的种子。善待孩子的"插嘴",才能让孩子善于表达、积极思考,促进孩子的创新能力,发展孩子的个性和才能。

3. 耐心听听孩子的想法

当孩子插嘴的时候,父母不要简单而粗鲁地对孩子说"不要插嘴!",而是应该耐心倾听孩子的想法。

6岁的大宝常常喜欢在妈妈讲故事的时候插嘴,妈妈本来讲得绘声绘色,大宝的插嘴却常常打断妈妈的思路,妈妈一直不喜欢大宝爱插嘴的习惯。

有一天,妈妈给大宝讲《乌鸦喝水》的故事,当讲到"乌鸦把石头放进了瓶子里,水渐渐升高了,乌鸦终于喝到了水"时,大宝插嘴道:"妈妈,为什么乌鸦不用吸管喝水,我平时不都是用吸管来喝饮料的吗?"

妈妈转而一想,发现大宝爱插嘴往往是认为自己有更好的观点,所以才会迫不及待地说出来。

父母不应该简单地阻止孩子的插嘴,因为孩子的插嘴往往是孩子有了新的创意,所以父母不应该禁止孩子的表达,而应该允许孩子表达自己的意见。

4. 有意识地与孩子探讨问题

事实上,孩子喜欢"插嘴"是智力发展比较快的标志,这说明孩子已经理解了成人讲话的内容,并开始关心成人的事情,这是孩子热爱生活,探求社会奥秘的表现。

父母不但不应该禁止孩子"插嘴",还应该有意识地和孩子讨论问题,对孩子进行开导和鼓励,引导孩子多多谈论和思考有意义的话题。

5. 告诉孩子如何插嘴

如果父母单纯地允许孩子插嘴,却不告诉孩子该如何去插嘴,孩子往往会在长大后显得很没礼貌。父母应该告诉孩子,应该在他人讨论间歇时插话,而不是随时想当然地打断别人的谈话。这样,既不失礼貌,又可以让人倾听,这样才能培养出既懂礼貌,又拥有自己独立见解的好孩子。

金玉良言

孩子"爱插嘴"是自我意识较强的反映,自我意识是孩子成年后产生自信心和自尊心的基础。阻止孩子插嘴,可能会扼杀一个有独立见解的人才,而鼓励孩子发表自己的意见,并认可孩子正确的见解,会使孩子变得自信和坚强。

第五章

掌握一点沟通艺术

良好的亲子沟通，
能形成融洽、和谐的亲子关系，
有利于培养孩子健全的人格，
有利于父母有效帮助孩子克服他在成长中遇到的各种问题，
从而有利于孩子的成长与成才。
但有时候，
亲子沟通并非是父母在说，孩子在听。
实际上，
亲子沟通就是一门艺术，
需要父母用心体会，
在与孩子的沟通中探索有效沟通的方法与技巧，
不断提高亲子沟通的水平。
只要父母学做一个有心人，
讲究与孩子的沟通艺术和技巧，
亲子沟通就会变得更加温馨。

57. 站在孩子的角度考虑问题

每个人观察、认识问题，都会有自己的视角和立足点。身份、地位不同，所得的结论就不同。父母与子女间的年龄悬殊、身份互异是影响相互沟通的重要原因。若父母能站在孩子的立场上思考，一切将迎刃而解。

——（美国）塞勒·塞维若

经典事例

美国成功学大师戴尔·卡耐基曾经经历过这样一件事情：

在卡耐基家附近，有一座漂亮的公园。但是许多孩子却喜欢在里面野炊，这让公园经常发生火灾。最开始，卡耐基看到有孩子野炊，就会过去阻止。可是孩子们根本不听劝告。有一次，卡耐基甚至对孩子们发了火，但仅安生了几天后，孩子们依然我行我素。

后来，卡耐基反省了自己的说话方式，当他再看到有孩子玩火的时候，就亲切地对他们说："孩子们，我当然知道玩火是件非常有意思的事情，直到现在我也依然喜欢。可是，在公园里玩的话，是非常危险的。火灾会毁灭树林，而你们也许会受到很重的惩罚。不过，请放心，我是不会剥夺你们的快乐的。在山丘那边有个海滩，那里既没有危险，也能玩得尽兴，我去过几次，很不错哦。但在你们走之前，请把火堆周围的树叶清理一下，然后用土把火盖起来，好吗？大家都会很感激你们的。"

这一回，孩子们终于听从了他的劝告，而且从那以后，他们也渐渐地不再在公园里玩火了。

智慧点拨

卡耐基后来认为，孩子们之所以最后听从了他的劝告，全是因为他那一次是站在孩子的角度考虑了问题。正是因为他换了角度，孩子们才从内心接受了他的说法。卡耐基的做法，也值得父母借鉴。要想解决孩子的问题，父母首先就要换个身份与角度。

生活中，人与人之间尚且不能猜透对方的心思，更何况是孩子呢？若是不从孩子的角度去观察,不设身处地地用孩子的思想去思考,是不能够了解孩子的内心世界的。而若父母能站在孩子的角度,理解孩子的心情,学习他所学习的,体会他所体会的,时刻以尊重与赏识的态度来看待孩子。孩子才会更加信赖父母,才能愿意与父母沟通。

因此,就如一位老师所说的:"要经常站在孩子的角度去看和想一些问题。这样,我们想不通的问题,往往因为换位思考而有了解决的办法。"父母要经常转换自己的视角,只有平等宽容地对待孩子,才能更好地教育孩子。

参考建议

父母与孩子的交往,应该是平等与民主的,而不是父母单方面独断的。父母在家庭教育过程中,应该尝试换个角度去思考,站在孩子的角度看待孩子的问题,用孩子的视角与思想去作出判断,也许会更容易解决一些难题。

1. 把自己想象成孩子

一般来说,父母都应该有过类似的经历,与自己的同龄人,无论是思想还是言谈,或者喜好与感情都比较类似,也比较容易产生共鸣,更容易互相交流与沟通。父母与孩子的沟通也应该遵循这个规律。要想了解到孩子的一些想法,父母首先就要把自己想象成孩子,要让自己变成孩子的同龄人。

而将自己想象成孩子,也能帮助父母找回童心,从而更好地理解孩子的世界。同时,父母将自己想象成孩子还可以更容易发现孩子遇到的问题,并能更迅速地给出帮助与指导。

2. 放弃成人的成见

孩子的心理世界是简单而直接的,也是纯净而和谐的。父母已经是成年人,看多了世俗,也见多了成人化的习惯,势必会将简单的事情想复杂,也同时不再有新奇的观念与想法存在。因此,父母不要对依然拥有自由幻想的孩子有太多的想法,更不要用自己成人的世俗眼光去看待孩子的单纯思想。

要想读懂孩子,父母必须抛弃约定俗成的观念,放弃成人的成见,尽量包容孩子的思想,才能真正领会孩子的内心世界。

3. 换个角度接纳孩子

新生命的诞生,对于每一对父母来说都是一件幸福的事情。而在孩子的成长过程中,有的父母总是把孩子看成是自己手中的宝物,看成是自己羽翼下的雏鸟,也看成是自己手中的牵线风筝。因为这些事物都是不具有自我能力的,需要有人去保护,更需要有人来扶持。这样的父母自然是没有与孩子站在同一个角度的,他们高高在上,只看到孩子的弱小与无助,却看不到孩子的独立与成长。

因此,父母对于孩子的接纳也要换一个角度,要从孩子的角度出发,用平等的心态来包容、对待孩子。

4. 尽量与孩子共同活动

对于想要了解的事物,只站在一边观看是不能完全了解它的。只有深入进去,通过动手动脑进行实践,才能了解这种事物的具体情况。

与孩子的沟通也是一样,父母与孩子共同活动,就能了解到孩子的一些不同于成人的想法,也能了解到孩子的一些处事态度。而通过与孩子共同活动,父母也能用自己的一些经验给出指导与建议,让孩子学到知识。

金玉良言

站在不同的位置会看到不同的风景,处于不同的立场会产生不同的观念。父母只有站在孩子的角度来看待世界、考虑孩子的问题,才能更有效地帮助孩子解决问题。而这种换位思考,同时也能快速拉近父母与孩子的心灵距离。

58. 对孩子说出你对他的爱

孩子最喜欢爱他的人……也只有爱才能培养他。当孩子看到并感受到父母对自己的爱的时候,他会努力听话,不惹父母生气。

——(苏联)捷尔任斯基

经典事例

10岁的女儿放学回家后,对妈妈说:"妈妈,我爱你。"

妈妈一愣,有些吃惊,也有些迷惑,她不知道自己应该怎样来回应孩子。因为,孩子从来都没这样说过。最后,妈妈问女儿:"你发生了什么事吗?还是有别的原因?"

女儿一听,撇了撇嘴,只说:"这是今天老师留的作业,要我们回家都对父母说声'我爱你',还要我们对这件事情写一篇感想。"说完,女儿回了自己的房间。

妈妈一个人坐在客厅的沙发上,她忽然发现,原来自己已经很久没对孩子说过"爱"字了。工作的繁忙,生活的艰辛,许多人已经不再关注自己的感情,甚至失去了表达感情的意愿。而孩子,不仅需要物质生活,她也同样需要父母对她的爱啊!若是自己不表达出来,孩子又怎么能知道呢?

于是,妈妈敲门走进了女儿的房间,微笑着对孩子说:"宝贝,我也爱你。"

女儿惊讶地瞪大了眼睛,一脸的感动表情,她立刻扑进了妈妈的怀里……

后来,女儿的感想作文被老师打了"优秀",老师的评语是:"你有一个好妈妈!"

智慧点拨

有些话,如果不说,永远不会被人知道;有些情感,如果不表达,也将会随着时间而被遗忘。故事中的母亲,及时反省,并用一句"我爱你",让女儿感受到了温暖与关爱。她的这种做法,父母要好好学习。

许多父母认为,爱孩子天经地义,用得着说得这么明白吗?中国传统观念里,人们都讲"含蓄",在说话或做事的时候,并不把情感全部表达出来。而长久以来,一代又一代的父母也都很好地延续了这个传统。于是,父母都疏于向孩子表达爱意。其实,在孩子成长道路上,只有与孩子进行情感交流,让孩子感受到父母的爱,孩子才能更好地与父母进行沟通,他也才能更好地去爱父母。

就如曾有人这样描述:"不要羞于对孩子表达你对他的爱,也不要以为孩子小,无法理解你的爱。每一个孩子都是天使,他们可以从你的一举一动、一颦一笑中感觉到你对他的爱。"所以,父母应该大胆地对孩子说出爱意,让孩子有一个真实的爱的体验。

参考建议

很多父母都认为,既然是家中的长辈,那就应该有长辈的权威与尊严,即使对孩子有很深刻的爱,也应该保留几分。而还有不少父母认为,只要满足孩子所有的需求就已经是对孩子表达爱了。其实,这些想法都有些偏激,父母需要注意。

1. 用真切话语抚慰孩子的心灵

父母一些感情真切的话语会使孩子感到莫大的满足。比如,在孩子完成一件他认为很了不起的事情的时候,父母可以说:"你很棒!我爱你,孩子!"而当孩子感到伤心失望的时候,父母则可以鼓励他:"我和你一样伤心。但是,我爱你。你要记住我永远和你在一起。"

其实,现在的孩子对于父母说的话都十分在意,这些话也往往都起到很重要的作用。因此,父母不要吝啬自己的真切感情,多向孩子表达自己对他的爱意,以此来抚慰孩子的心灵,让他的身心保持健康与快乐。

2. 别让距离成为爱的阻隔

有时候,父母与孩子之间会因为各种原因而分离,这段距离或长或短。父母要注意,即使与孩子隔开,也要记得及时向孩子表达自己对他的爱,千万不要让距离成为父母与孩子之间的阻隔,否则不仅阻隔了亲子交流,同时也会阻隔亲子感情。

所以,就算父母不在孩子身边,也可以运用电话、网络或信件等各种手段,表达对孩子的关心,给他更多的精神支持,鼓励孩子的进步。要让孩子知道,距离并不会阻隔父母对他的爱,父母的爱也会一直陪在他的身边。

3. 教孩子适时地表达自己的感受

一位老师说:"在适当的时机向孩子直接表达自己的爱意,可以增强孩子的自信心和自尊感。"当父母的爱向孩子表达出来的时候,孩子就能从中得到认可,感觉到骄傲,由此,他的自信心也会不断增长。

同时,父母也要鼓励孩子适时地表达自己的感受,要孩子能开口说出他对父母、对他人的爱。一旦孩子养成了这种习惯,将来他走向社会,或者组建家庭,也会敢于并乐于表达自己的关爱,从而可以帮他建立良好的人际关系。而且,这也将是一种爱的传递。

4. 表达爱也要适度

日本教育家木村久一曾经说过:"如果真爱自己的孩子,那就应当把心用在了解孩子的心理和对孩子的教育上……。""知心姐姐"卢勤也说:"别总把自己看成是高山,视孩子为小草,让孩子靠着你、仰视你、惧怕你;更不要当伞,视孩子为消极,为孩子遮风挡雨,让孩子弱不禁风。"由此可见,父母表达自己对孩子的爱也要适度,若是将爱转换成不停地满足孩子的所有需求,或者代替孩子做所有事情,这样的行为就会变成溺爱。

金玉良言

父母对孩子的爱,若是不说出来,孩子可能不能准确地体会到。只有让孩子知道父母爱他,他的内心情感才会得到满足。父母的爱,表达与实际行动同样重要,只有这两者同时做到了,孩子才会得到父母传递的完整的爱。

59. 学会借事或情景与孩子交流

非正式教育是一种典型的终身过程,每个人通过日常经历,通过来自周围环境的教育影响和教育资源,即家庭、邻里、工作场所或闲暇活动、市场、图书馆及大众传播媒介习得各种态度、价值观念、知识和技能。

——(法国)雅克·哈拉克

经典事例

8岁的儿子因为看了一部名叫《象棋王》的动画片,从此迷恋上了下象棋。于是,儿子便吵着要爸爸教他下棋,爸爸欣然同意。

摆好棋盘与棋子,爸爸开始耐心地教儿子认识棋子,以及如何走棋子。后来爸爸开始给儿子讲起了实战开局中的第一招"仙人指路"的口诀:"马走日,象走方,大炮隔山打,车是一杆枪,小卒一去不返乡……"

儿子听到这里咯咯地笑了起来:"爸爸,为什么别的棋子随便走,小卒却不返乡了呢?"

爸爸却十分严肃地回答儿子:"在战场上,战士冲锋陷阵,都是勇往直前,绝不回头的。若是回了头就是逃兵,而逃兵也往往没有好下场。所以,小卒都是具有一去不返的英雄气概的。"

儿子听后,不再笑了,而是静静地开始思考。爸爸的话对他产生了很大的触动,他不但学会了下棋,这一番话对他的未来成长也将会有重要的影响。

智慧点拨

下棋,可以算是一种娱乐。但故事中的父亲却用下棋这件事适时地对儿子进行了一场人生的教育,儿子不但学会了眼前的下棋这项娱乐项目,更重要的是,父亲的那番话也让儿子明白了一个深刻的人生哲理。这种借事或情景的交流,可以说让孩子受益匪浅。

借用正在或刚刚发生的事情,或者借用正身处的情景,来对孩子讲明白一些为人处事的道理,这样的交流能够寓教于乐,更贴近孩子的生活,而且事实鲜明，形象具体，因此具有很强的针对性。孩子对于这样的交流也更乐意接受，而父母也能更好地对孩子开展教育。

而父母的"善假于物"，也能体现出父母的深刻内涵，会让孩子更加尊重甚至崇拜父母，可以促进亲子关系的和谐。所以，父母要学会借用日常生活中或学习中的一些事情以及场景，让孩子"身临其境"，进而达到教育的目的。

参考建议

孩子涉世未深，他的思想也尚不成熟。因此，父母讲的一些大道理孩子也许并不能很好地理解，他也就更不能很好地按照父母的教育去做。而借助一些就发生在孩子身边的事情或孩子正在经历的情景，父母可以就此来"借题发挥"，从而让孩子有真实而深刻的体会。

1. 抓住有利时机

事情的发生与情景的出现终归不是永久保留的，所以父母借事或情景与孩子交流，一定要善于抓住有利时机。因为，只有在时机之内，父母所想要表达的意愿与想法才会具有针对性。孩子也才能根据情景、事件进行联想与思考。

若是时过境迁，再拿曾经的境况来与孩子沟通，就有可能会让孩子感觉父母在旧事重提，或者是老生常谈，孩子容易产生排斥的情绪。这样，是起不到沟通与教育作用的。

2. 对事情与场景要有所选择

用当时发生的事情来与孩子"就事论事"，在当时的特定情况下来与孩子根据情景进行评说，通过引申来让孩子增长知识、学懂道理。这的确是个教育孩子的好方法。

但是，父母也要注意的是，即使是就事论事也要有所选择。千万不要对所有事以及所有的情景都要和孩子进行沟通，不能所有事情都对孩子上纲上线，也不能所有事情都要讲出一堆大道理来。如此时间长了，会让孩子感觉父母十分唠叨，同样的话若是一直说，反而会显得啰唆，教育意义便也被掩盖了。

3. 避免"无事生非"

所谓"无事生非"，就是指父母对孩子的说教不仅空泛，而且还将毫不相干的事情放在一起。孩子尽管是在听从父母的教育，但这样会让孩子口中驯服，心中却依然倔犟。这样的沟通交流，不会产生太好的效果，甚至还有可能产生不好的效果，与父母的教育初衷不相吻合。

所以，父母要尽量避免"无事生非"，言辞要有根有据，只有让孩子将话听进去，他才能从心里信服，也才能更好地反思自己的行为与思想。

4. 善用表达技巧

其实，沟通就是父母与孩子的思想与情感的交流，就是双方信息与意见的交换。而在这个过程中，父母要善用表达技巧，这样可以让孩子更容易理解父母的话语，而父母的一些教诲也能让孩子更容易接受。

比如说，父母在引用一些道理的时候，不要一味地讲些空泛的话，很抽象的语句会让孩子听不懂，也起不到教育的作用。还比如父母在为孩子作比喻的时候，也要运用恰当、比喻贴切，牵强附会的说法只能让孩子一头雾水，更不能领会父母要表达的意思。

金玉良言

父母与孩子的沟通，仅靠单纯的说教与表决心是不够的，这样的对话不仅苍白无力，而且也容易让孩子产生厌倦，孩子也多半不会记住父母的教诲。而借用一些孩子或父母在生活或学习中遇到的事情或情景，来让孩子有一个立体真实的感受，则更有利于他接受教育。

60. 用点拨法教孩子反省自己

在教育中应该尽量鼓励个人发展的过程。应该引导儿童自己进行探讨，自己去推论。给他们讲的应该尽量少些，而引导他们去发现的应该尽量多些。

——（英国）斯宾塞

经典事例

美国伟大的科学家爱因斯坦小时候十分顽皮，也很贪玩。他经常跟着街上的孩子一起四处闲逛，妈妈对他屡次劝诫，他却说："你难道没有看到那些伙伴们吗？他们不是和我一样？"

有一天，父亲叫住要去钓鱼的爱因斯坦，给他讲了一个故事："我与朋友一起去清扫工厂的烟囱。爬进烟囱的时候，他在前面我在后面，烟灰落了他一身，但我没有。可是从烟囱下来后，我看见朋友一身脏，我以为自己也一样，于是就跑回家赶紧洗干净身体。但我的朋友只是看见我很干净,就误认为他自己也很干净,他只是洗了洗手就又上街了。结果街上的人都在笑话他,还以为他是个疯子。"

爱因斯坦听得哈哈大笑,父亲趁势说:"你看,你决不能将别人当成自己的镜子,因为只有自己才是自己的镜子。拿别人当做镜子,就是天才也会照成白痴的。"

爱因斯坦明白了父亲的良苦用心,他顿时感到无比羞愧。后来,他果然离开了那群淘气的孩子,并且时时审视自己。最终,爱因斯坦经过自己的不懈努力,攀上了科学的高峰。

智慧点拨

有些教诲,若是直说,也许就会如爱因斯坦的母亲那样,多说而无用;但若是如爱因斯坦的父亲那样,用一个道理从侧面来点拨孩子,也许反而会起到良好的效果。爱因斯坦的经历就是最好的例证。

对于犯错误的孩子,有的父母习惯于严厉地指责,直接点出孩子的缺点,或者用长篇大论来论证孩子的错误会对他产生的影响。而父母这样做的结果,孩子要么根本不愿意听,也根本听不进去,父母的教育成了空话;要么就是由于父母的毫无避讳,让孩子一时间无法接受这样的严厉教诲。

点拨,就是不点透,只是从侧面给一个助推的力量。这种方法不会让孩子对父母的教育产生反感的情绪,也不会让孩子觉得道理十分枯燥无聊。接受点拨法的孩子,也能够进行自我反省,找到自身的不足,并能加以改正。

点拨法不是"奉送真理",而是"教人发现真理"。运用点拨法,父母可以借一些事例、道理来劝诫孩子,这种迂回的办法,既能保全孩子的自尊心,也能达到讲道理的目的,这样将更利于孩子的健康成长。

参考建议

点拨法可以让孩子自觉地进行反省,孩子在认识到错误的同时,也能学到人生中的成长道理。因此,父母应该学会运用点拨法。

1. 尽量避免硬性教育

硬性教育,多是父母对孩子的严格要求。父母在遇到孩子的问题的时候,也总是会以严厉的口气去批评。孩子多半感受到的是父母的"权威主义",他也很难从父母这样的口气与话语中发现问题,更不要说思索问题了。

所以,父母应该尽量避免对孩子采用硬性教育,对孩子的错误思想及行为只进行点拨,用合适的道理及事例来让孩子自己找到错误,并努力改正,才能让孩子真正有所收获。

2. 善于发现孩子的问题

点拨孩子需要父母通过对孩子的细致观察,找到孩子问题的根源。父母既要善于发现孩子客观存在的一些问题,同时也要对孩子的心理与思想表示理解。只有找对了孩子出问题的方向,才能做到"对症下药",否则若是"有病乱投医",不但父母的教育显得空洞无力,孩子也不会真正认识到自己的过错。

善于发现孩子的问题,要求父母要在平时多关心孩子,通过孩子的一些变化来发现孩子的问题,找准根源才能药到病除。

3. 要有足够的耐心

点拨孩子毕竟不是直接向孩子指出问题所在,因此有的孩子对于父母的点拨式教育可能会有反应的时间。因此,父母要具有足够的耐心,不要看到孩子没有动作就认为孩子没有反省,也不要单纯地认为孩子不反省、不改正,他就是不听话,更不能认为孩子"无可救药"。

父母一定不能过于急躁,可以从孩子日常生活的点滴对他进行启发,慢慢地进行点拨,让孩子在循序渐进的过程中最终完成反省。同时,父母的耐心也是对孩子的信任,而感受到父母尊重的孩子也能更快地体会到父母的苦心。

4. 借用的事例或道理应恰当

父母点拨孩子的时候,在不能直接点出的情况下,总是会借用一些其他相关的事例或者道理。但父母需要注意的是,这些借用来的说辞一定要符合孩子的理解能力,也要符合孩子的心理。若是运用一些古旧的或者"很俗"的事例,也许无法激起孩子的共鸣;而一些过于难懂的道理,孩子更不愿意接受,也就不能从中汲取到智慧与知识。

所以,父母点拨孩子时用的引例或事物,应当尽量恰到好处,最好能触及孩子的心灵。孩子只有从心里接纳了父母的教诲,他才会反省,才能改正,才能向着健康方向发展与进步。

金玉良言

孩子有不少错误都会很明显,知晓其内情的父母可以不用很威严地去责备他,完全可以使用点拨的方法,让孩子自己意识到错误,并自觉自愿地积极改正。而且这种教育方式也让父母与孩子之间更容易进行沟通,孩子也能从中学会自我评价,学会自我反省。

61. 表扬孩子的努力与勤奋

要培养好孩子,首先要表扬,肯定孩子的优点。

——(日本)谷田雅春

经典事例

上小学 4 年级的绮梦学东西比较慢,别人听一遍就会的东西,她往往要听两遍,父母对此也十分着急,总担心孩子的学习状况会影响到她未来的发展。但有一天,绮梦却给父母带回来一张满分的试卷。

爸爸看着大大的红色"100"分,有些不相信地问绮梦:"这是你的卷子吗?"

绮梦自豪地说:"那当然,上面不是有我的名字吗?"

妈妈说:"告诉我你是如何做到的?"

绮梦说,因为自己学东西慢,所以她经常去找老师问问题,一定要把不懂的部分弄明白。同学们都玩耍的时候,她自己会把学过的知识再进行复习,若是一遍不行就多来几遍。后来考试的时候,试卷上的题目对她来说都是"似曾相识"的,所以做起来便得心应手。

妈妈听后,不住地点头,连连夸奖:"你真是个勤奋努力的好孩子!"

而受到妈妈和爸爸鼓励的绮梦,从那以后学习更加勤奋刻苦。在后来的日子里,不断努力的绮梦,成绩一直都很优秀。

智慧点拨

一句"勤奋努力的好孩子",让本不太聪明的绮梦,更加有了前进的动力。可见,父母夸奖孩子的努力与勤奋,是对孩子最好的鼓舞。因此,想要通过表扬来激励孩子,父母的表扬就一定要实际一些,要有针对性与目的性。

现在,赏识教育很是流行,不少父母学会了夸奖孩子。但是,也有不少父母会发现,自己的夸奖往往对孩子不起什么作用,甚至有时候还会起到相反的作用。这是因为,赏识教育需要"先识而后赏"。父母必须看得到孩子的努力,知晓孩子的勤奋,更重要的是要知道孩子确切的优点与成果。这样的赏识,才能

让孩子知道自己哪一方面是值得继续进步的。

父母要明白,诸如聪明、漂亮等等,都是孩子的先天资质,这种空泛的夸奖对孩子没有好处,有可能会让孩子将其当成资本,从而不再完善自我。而且,不确切的表扬,也容易让孩子认为父母很虚伪,或者父母对他不重视,这将不利于亲子间的交流与沟通。

所以,若想要孩子有更大的进步与发展,父母对待孩子的奋斗成果,一定要表扬他的努力,一定要赏识他的勤奋,这才是正确的激励方法。

参考建议

的确,孩子很需要表扬,因为表扬能让他得到动力,感觉到支持。但是,一些空泛的表扬并不能让孩子得到这些感受,也许还会带来负面影响。因此,父母对孩子的表扬,需要"落到实处"。

1. "忽视"孩子的先天优势

漂亮的孩子得益于父母的美丽遗传,聪明的孩子取决于父母的良好基因,可以说这些都是孩子的先天优势,与他实际的个人表现完全没有关系。孩子的思想还不成熟,也还没有学会分辨,父母的这种表扬,往往会让孩子误认为这是他的本领。而若是孩子有了这样的认知,他也许会将其当成骄傲的资本,他也许会去嘲笑原本不漂亮或者不聪明的孩子,这对孩子的人格形成没有好处。所以,父母要尽量"忽视"孩子的先天优势,不让他自己造成误区。

2. 仔细观察孩子的后天资本

努力,是一个人将自己所拥有的力量全部使出来;勤奋,则是指的人认认真真,不怕吃苦,踏实学习、工作。由此可见,努力与勤奋,都是孩子后天才具备的行为。

父母应该仔细观察孩子,要善于发现孩子后天形成的资本与技能,只有这样才有助于孩子进步。而父母对孩子后天资本的表扬,也能让孩子认识到哪些对自己的成长有所帮助,孩子也能在父母的鼓励下更加努力与勤奋。

3. 表扬要发自内心

父母的表扬,不是将夸奖一类的话说出来就算是表扬了。父母应该有一颗真诚的心,只有发自内心的表扬,才能让孩子有所感触。

"知心姐姐"卢勤有一位同事,以前经常打孩子。后来听了卢勤说的要夸奖孩子的话——"太好了,你真棒",她准备照着学。

回到家后,她对正在吃饭的儿子忽然就说:"儿子太好了!你真棒!"

没想到儿子听后却冷冷地回答:"妈,你有病吧?都说胡话了,我看你今天病得不轻。"

她很奇怪,跑去问卢勤,卢勤告诉她,这句话一定要发自内心说才行。

类似这位母亲做的事情,不少父母可能也做过。在了解到对孩子要赏识教育后,有的父母只是"照猫画虎",冷不丁地就给孩子来一句表扬。这样的表扬不仅没有实际意义,也起不到激励孩子的效果。

4. 鼓励孩子继续保持

表扬是为了激励,激励是为了让人更进一步。所以,父母对孩子表扬之后,也要仔细观察孩子是否继续保持他之前的努力状态。若是孩子躺在了父母的表扬中开始懈怠,父母一定要及时提醒孩子,要他继续保持他的勤奋与努力,千万不要看到一点点成绩就停止了前进。人的一生应该是一个不断奋斗的过程。

金玉良言

作为父母,一定要真心表扬孩子的勤奋与努力,而且也要重视孩子的这些行为,并且还要将这种坚持的理念传达给孩子,要让父母的这种实际表扬,成为激励孩子继续努力与勤奋的动力,也成为他健康成长的动力。

62. 对孩子要循循善诱

才能不是天生的,而是后天培养和教育的结果,最重要的是要循循善诱,耐心地创造条件激发幼儿的学习热情。

——(日本)铃市镇一

经典事例

5岁的儿子从幼儿园回到家,妈妈问他:"今天在幼儿园学什么了呀?"儿子迷茫地看着她,他显然不明白"学什么"具体指的是什么。于是,儿子回答道:"没学什么。"

妈妈一听,立刻认为孩子不求上进,刚要想训斥他几句,孩子的爸爸却拦住了她。爸爸蹲到孩子身边说:"宝贝,爸爸想跟你学算术。你把老师今天教你的算术讲给爸爸听吧?"儿子一听,高兴地在自己的画板上画了几个大苹果,然后

开始向爸爸"传授"起了加法。

后来爸爸又说："我还想学唱儿歌。今天老师教的儿歌好听吗？"

儿子连声说："好听，好听！"说完，他很有成就感地开始一句一句地"教"给了爸爸。

孩子的妈妈一看，也笑了，这样一来，她也清楚了孩子今天学了什么。从那以后，她向孩子的爸爸学习，也转变了自己与孩子沟通的方式，她对孩子更加了解了。

智慧点拨

孩子的思维方式与表达方式不同于成人，父母若是像故事中的妈妈那样询问或者教育孩子，他也许会产生理解误差，要么是答非所问，要么就会如故事中的孩子那样，完全不知道父母在说什么。因此，故事中父亲的做法值得提倡。循循善诱，才能与孩子进行良好的沟通。

孔子的弟子颜回曾经这样说："夫子循循然善诱人，博我以文，约我以礼，欲罢不能。"意思是说，孔子会一步一步地由浅入深地教育弟子，用各种知识使弟子的常识渊博，用礼仪规范约束弟子的行为，这样的教育会让弟子感到学习是很快乐的事而对学习产生浓厚的兴趣，永远不想停止。

可见，从古时候起，循循善诱就是一个可以让人更好地学习的教育方法。而现在，这一方法也同样适用。这就要求父母对孩子要善于一步一步地引导与教育，切莫操之过急。毕竟孩子还在成长阶段，他的理解能力与辨析能力还有待提高。若是父母以过于笼统的方式进行询问或教育，孩子也许会不知所措。

由此可见，循循善诱是一条从古到今都不过时的教育良方，父母要通过这种方法，让孩子学到更多的知识与技能，让家庭教育的成效水到渠成。

参考建议

父母想要了解孩子的事情，需要讲求一定的技巧与方法。这就要求父母切忌急躁，只有耐下性子来循循善诱，认真分析发现孩子的特点，对孩子的教育才能做到有的放矢。

1. 将问题分解开来，再具体些

孩子在成长的过程中，无时无刻不需要父母的引导与教育。而父母也时时处处想要了解孩子的各种情况。对此，有的父母就会用一个十分笼统而直接的问题来询问孩子，而且要他如成人般地完整、清晰且要有条理地回答出来。很明显,还未成熟的孩子是很难有那个能力的。也有的父母要求孩子对知识"死记硬背",孩子却因为不理解知识内容而学不到东西。可见,这种方式是不会达到父母想要的效果的。

所以,父母要善于"循循",要将想要表达的问题逐步分解开来,更具体一些,然后再有次序地讲给孩子听,让最终的答案或效果一步一步地显现出来。

2. 不要对孩子要求太高

孩子的发展水平参差不齐,不是所有的孩子都是天才,每个孩子的成长都有其自身的特点。因此,父母要认清孩子的性格与特点,不对孩子做太高的要求,更不能以成人的标准去苛求孩子。父母的教育需要在孩子所能承受的范围之内,只要让孩子自身的能力得到完整、完全的发挥就可以了。

3. 不要忽略关键字——"善"

循循善诱中有一个"善"字,放在父母对孩子的教育中来说,就是要求父母一定要方法得当。尽管是在对孩子进行教育,但是父母也要有爱心。简单粗暴地说教,以及毫无顾忌地直接灌输,对孩子的教育都不会起到好的效果。

因此,父母不要忽略那个"善"字,对孩子要通过一步一步地诱导,同时也要有和蔼可亲的态度。孩子只有感受到父母带给他的温暖与真心呵护,他才能更好地接受父母对他的教导。

4. "诱"也要讲究方法

父母对孩子的"诱",也要讲究一定的方法。父母需要从孩子的兴趣出发,从孩子的自身特点出发,通过因势利导,激发出孩子的学习兴趣与热情,激发出孩子想要沟通的欲望,同时也让孩子有一个积极乐观的情绪,这才能拉近父母与孩子之间的距离。

而同时,父母的"诱"除了诱导孩子学会知识、认识并解决问题以外,还要诱导孩子学会归纳与总结,更要让孩子学会积累,使得孩子提高认知水平,从而拥有大量的人生经验。

金玉良言

可以说,循循善诱是父母与孩子之间亲子沟通的一种方法,也是十分重要的一种方法,它体现了沟通的一种基本规律。父母只有按照这个规律来对待孩子,才能使他既解决了自己成长中的问题,又使自己能有所收获。

63. 用赞美去点击孩子的缺点

能从别人的过错中看出他的优点，那才是最聪明的人呢。

——（古罗马）德伦西

经典事例

10 岁的郑浩头脑很聪明，反应也很敏捷，但学习成绩却很差，原因是他不努力。尽管父母一直督促他要好好学习，但却不见什么效果。

周末，爸爸和郑浩一起打羽毛球，一连好几局下来，爸爸竟然一局都没赢。爸爸笑着说："没想到，你这羽毛球打得这么好！怎么练出来的？我可是得向你好好学习学习。"

郑浩说："每天中午和下午放学，我都在学校里练一会儿，打得多自然就打得好了。"

爸爸笑着点头："嗯，有道理！看来你这勤学苦练还是有成效的啊！不过在我看来，你本身也是反应灵敏嘛！"

郑浩得意地笑了笑，爸爸趁势说："你看，羽毛球练一练你就能打得这么好。依你的头脑，若是把学习也'练一练'，一定也没问题！"

郑浩先是一愣，然后不好意思地笑了，爸爸继续鼓励他说："我很看好你哦！只要你能像打羽毛球这样勤奋刻苦，学习准没问题。"

从那以后，受到爸爸鼓励的郑浩果然对学习认真起来，他的成绩也跟着突飞猛进。

智慧点拨

对于学习不好的孩子，父母大多都会以批评教育为主，严厉地指出孩子的错误，并且更加严厉地要求孩子改正。面对父母这样的态度，孩子往往会显露出他叛逆的一面，会对父母的教诲充耳不闻，完全不加理会。但郑浩的父亲却绕开了这种做法，他采用了"赞美中点击不足"的方式，让孩子自己意识到自己的缺点，从而自己去认真改正。对于这种做法，父母不妨一试，在对孩子的教育中也许会起到较好的效果。

被誉为"20 世纪最伟大的心灵导师"的戴尔·卡耐基曾说："使人发挥最大能力的方法，就是赞美和鼓励。"不仅对一个人的优点要给出赞美之辞，即使是对他的缺点,若是能在赞美中点击出来,也会更容易让人接受。对于孩子来说也一样,若是父母在赞美他的优点过程中点击出他的缺点,孩子也更容易接受。而这种方法也能使父母与孩子之间建立起更加和谐的关系,从而使得双方能够更好地交流沟通。

因此,父母在对孩子开展教育的过程中,可以试一试这种方法,不直接点破孩子的缺点,反而运用赞美与鼓励来让孩子自我反省,使他自觉地追求进步。

参考建议

每个人都喜欢听好话,所谓好话无非就是赞美、夸奖,或是鼓励之辞。孩子也不例外,对于父母的"厉害言辞",孩子也不愿意多听,至于其中的教育之意,孩子就更不去理会。但若是将点击缺点的方式转换成赞美,也许事情就会有好的转机。

1. 多发现、巧发现孩子的优点

用赞美点击孩子的缺点的关键点之一,就是父母要会赞美。也就是说,父母要练就一双善于发现孩子优点的眼睛,要多发现,更要巧发现。只有善于发现孩子的优点,父母的赞美才能"赞有所依",不然就是对孩子的欺骗。与孩子事实不相符的赞美,不但会助长孩子的虚荣心,也有可能会让孩子认为父母很虚伪。

所以,在日常生活中,父母要多观察孩子,多发现孩子的闪光点,让自己的赞美言之有据。同时,父母也要注意,对孩子的赞美除了实事求是外,也要真诚,要让孩子感受得到父母是发自内心地在赞美他、夸奖他,父母只有用真心才能打动孩子。

2. 不随便否定孩子

不管是在生活中还是学习中,也不管是在亲人面前还是外人面前,不论成人还是孩子,都想让自己能够得到大家的肯定。而这种感觉对孩子也许会更为强烈,尤其是努力中的孩子。

尽管有的孩子称不上"天才",但他会踏踏实实地一步一步地向前走;尽管有的孩子称不上"聪明",但他却还有良好的性格与品行。孩子其实都希望能够获得父母的认可与赞美,他也希望自己能够做到最好。所以,父母千万不要随便否定孩子。也许父母的否定就会否掉孩子一直以来的拼搏,会否掉孩子的自信心,更会否掉孩子的尊严。

因此,面对孩子的缺点,父母也要换一个角度去看待。要在对孩子的赞美

中,通过点拨让他自己意识到缺点,并去努力改正。

3. 赞美缺点也需要一些艺术

赞美与缺点,本应是一个完全相反的关系。人们多会赞美美好的事物,对于缺点大多数人都会采取批评的态度。所以,父母对孩子采取赞美中点击缺点的做法,就需要掌握一些艺术了。父母千万不要让孩子认为:"父母是为了批评我才赞美我的,根本不真心实意!"所以,只有父母的赞美在孩子听来合情合理,他才有可能会接受。

父母的赞美要掌握度,不要夸大其辞。这种对缺点的赞美也要与事实相符,不要天马行空。而且父母的赞美与点击缺点应该完美地结合在一起,不要让这种说法听起来十分突兀,让孩子感觉不真实。总之,父母"赞美缺点"的做法,要让孩子感受到父母发自内心的情感,要让他真正将父母的教诲听进去并牢记在心。

金玉良言

用赞美点击孩子的缺点也是和孩子进行沟通的一种方式,孩子会因为受到赞美与表扬而心情愉悦,这样也更容易接受父母的教导。父母将对孩子的批评以及孩子的缺点包含在肯定与称赞之中的方法,将会比直接指责或者说教更有教育效果与意义。

64. 对孩子讲道理要动之以情

一个用听觉或视觉表达感情的人,能够体验到那个表达自己感情的人所体验过的同样的感情。

——(俄国)列夫·托尔斯泰

经典事例

上小学3年级的郭宇非常淘气,不是打碎了邻居家的玻璃,就是和小伙伴打架,父母对他的行为很是头疼。

这天,郭宇又因为和同学打闹,不小心碰碎了别人家的花盆。妈妈得知后十分生气,她冲着郭宇大声吼叫,但孩子却一副无所谓的样子,妈妈一说完,他就立刻回到了自己的房间。

孩子的态度反倒让妈妈冷静了下来,她开始认真地反思。她发现最近一段时间,自己的确是经常对孩子大吼大叫,对孩子的态度比以前粗暴了许多。于是,妈妈来到儿子的房间,心平气和地对儿子说:"妈妈刚才又吼你了,我向你道歉。你能原谅妈妈吗?"

郭宇想了想,不说话地点点头。妈妈接着问:"你是不是觉得最近妈妈对你很不好? 经常对你吼叫,还经常责骂你?"

郭宇眼里含了眼泪,但却竭力克制着不让它掉出来,听了妈妈的话他又是使劲点点头。妈妈说:"但是妈妈也没办法啊! 你最近总是闯祸,又不听爸爸妈妈的话,还没有礼貌。要知道以前你可是很懂事的,又乖巧又听话。现在的你,让妈妈真的很痛心呀!"

郭宇的眼泪终于掉了下来,他羞愧地边哭边说:"妈妈,我错了。我以后一定要做一个好孩子!"

智慧点拨

对于孩子,溺爱骄纵自然是行不通的;但过于严厉恐怕也不能起到很好的教育效果。故事中郭宇妈妈的做法值得父母深思,适当地转变教育方式,即使是对孩子讲道理也要动之以情,让孩子感受到父母感情的冲击,将会使孩子更理解父母。

很多父母在对孩子讲道理的时候,总是平铺直叙,再不然就是在严厉的口气下说出很重的话。父母这样的态度,很容易让孩子产生逆反心理,孩子也无法收到父母想要表达的信息。

一般来说,情感就是人对客观事物是否满足自己的需要而产生的态度体验,而情感有一个突出的特点就是"易感性"。父母的情感表达,有时候就会直接传达给孩子。比如父母在笑,这种快乐的情绪也会很快传染给孩子,使孩子高兴起来;而父母若是悲伤,感觉到这种情绪的孩子也会同时表现出悲伤的样子。父母的情绪变化,无论哪一种都会直接对孩子的个性形成以及发展产生影响。

因此,父母要抓住这种情感的易感特征,对孩子讲道理的同时,也要能使自己的心情与感觉传递到孩子心中去,让孩子在感情的感召下,理解父母的心情,接受父母的教育。

参考建议

情感表达是可以打动人心的表达。父母要尽量正确地发挥自身情感的感

染力,从而使父母与孩子双方能够更好地进行心灵沟通。

1. 控制自己的情感

父母在面对孩子的优点或者其成果的时候,大都情绪控制良好,一般都是表扬加激励的态度,让孩子在感受到愉悦的同时也会下决心继续努力。但一旦遇到孩子的缺点或错误,很多父母都会变得情绪很差,若是再遇到孩子十分顽劣,情绪失控也就不可避免了。

所以,父母应该学会控制好自己的情绪,要能够理智地看待孩子的成功与失败,尤其是孩子的一些过失。对于孩子在成长过程中所犯的一些错误,父母要能以包容的态度去对待,要能尽量控制住自己的情感,避免暴怒、极度失望等不良情绪的产生。尽管是要对孩子动之以情,但是这个情也要让孩子能承受得了,同时还要让孩子能感同身受。

2. 合理表达自己的情感

动之以情,就是要能够用真情打动对方。而一个人只有能够准确地表达出自己的情感,才能让对方感受到,才能引起对方的共鸣,也才能使对方受到触动。

因此,这就要求父母也要学会合理表达自己的情感,要让自己的情感能够准确地传递给孩子,让孩子从父母的情感中,发现并了解到他需要弥补的过失以及需要增强的弱点。

3. 不要与孩子争吵

争吵往往是让问题变得复杂、让判断不再准确的最不理智的做法。而父母与孩子的争吵,双方言词对立,将会使父母对问题不再有冷静的分析,也会使孩子不愿意再听到父母的教导,父母的怒气反而会激起孩子内心的叛逆。

孩子在某一个时期,无论是言语还是行为,都会显得非常"不听话"。因为这个时候的孩子,自我意识都很强。遇到问题的时候,父母一定要避免与孩子争吵,要通过正确的情理引导,让他能认清问题并解决问题。

4. 在家中营造健康的情感氛围

环境对一个人的影响是相当重要的。在拥有健康情感氛围的家庭中,孩子的情感成长也会是理智而有序的,遇到事情,孩子也能通过与父母的情感交流,更快地理解父母想要表达的意思。因此,父母要尽量在家中营造一个良好的、适合于孩子身心健康发展的情感氛围,这将有利于父母更好地对孩子开展情理

教育。

孩子很敏感,他能很快地感觉到父母的情感波动。换句话说,孩子很容易受到父母的情绪影响。因此,父母可以采取这种动之以情的讲道理的方法,让孩子在情感的包围中知理懂理,同时培养出自己正确的道德情感。

65. 引导孩子自己作出决定

你们那种最大限度的过问,会使儿子不能长大成为一个真正的人。他有时长大成为一个毫无主见的人,既不能作出任何的决定,又不能做任何的冒险和勇敢行为的人,而有时候适得其反,在某种程度上服从你们的压力,然而,奔腾着的,要求出路的力量有时爆发起来,结果演成家庭的乱事。

——(苏联)马卡连柯

经典事例

上小学一年级的林雅是个乖巧的孩子。在她小时候,有一段时间因为父母工作繁忙,林雅不再上幼儿园,而是被送到姥姥家里让老人帮忙照看。林雅的姥姥是个心细的老人,对孩子照顾得无微不至,甚至就连喝饮料插吸管的事情她都会代劳。

后来回到家以后,林雅重新进入了幼儿园,父母却发现林雅的依赖心理极强。而幼儿园的老师说,林雅在幼儿园也是如此,老师不说让她干什么她就不知道干什么。父母每当让林雅作出选择的时候,她经常犹豫不决,半天也下不了决定。

后来孩子进入了小学,父母决定帮助林雅改正这个毛病。在以后的日子中,父母对林雅的行为不干涉也不催促;遇到吃饭穿衣的问题,父母就要她自己选择喜欢的,等等。父母尽量让林雅自己的一切事情都自己决定,而他们只是在一旁给出合理的指导。

最终,在父母的"自主教育"下,林雅改变了以往的坏习惯,她变成了一个有自己独到的眼光、有自己个性的思维、有自己独特的感受,以及有自己正确的判

断的孩子。

对于孩子的犹豫以及过于依赖,林雅父母的做法值得学习与借鉴。父母要对孩子不过于强迫也不单纯顺从,锻炼孩子自己做决定的能力,这样在他长大成人后才能立足于社会,也才能有更好的发展。

孩子有他自己的想法,也有自己对未来的憧憬。若是父母忽视了孩子自我决定的权利,很可能会让孩子形成依赖心理,导致他做事没有主动性,还有可能对于自己必须要做的事情产生应付差事的心理。如此一来,孩子极容易养成懒散松懈的习惯,他的动脑思考能力以及判断分析能力也都将因得不到锻炼而有所退化。更有甚者,孩子因为不能自己做决定,还会产生叛逆的心理,最终使得父母与孩子不能很好地沟通,孩子甚至公然反抗父母。

所以,父母应该充分尊重孩子的内心意愿,帮助他理智且清晰地认识自己,让他根据自己的个性、特点,以及个人的兴趣、习惯等条件来作出最合理的决定来,并同时鼓励他按照决定去努力。

让孩子自己做决定对于有些父母来说,可能不会很容易,这些父母总是担心孩子的决定是不是正确的。其实自己做决定是孩子必须要学会的,父母只需要好好引导他就是了。

1. 不强迫孩子,尊重他的意愿

许多父母都从自身角度出发,按照自己的意愿来安排孩子的未来,并且也要求孩子必须遵守。无论父母的这个意愿是否符合孩子的特点,也无论这个意愿是否符合孩子的兴趣。只要是父母喜欢以及时代潮流所需要的,这些父母就会强迫孩子接受安排。

其实,这样的安排不但对孩子理想的建立与实现有害,而且对他的心理健康也没有好处。长此以往,孩子的心理会有逆反情绪产生,若是压抑得太久,也会对孩子的性格形成造成影响。因此,父母不要强迫孩子,既不要强迫孩子改变决定,更不要强迫孩子接受父母的决定。父母要结合孩子的自身特点,尊重孩子的自我意愿,只给出孩子合理的建议与意见,让孩子经过慎重考虑之后进行自我抉择。

2. 要对孩子有信心

父母不要看孩子年龄小，就认为他的想法幼稚而"不靠谱"；当然更不要自我认为孩子没什么经验，就自作主张地去代替孩子决定。对孩子有信心，才是对孩子最大、最好的支持。

对待孩子自己作出的决定，父母不要"杞人忧天"，而应该是给予他足够的信任，并且提出相应的指导。哪怕是最终孩子的决定导致的结果并不尽如人意，父母也要给予他信心与勇气，让他吸收经验教训，在今后的日子里改正，从而获得更大的进步。

3. 宽容看待孩子的错误决定

有时候，孩子的决定也许不会考虑周全，他的决定可能只是他自己的一时兴起并没有什么实际的效用。对于这样的错误决定，父母应该宽容看待，尽量不要对孩子的错误决定横加指责，也不要对孩子因此而犯下的过失冷嘲热讽。父母若有不正确的态度，那么孩子就会失去自信，失去自我决定的勇气。父母的宽容才能鼓励孩子改正错误，继续前进。

4. 引导孩子作出正确的决定

这里的引导，不是指要父母按照自己的想法来"引诱"孩子，让他顺从父母的安排。而是要父母尊重孩子的意愿，根据孩子的意愿来帮助孩子考虑事情的利弊，指导孩子深思熟虑，让他学会综合考虑所有事情，然后最后再作出正确且合理的决定。

同时，父母也要让孩子明白，一旦作出了决定，就要切实按照决定去执行。父母要让孩子做到"言而有信"，同时做事也要有头有尾，以此培养孩子严谨的习惯与态度。

金玉良言

让孩子自己做决定，就是让孩子自己去成长。未来的路终归还是要孩子自己去走，而未来的许多选择也还是需要孩子自己去分析、辨别，并最终作出适合自己且不影响他人的决定。因此，父母要培养孩子自己做决定的能力，引导他能正确决断。

66. 说话少否定，多肯定

肯定的语言，是孩子成长的正信息；否定的语言，是孩子成长的负信息。

——（中国）卢勤

经典事例

爸爸妈妈陪着8岁的女儿去参加一场少儿英语演讲比赛。但是，轮到女儿上台的时候，她刚说了两句话，就因为紧张过度而哭了起来，后面的演讲自然没法继续进行。

当时，台下的评委小声说了一句："这样的孩子也来参赛？真可笑。"

而孩子的父亲也训斥孩子："你真没用！哭什么！"

但孩子的母亲却上前给了女儿一个亲密的拥抱，并且对孩子说："没关系，你能站在这里已经很好了。妈妈为你骄傲。"

得到安慰的孩子不再哭泣，母亲也找到评委，请求再给孩子一次机会。这一次，她站在台上，流利地将自己的演讲内容说了下来。她的新表现得到了评委的一致认可，当然也包括那个说她"可笑"的评委。

智慧点拨

面对孩子的失误，一些成人选择了嘲笑和斥责，就如故事中的评委和父亲，但却有人选择了肯定，故事中这位母亲的做法很值得学习。试想，若是母亲也如父亲那样训斥女儿，孩子还会在最后有优秀的表现吗？因此，父母要对孩子多宽容一些，多肯定他，而不是否定他。

所谓否定，简单来说，就是极端的不认可，并且这种不认可还带有惩罚性。对于孩子来说，父母的否定其实和刑罚也没太大区别。因为这些否定不但要让孩子承担过失的后果，而且在父母眼中，孩子几乎是没有改正错误的机会的。

父母的话语中否定成分太多，会对孩子的心理产生影响。而这些否定话语的结果，要么是孩子变得反叛，尽管表面听从，但内心却滋生恶劣情绪；要么就是孩子可能会接受父母的否定，但是他与父母间的关系，却有可能就此崩溃。

"知心姐姐"卢勤说："父母的语言，是孩子成长的营养，爱的语言多了，一定结出'爱'的果子；恶的语言多了，会结出'恶'的果子。"因此，父母要多注意自己的话语,尽量减少否定的用词,多一些对孩子的肯定与鼓励,让孩子在爱的语言下更好地进步。

参考建议

犯错误是每个人一生都不能避免的事情,就连父母也无可逃避,那为什么非要去刁难本来就不成熟的孩子?父母要想与孩子进行良好的沟通,少用否定的词句,多些肯定的态度还是非常有必要的。

1. 不要否定孩子本身

"你没救了"、"你就是个不成器的"……类似的话语在许多父母的口中都出现过。父母也许就是"恨铁不成钢",也许就是发泄一时的怒气。但是,这样的话语出口就等于否定了孩子本身,否定了他曾经做过的一切努力。这种做法是绝对不可取的!

每个孩子都想做好,也都希望让父母骄傲。因此,父母不要总是否定孩子自身,否则孩子就会怀疑自己的能力,导致他不敢去做任何事情。

2. 不对孩子下否定的预言

有的父母在气头上时,经常会说一些"你将来……"之类的话,而这个"将来"却往往都是"黯淡"的。比如,最典型的一句,父母会说孩子"你将来肯定没出息"。孩子明明还在成长,他的将来谁也不能预测,只有靠父母和老师的培养,靠他自己的努力,他才看得到未来。父母这样给孩子下一些否定的预言,就会让孩子自己否定自己。而更严重的是,孩子一旦接收这样的"否定预言"过多,他有可能就会自暴自弃,从此不再努力。

因此,父母一定要注意,不要对孩子下否定的预言。种下肯定的种子,最终才能结出累累硕果。

3. 多鼓励少指责

父母之所以说出否定的话语,就是因为孩子的做法不合心意,或者孩子犯了错误,父母就不加考虑地指责一番。所以,父母要转换心态,对于孩子的不成熟,尤其是面对孩子的错误的时候,要尽量做到心平气和,多给孩子以鼓励,少对孩子进行指责,让孩子能自己认识到错误,并改正错误,这才是让孩子健康成长的做法。

4. 尽量少用"否定词"

相信绝大多数的父母都曾经说过以下的词:"不许"、"不能"、"不要"、"不可以"、"不准"……当孩子听多了这些否定词之后,他的生活就完全被圈住了,父母太多的"不"让他无所适从,也让他放不开手脚。

父母不停地对孩子说"不",却经常忘记说"可以",于是孩子也往往不知道哪些是他自己可以做的,长此以往,孩子只能不断犯错误,父母只能说更多的否定词。

因此,父母要注意改变自己的语言习惯,尽量少说一些否定词语。在日常生活中,父母要多发现孩子的优点。对于孩子的行为与思想,多一些肯定的想法;对于孩子的错误,多一些鼓励与指导。对孩子少用否定词,才能让孩子体验到成长的快乐。

金玉良言

所有的人都爱听别人的肯定的语言,肯定代表了自己的努力,也代表了别人对自己的认可。孩子也一样有这样的感觉,而他最在乎的,也就是父母对他的肯定。父母的说话少些否定,多些肯定,将会有助于亲子沟通,有利于孩子的健康成长。

67. 控制情绪,不对孩子吼叫

如果你冲着孩子喊叫,那你就会毁掉自己的一切教育成果,对孩子喊叫是可怕和有失体面的。

——(德国)卡尔·威特

经典事例

8岁的儿子不小心摔碎了爸爸最喜欢的茶壶,闻声而来的爸爸一看见心爱的茶壶变成了碎片,立刻怒火中烧,想也没想地踹了儿子一脚。

孩子一惊,被踹的疼痛使他委屈地哭了起来。爸爸看见儿子哭了,心里更加烦躁,不禁吼道:"哭什么哭?摔了我的东西你还有理了?闭嘴!"

爸爸一边收拾瓷片,嘴里依然骂着儿子。儿子尽管压抑了哭声,可还是能听得到抽泣,这时正在气头的爸爸随口就是一句:"快滚!别让我看见你!看见你我就心烦!"

"走就走!"孩子含着眼泪突然回了一句,接着转身就跑出了家门。

而爸爸根本理都不理,儿子也因为倔犟而拒绝回家。为了维持自己的尊严,为了显出自己不软弱,最终儿子果然离家出走了。

丢了儿子的爸爸追悔莫及,但这又能怨谁呢?

智慧点拨

父母的气话在未成熟的孩子听来,也许就会变成"真理"。就如故事中的父亲,丝毫不控制自己的情绪,结果吼走了孩子。孩子离家出走的结局不正是他自己造成的吗?

北宋著名文学家苏轼曾经写过一篇《留侯论》,其中有这样一句话:"卒然临之而不惊,无故加之而不怒。"意思是说,对于意外事件的突然降临一点也不惊慌,无缘无故对他加以侮辱能够不被激怒。当然,这句话的本义指的是,豪杰必须有超越常人的气度和节操。但是对于父母来说,这句话就可以理解为,面对孩子所造成的突然状况而不惊慌,要保持镇定与平和;而对于孩子激起的自己的恶劣情绪,能够自我控制不发作。只有做到这一点,父母才能与孩子进行良好的沟通,才能更好地解决问题与矛盾。

所以,父母要尽量控制自己的情绪,不要用吼叫来"震慑"孩子,只有能巧妙且顺利解决问题的父母,在孩子心中才是有威信且有能力的父母。

参考建议

因为孩子的种种过失,父母总会有不满意的状态,而父母的情绪爆发,大部分也都是为了孩子好。但是,不受控制的情绪,对孩子大声吼叫,并不是解决问题的方法。父母还是要学会控制自己,要学会理智。

1. 找对问题的根本

遇到问题,碰到矛盾,心情不好可以理解。但是,父母也要知道,坏情绪加上吼叫,孩子要么受到惊吓而产生恐惧,要么会因为叛逆期而激起争吵,要么就会表面服从但内心倔强,甚至还会认为"这样的父母真无能"。

所以,父母在遇到问题以及与孩子产生矛盾的时候,需要找对问题的根本,毫无顾忌地发脾气、大吼大叫,除了让自己发泄了心中怒气外,其他什么好的效果都没有。只有找对问题的根本,了解矛盾的根源,对症下药地去解决,才是父母处理类似情况的最好方案。

2. 不用过激的语言

所有人在听到对方的过激语言的时候都会不舒服,孩子也一样。父母在愤怒的情绪下大都口无遮拦,辱骂、讽刺、嘲笑等往往脱口而出。父母倒是一时逞了口舌之快,但听到这些话的孩子的心里会如何想呢?父母可以与孩子换一下位置,体会一下孩子的心情。

所以,即使愤怒,父母也要学着控制一下情绪,将那些过激的语言向下咽一咽,不要伤了孩子的自尊心,更不要因过激的话而使得亲子关系遭到破坏。

3. 努力让情绪平静下来

只有平心静气,父母才能更好地对孩子进行教育,也能更好地与孩子沟通。因此,父母在愤怒的时候,可以尝试几种方法让自己的情绪平静下来。

比如自我暗示法,一旦感到自己要发怒时,心里反复默念:"不要发火,要冷静,要冷静……"转移法,当感到怒气要爆发的时候,转而去干别的事情;深呼吸法,自己多做几次深呼吸,以吐出心底怒气;肌肉紧张法,紧握拳头再松开,紧绷脚板,等等。通过这些方法,父母要努力让自己的情绪恢复如常。

4. 尝试另辟蹊径

父母要知道,问题与矛盾的出现在所难免,但是该坚持的原则则不能放弃。因此在孩子不能达到要求的时候,父母完全可以不必要用发怒狂吼来证明孩子的不正确,或者要求孩子必须改正。若是能尝试另辟蹊径,控制自己的情绪,选择另一种方式解决问题,没准儿就能起到事半功倍的效果。

5岁的亚宁又一次把玩过的玩具小车扔了满地,妈妈以前曾经多次对他发过火,但亚宁明显没记住。

这一回,妈妈使劲压了压自己的火气,没再对孩子吼叫,只是对亚宁说:"来,和妈妈比赛看谁收玩具收得快。"亚宁高兴地和妈妈一起动手,把所有的玩具小车都放回了原处。

如此几次过后,亚宁养成了好习惯,每次用完东西他都会把东西收拾好,再没出现过乱扔不管的情况。

发火都没让孩子记住的要求,换一种方式,只几次就让孩子再也忘不了了。可见,父母在生气的时候,换一种方式去处理,不仅更有利于问题或矛盾的解决,也能增进亲子关系。

我国传统医学经典著作《黄帝内经》说:"喜怒不节则伤藏(脏)。"可见,控制情绪无论是对父母还是对孩子都是有好处的。懂得较好地控制自己情绪的父母,会通过种种方式,让自己的情绪平静下来,并找到合适的方法来帮助孩子解决问题,这样的父母才是明智的。

68. 别对孩子唠叨个没完

没必要对孩子歇斯底里地发脾气,也没有必要唠叨个不停。 早晨起来要洗脸刷牙,外出归来要洗手,弄乱的东西要放回原处等等,只要有机会就自然地教导孩子,这样不就行了吗?

——(日本)池田大作

经典事例

上小学3年级的文磊,每天早晨他的家里都是一样的景象:

妈妈早起,准备早餐,然后叫文磊起床。但小孩子总有赖床的习惯,妈妈就得一遍又一遍地叫。孩子懒洋洋地起来,刷牙洗脸后坐在饭桌前开始吃饭。

而妈妈则一边收拾文磊的房间,一边说:"看看你,这床永远都这么乱,被子、衣服就没分开的时候,总得让人跟你屁股后面收拾。每天你早起会儿多好,现在知道着急了吧? 慢点儿吃! 吃那么快,胃要坏的。妈妈每天早叫你就是为了让你有富余的时间,你就是总也记不住⋯⋯"

文磊却对妈妈的话充耳不闻,而且在妈妈的唠叨声中还越吃越快。吃完早饭,他抓起沙发上的书包就往门外走,妈妈立刻跟在后面喊:"着什么急啊? 吃饱了吗? 一上午课呢,再吃点儿。哎,课本、笔什么的带全没有啊? 别丢三落四的,每天都要人说⋯⋯"

文磊背着书包快速地跑着,直到听不见妈妈的声音,他才长出了一口气,心想:妈妈的唠叨什么时候才是个头啊!

智慧点拨

文磊妈妈可以说是目前许多父母的一个典型代表。唠叨,正在"锻炼"着孩子的耳朵。但唠叨的效果,却一点也不明显,或者根本就没有好效果,甚至还有反效果,这恐怕是所有父母都不愿意看到的。

心理学研究证明,"老调重弹,反反复复地说同样的话,会让人产生一种习惯性的模糊听觉。"也就是说,听话的人明明是在听,但话的意思却完全没被听进去,自然也就不会对那些话上心。从心理学角度来看,这就是长期重复听同样的声音而产生的一种心理上的不在乎。因此,父母不要总抱怨孩子叛逆、不听话,也要想一想是不是自己的教育方式出了问题? 是不是因为自己太唠叨了,而对孩子造成了"多说无益"?

父母的重复性唠叨,可能是为了让孩子加深记忆。但是,若是父母的唠叨太多,除了让孩子心烦外,还有可能会让他产生依赖感。若是父母不再唠叨了,他就会不适应,由此也就不能好好地学习与做事。这将不利于培养孩子的独立性与自我意识。

因此,父母不要总对孩子唠叨个没完,就算是说教也要有个限度。让孩子能够接受的教导才是有意义的教导,否则就只是一堆"空话"。

参考建议

有一个词叫"点到为止",是指说话做事到了适当的程度就停止,不再深入。而单看字面意思,这个词很适合父母使用。父母对孩子的说教,也应该"点到为止",不要一遍又一遍地重复不停,否则孩子烦躁也就成了必然。

1. 拒绝批评性唠叨

所谓批评性唠叨,就是说父母对孩子的错误或不足进行不停地说教,长篇大论甚至引经据典。如此时间长了,会很容易加重孩子的心理负担,让他对自己越来越没有信心,逆反心理也会随之慢慢增强。另外,总是对孩子进行批评,而且还是唠叨式的批评,对孩子的自尊心也是一种打击。

2. 避免"信口开河"

有的父母的唠叨,具有随意的特点,而且父母只要开了口,就没完没了,从一件事情扯到另一件事情,从孩子的一个小过失扯出孩子所有做得不正确的事。父母的这种没完没了的唠叨,不但让孩子摸不着头脑,而且也会影响孩子的注意力集中,让孩子既听不进去父母的说话,也不能安下心来学习。这种唠叨可以说是"费力不讨好"。

3. 尽量言简意赅

其实有些事情,一两句话就完全能说清楚,根本用不了许多时间,也更不会让孩子反感。父母若是能言简意赅地将想要表达的意思叙述完整,既让孩子听清楚了,也让孩子听进心里去了,何乐而不为?

所以,父母要学着将一些事情进行语言压缩,去掉不必要的话,也去掉不必要的联系,只要让孩子明白就好。其实,这样也能提高父母与孩子的办事效率。

4. 别对孩子抱过高的期望

很多父母唠叨的原因之一,就是孩子离他们的期望值太远。正是因为对孩子的期望太高,一旦孩子无法达到,父母就会不停地向孩子灌输自己的思想,想让孩子按照自己所说的去做,想让孩子能真的达到自己的期望。

但孩子都是有自己的特点的,也是有自己的能力水平的。并不是说,父母期望多高,孩子就一定能到达那个高度。父母需要认清孩子的实际能力,知足常乐才是正道理。

5. 不要只看见孩子的不足

引起父母唠叨的另一个原因,就是他们的眼里总是看到孩子的不足与缺点。于是他们借唠叨来不停地提醒孩子,并希望孩子能如父母所愿地弥补缺点、改正不足。

但事实并不是如此,因为不时地被点出不足,孩子渐渐地会产生自卑的心理,他将更不能正视自己的缺点。同时因为总被唠叨,孩子也会怯于去弥补与改正。父母的唠叨往往会使事情的结果适得其反。所以,父母也要注意发现孩子的优点,而不要只盯着他的缺点不放。

金玉良言

对待孩子,应该是指导多于唠叨。唠叨在孩子听来,往往会与责备相等同,父母的教育效果将被大打折扣。所以,别总对孩子唠叨个没完,只有亲切且简洁的指导,才是帮助孩子成长所必需的。而丢掉唠叨,除了会让父母少操一些心,也能让孩子心情愉悦、情绪安稳。

69. 不把坏情绪强加给孩子

要经常反观自身，要经常检查自己情绪所处的状态。……心情不好的时候，绝对不责骂孩子。

——（韩国）申宜真

经典事例

妈妈和出差的爸爸有了一些矛盾，妈妈很生气。吃晚饭的时候，5岁的儿子调皮地动来动去，妈妈一下子阴下了脸："好好吃饭！动什么动？你没看见我正生气吗？"

儿子立刻安静了下来，瞪着大眼睛怯怯地问："妈妈，你在生我的气吗？"

妈妈不耐烦地点了一下头，儿子伸出手摸着妈妈的脸说："妈妈，你别生气了，我听话。"

妈妈的心里正想着和爸爸的矛盾，只说："你快吃，吃完去睡觉。"

洗碗的时候，妈妈只觉得自己的衣服被轻轻地拽了几下，低头一看，儿子正拉着她衣服的一角，小声说："妈妈，你真的生我的气吗？今天我在幼儿园好好吃饭了。老师夸我做数学题快。我要当小学生了，我会很乖的。我真的表现很好，妈妈别生我气了好吗？"

妈妈听了这些话，愣愣地看着孩子，她猛然醒过来，怎么能将自己的坏情绪加在孩子身上呢？于是她关了水管，蹲下身子对儿子说："妈妈没生你的气。"

儿子说："真的吗？那你笑一下。"

妈妈笑了笑，抱了抱儿子，儿子也咯咯地笑了起来。

后来，妈妈也时刻注意控制自己的情绪，再也没把坏情绪加给孩子。

智慧点拨

生活从来不会风平浪静，也不可能一帆风顺，总是会有一些磕绊，坏情绪便也会随之而来。就如故事中的母亲那样，坏情绪会在不知不觉中感染周围的人，而孩子则尤为敏感。所以，父母应该学会控制自己的坏情绪，不要将其转移给他人，尤其不要转移给孩子。

心理学上曾经有一个著名的"情绪反应链"案例：老板骂了一名员工，生气的员工回家后和妻子吵了一架；妻子觉得窝火，正好儿子回家晚了，在气头上的她就给了儿子一巴掌;儿子捂着脸,又狠狠踢了自家猫一脚;猫冲到了外面的街上,一辆车为了避闪突然出现的猫,撞倒了一个孩子……有人说,坏情绪产生的结果,就像是多米诺骨牌在外力的作用中挨个倒下。父母一旦有了坏情绪,心理与行动都会变得异常,最重要的是会对孩子的心理产生严重影响。

因此,为了孩子的心理健康,也为了他的未来,父母不要将自己的不良情绪强加给孩子,要让孩子成长在温馨、和谐的家庭环境之中。

参考建议

有心理专家曾经说过:"情绪具有'高传染性',负面情绪的扩散能力更强……"一个人的消极情绪,最容易传染给他最亲近的人,而首当其冲者就是孩子。因此,做父母的一定要克制自己,不要将坏情绪传染给孩子。

1. 不将坏情绪带回家

父母工作一天,忙碌、劳累、辛苦,这些自不必说,更是还有不少的挫折、烦恼——工作中遇到的瓶颈问题;因一些失误受到上司的责骂;因一些不同意见与同事产生的分歧等。这些都是父母在家庭之外会遇到的问题,而人又是情绪化的动物,在遇到这些问题的时候产生情绪也是在所难免。

但是,父母要注意的是,坏情绪若是在外产生的,最好就将其留在外面,不要带回到家里来。因为父母在工作上的坏情绪,是与孩子完全无关的,孩子不应该为父母工作上的问题而承担些什么。

2. 尽量不当着孩子的面闹情绪

父母双方会因为家庭背景、教育程度、思想,甚至性格等方面的不同,对某些事情有不一样的看法与认知,因此"家庭战争"的爆发也不少见。而家庭中的结构很简单,父母因争吵而形成的坏情绪,会给孩子带来严重的不良影响。

需要提醒父母的是,当着孩子的面闹情绪,尤其是因家庭问题而产生的坏情绪,就会让孩子失去安全感,这将不利于他的身心健康发展。

3. 教育孩子也应有积极的情绪

一个家庭中,孩子的教育是件重要的事情。父母首先要在孩子的教育方面采取积极的方式。这就要求父母不要将孩子的教育成果想象得很悲观,如此时间长久,就会让孩子感觉未来很可怕。也就是说,父母也要尽量有一个乐观的情绪,要多从正面评价孩子,要让孩子乐于接受父母的教育,而父母的正面评价也能给孩子以信心。

4. 掌握叫停坏情绪的方法

面对突如其来的坏情绪，父母应该学会叫停。比如，通过做其他一些事情来转移注意力，换一个角度来看待问题，通过良好的心理暗示来让自己转移情绪，等等。父母要适当调整自己的心理状态，改掉坏脾气，尽量在孩子的面前叫停自己的坏情绪。

5. 要及时向孩子道歉

人的控制能力各不相同，总是有人会不自觉地爆发出自己的坏情绪。而父母往往因为自身原因或孩子的教育等问题，无法抑制地向孩子发脾气。父母要记住的是，若是真的对孩子发了脾气，就要及时向孩子道歉。因为父母的这种坏情绪，会让孩子误以为父母不再爱他了。而父母若是能排解开孩子的这种心理误区，就能让孩子感受到父母的真诚，向孩子道歉的父母也能得到孩子的尊重，如此也可以增进亲子关系。

金玉良言

坏情绪不是不可避免的，关键就要看人如何调节。父母应该锻炼自己理智地看待问题的能力，以此来尽量减少自己的坏情绪，同时也不要将自己的坏情绪强加到孩子的身上。父母只有多一些良好的情绪，孩子也才能感受到快乐与温暖，才能健康成长。

70. 别对孩子太挑剔

没有一个孩子不想学好，他一定是碰到了困难。任何方法都必须从你孩子的实际出发，才会有效。千万不要和别的孩子比，因为基础不同。谁都有不擅长的方面，也许是不适应，父母的责任是鼓励和耐心指导。如果总是挑剔或训斥，就会使孩子变得越发无能。

——（中国）孙云晓

经典事例

5 岁的肖雷尽管是个男孩子，但性格却十分文静，有时候也有些害羞。在外人看来,肖雷很乖,但是在爸爸看来,肖雷的"乖"就变成了"笨"。

一天,妈妈带肖雷去朋友家玩。妈妈看到朋友家的孩子画飞机,于是就让肖雷也画,但孩子却扭捏着不愿意动,嘴里不停地说:"我不会,我画不出来。"任妈妈怎么鼓励,肖雷就是不去画,甚至还往妈妈背后躲。看到孩子这样,妈妈在朋友面前觉得十分没有面子。

回家后,妈妈将肖雷的事情告诉了爸爸,爸爸一听就生气地说:"这孩子,画画就是四不像,算数也总是出错,运动神经也不发达,就连说个话都说不利索,胆子还特别小,一点儿也不像男孩子。"听了爸爸话的肖雷,头又低了下去。

从那以后,肖雷不但没有改进,他"文静"的性格反而越发明显,父母也是干着急而没有办法。

智慧点拨

其实,父母无不是望子成龙、望女成凤的。但是,孩子也绝对不是完美无缺的。像肖雷爸爸这样,对孩子百般挑剔,孩子就会很"自觉"地认为自己就是什么都不会。这样,孩子没有改进、没有进步也就不足为奇了。

随着孩子年龄的增长,很多父母都会对孩子越来越挑剔,他们会认为孩子学得太慢,会认为孩子懂得太少。但是,父母要知道,没有谁能够一口吃个胖子,也没有谁能够一下子就学富五车,或者一下子就变成万能。孩子就是因为有不足才会去学习,而父母则不应该总是挑剔他的不足,更不应该认为有这些不足的孩子就一定是"没有前途"的孩子。

因此,父母要宽容看待孩子,少些指责与批评,多给孩子一些鼓励与赏识,多包容孩子的缺点与不足。不对孩子太挑剔,也是让孩子能够更好成长与进步的条件。

参考建议

父母对孩子的一些细节要求过分严格,会让孩子有压迫感。而父母对孩子太过挑剔,要么是所有事都替孩子做好,要么是对孩子做的所有事总是不满意。如此一来,孩子则不是过于依赖父母,就是彻底丧失自信。所以,太挑剔孩子,对他的成长没有好处。

1. 减少对孩子的负面暗示

成长期的孩子心智发育还不成熟,并没有自我评价意识和自我认知能力。所以,孩子对于自我的认识,大都来自于父母的判断。

而有的父母却经常说："你看你,连个字都写不好。""怎么这么笨?这么简单的算术都出问题!""你看你那点儿出息,你说你能干什么?"类似的语言都是对孩子的一种负面暗示,这些负面暗示多了,孩子的内心就会产生"我不行,我不会,那我就不要再做了"的想法,那么孩子将再也不敢尝试任何事情,还会产生自卑心理。

2. 放手让孩子多锻炼

孩子都有喜欢尝试、敢于探索、好奇求知的精神与愿望,而有的父母一面挑剔孩子的不好,一面又舍不得或者不放心让孩子自己动手,这就让孩子越来越畏首畏尾、不敢做事,父母便也越来越挑剔孩子的短处。

因此,父母要放开手,多让孩子得到锻炼,让他多做一些力所能及的事情,也让他多积累些经验。而且孩子的动手能力,就是从不熟练到熟练,是一个必经的过程,所以父母应该允许孩子犯错,并且只能给出合理的建议与意见,不能指责孩子。

3. 不要给孩子定太多标准

父母对孩子的挑剔总是依照一些标准,而许多时候,这些标准又都是父母自己定的,标准高、规矩多,在父母眼中,孩子自然是有些"一无是处"。

所以,父母要正确看待孩子的真正实力与其自身的水平,不要拿一些不切合孩子实际情况的高标准来强求孩子,更不要拿别人的长处来对比孩子的短处。在许多条条框框的约束下,孩子也许会有畏惧感,也许会变得死板,甚至也有可能会变得叛逆。

4. 不要牺牲孩子的快乐

过于挑剔,就是因为不够完美。有的父母往往嫌自己的孩子不够完美,或者脑子没有那么聪明,或者某些方面的能力没有那么强,为了让孩子能够逐渐接近完美,父母就会牺牲孩子的快乐,让他向着父母心中的完美不断"努力奋斗"。

的确,如何让孩子能够健康成长,并且还能出人头地,是所有父母都特别关注的。但是,这种关注也要有度,要让孩子既有勤奋学习的时间,也有快乐玩耍的时间。父母绝对不能让孩子以牺牲快乐为代价,冲向那些所谓的"完美"。

金玉良言

世上没有完美,不可能有人达到完美,孩子更不可能。古语说:"金无足赤,人无完人。"所以,父母不要对孩子太过挑剔,要让孩子有个性、有特点地发展。

只有这样,孩子才能发扬完善自己的长处,不断弥补自己的不足。

71. 不说溺爱孩子的话

溺爱孩子根本不是爱,而是一种软暴力,是对儿童权利的剥夺,其实质是不把孩子当成一个真正的人。

——(中国)孙云晓

经典事例

"六一"儿童节又快到了,7岁的杨帅早就盼着能到游乐场好好玩一下了,特别是游乐场新增加的摩天轮和云霄飞车,他一想到那刺激的游戏场面,心里就直痒痒。

儿童节当天,妈妈带着杨帅来到游乐场。尽管这里好玩的游戏有很多,但妈妈却认为一些游戏对于7岁的儿子来说太危险了。至于杨帅想玩的云霄飞车,妈妈更是严令禁止他去。

杨帅羡慕地看着其他孩子大笑与尖叫,内心直为自己不能去而遗憾。忽然,他发现不远处有一个可供攀爬的架子,他心想:这个应该可以玩吧。于是,杨帅趁妈妈不注意,跑到了架子旁边。可就在他快要爬到顶端的时候,忽然妈妈一声大喊:"小心!别掉下来!"杨帅被妈妈吓了一跳,手里一滑,一下子从架子上摔了下来。

妈妈心疼地对杨帅说:"让你别乱跑、别乱动,摔了吧?摔坏没有啊?过来让妈妈看看。"

其实那个架子不算高,杨帅不过是摔疼了屁股。但是妈妈却不这么认为,她拽着杨帅离开了游乐场,并说:"以后这么危险的地方再也不来了!"杨帅耷拉着脑袋,觉得这真是个无聊的儿童节,他一点也不快乐。

智慧点拨

对于一个本来努力走向独立的孩子来说,父母的一些溺爱性话语不但对孩子起不到鼓舞的作用,反而会打击孩子的积极性与自信心。故事中杨帅的妈妈就是一个典型的例子,父母的过度保护,让孩子失去了不少探索与体验的乐趣。

其实,父母的保护本来应该是为了不再保护。父母应该通过对孩子的指引与教导,让孩子既能学到知识又能避让危险。但很多父母的话语中,却体现出来不同的意味。比如一些过分的赞扬,一些不合孩子实际的褒奖,甚至一些过度呵护孩子的关心,这些其实都是父母溺爱孩子的表现。这些溺爱的话,让孩子的确是受到了保护,但是父母过于注重表面的安全,忽略了孩子自身的心理需求。无条件的溺爱,也会让孩子产生反感,阻碍他的成长。

所以,父母不要总对孩子说溺爱的话,父母的爱应该是包容与鼓励,应该是给孩子以推动力的,而不应该变成孩子的保护伞,更不能成为阻挡孩子进步的障碍。

参考建议

父母热爱孩子,这是件天经地义的事情。但是,爱也要有度,溺爱的话若是说出来,就不是对孩子的爱了,而是对孩子的害。在溺爱的话语中成长起来的孩子,将不会勇敢面对这个世界,他的未来发展将会受到影响。

1. 不要夸大孩子的成绩

对于孩子取得的成绩,父母要给予赏识与鼓励。但是,即使是对孩子的优点与成绩,夸奖也应该有个度,不能过分夸大。

上小学 4 年级的关慧跟妈妈说,老师在挑选升旗手,她很希望自己能够被老师选上。

妈妈信心十足地告诉孩子:"你是最棒的,学习又好,体育也不错。你肯定能选上旗手,别人都不如你。"

听了妈妈的话,关慧却没有露出笑脸,反而有些不知所措。她在想:要是自己没选上,是不是就不是最棒的了呢?

可见,过分夸大的表扬,有可能会给孩子带来很大的压力,使得孩子对自己抱有很高的期望。而随着孩子的年龄增长,若是他发现自己并不如想象中那样优秀,就有可能产生自卑、嫉妒等负面情绪。而且,父母超出实际的夸奖,还会让孩子感觉到父母不是真心在夸奖他。另外,夸大孩子的成绩,也有可能会让孩子滋长虚荣心,也不利于他的成长。

2. 减少不切实际的安慰

孩子总是会有各种各样的烦恼,父母应该及时给予安慰。应该注意的是,给予孩子的安慰应该要切合孩子的实际情况。比如孩子对于自己的相貌、身高等方面都会随着年龄的增长而多作关注。若是孩子体重偏重,或者身高偏低的时候,父母应该从正面进行鼓励,让孩子通过多做运动或者其他方法来努力改变现状。父母应该首先理解孩子的不快,切记不要一时心疼孩子,就直接给孩子以不切实际的安慰。

3. 注重培养孩子的独立意识

有很多父母疼爱孩子,看见孩子要自己去做什么事情的时候总是会说:"你太小,我帮你。"或者说:"别动,你弄不好。"父母的确是出于爱与担心,但是这样却剥夺了孩子进行自我探索的机会,也剥夺了孩子体验成功的机会,父母一些不必要的帮助反而会阻碍孩子智慧和性格的发展。

所以,父母应该注重培养孩子的独立意识,让孩子多做些他愿意做且也能做到的事情,即使失败了也无所谓,父母要让孩子在挫折中培养不向困难低头的精神。

4. 对孩子不要过分关切

父母对孩子的保护心都是很强盛的,这本无可厚非。但父母也要注意,过分的警告或者关心,过多地阻止孩子做一些事情,反而会更容易让孩子遭遇挫折。因为父母如此的说法,就是在向孩子传递一个信息:"你一定会失败。"这样就会使孩子变得懒于动手、害怕失败、习惯依赖,从而使他失去充分发展与成长的机会与权利。

金玉良言

孩子的世界与思想都很单纯,往往父母说什么就是什么,父母的话语也可能会决定孩子的一生。所以,父母要丢掉溺爱孩子的话语,不要让孩子生活在这些错误的语言环境中。父母要为孩子的成长与成才负责。

72. 通过写信与孩子沟通

有时候,对于某些觉得不便用口头表露的情感,我会以书面的形式,写在纸条上,这使它们加重了自身的分量,并显得更加真实可信。

——(德国)卡尔·威特

经典事例

文卓上小学5年级了,爸爸由于经常出差不在家,所以与儿子的交流少了许多。于是,爸爸想,不如用写信的方式与文卓交流。尽管打电话或者发电子邮件也许更方便,但爸爸总觉得这些方式不如写信更情真意切一些。

有一次,文卓十分烦恼地告诉爸爸:"班里改选班干部没有我,而选上的人都还不如我呢!"爸爸看到信后,没有批评孩子,而是经过仔细思考,才给儿子回了信。爸爸在信中告诉文卓:"要看得到别人的长处,也要看得到自己的短处。别的同学能当班干部,他一定是有优点的,所以要多学习别人的优点,来弥补自己的缺点。这样才能不断完善自己。"接到信的文卓仔细读了爸爸的话,几经思考,觉得爸爸说得很有道理,于是烦恼便也烟消云散了。

类似的事例还有很多,爸爸通过写信交流教给了文卓许多做人的道理与处事的原则,既让孩子得到了成长,也增进了父子间的关系。

智慧点拨

许多父母就像文卓的爸爸那样,忙于工作,和孩子疏于交流。文卓爸爸通过写信与孩子沟通的方式,父母不妨一试。不一定非要很大的篇幅,只要表达出父母的情意就好。

书信,是一种传递信息的工具,同时更是一种情感交流的工具。尽管在当今科技飞速发展的时代,类似于电话、电子邮件、聊天软件等工具可以让人"近在咫尺"地交流,但是这些都不能取代信件,也无法媲美书信的魅力与价值。因为书信无论是文字还是情感,都是一个人内心最真切的流露。

"知心姐姐"卢勤曾经说过:"给孩子写信,通过文字来表达自己的心情,不失为一种与孩子沟通交流的好方法。"也就是说,尽管父母与孩子近在咫尺,但也同样可以用信件来进行心灵的沟通。在信中,父母可以将日常生活中许多当面不便表达的情感,通过信件的方式表达出来。

由此可见,通过给孩子写信,父母也一样可以教育孩子。而且这种教育方式,由于避免了许多不良情绪,孩子也比较容易接受。

参考建议

尽管"家书抵万金"的时代已经过去,尽管3G时代甚至能让远隔千里的人面对面通话,但是书信的功能却是无法被替代的。父母要看得到书信在促进亲子沟通方面的价值,一些不好与孩子当面说清楚的事情,父母可以用书信来与孩子进行交流。

1. 斟酌信的内容与措辞

书信这种方式,是要父母能将自己的一些思想、感情用文字表达出来,让孩子能够了解父母所想。这就要求父母要正确对待信件,信的内容要切合生活的实际,更要切合孩子的实际;而信的措辞,则要选择让孩子能够接受的语句。若是书信中的话如父母面对面训斥孩子一般,那么也就失去了写信的意义,孩子不但不会接受,甚至有可能不愿意再看。

2. 要抓住写信的时机

通过写信与孩子交流,父母也需要抓住有利时机。比如孩子情绪低落的时候,遇到敏感问题的时候,有烦恼不愿意多说的时候,甚至在孩子闯祸的时候,父母都可以通过书信,来让孩子认识自己,接受父母的教诲。

所以,在正确的时机用信件与孩子进行交流,可以让孩子感受到父母对他的尊重和关心,这种方式也许会让孩子打开心扉,从而与父母交心而谈。

3. 写信讨论重要问题

所谓重要问题,可以指孩子成长道路上的瓶颈,也可以指孩子的一些对其成长没有好处的思想。这些问题对于孩子来说,有的可能比较敏感,不便于说出来;有的则可能是孩子的叛逆心理,认为自己没有错,所以不用说出来。这时候,父母的书信就可以显示出其作用了。

在书信中,父母可以将自己的一系列看法与想法列出来,给孩子提出合理适当的参考意见,帮助他分析利弊,让他经过自己的重新思考摆脱问题、离开歧路。

4. 不要长篇大论

其实就如说话一样,父母写给孩子的书信也不要长篇大论。若是孩子年龄偏小,如此长的信件,孩子不一定能有耐性看完;就算看完了,这么长的一封信,很容易看了后面忘前面,他也不一定能理解父母的意思。而对于年龄偏大一些的孩子,看见长篇的教育性话语,他更是逆反心理强烈。如此一来,父母用信件开展沟通的意义将会失去。

所以,父母即使是写信,也要经过深思熟虑。书信内容既要言简意赅,同时也要切中要害。父母的书信应该是简单明了,让孩子看后不但能看懂,还要能看透。只有这样,孩子才能从字里行间领悟到父母所想要传达的意思。

金玉良言

书信可以作为父母与孩子情感的载体。写信是一个过程,在这个过程中,一些不良情绪就会被一点一点地过滤掉,从而避免了言辞过激或语气犀利而造成的沟通障碍。父母在信中的殷殷之情,也可以鼓励孩子更加积极向上。

第六章

要善于鼓励孩子

心理学家曾说："就像植物需要水一样，
孩子需要鼓励。离开鼓励，孩子就不能成长。"
对孩子来说，
最残酷的伤害是对他的自信心的伤害，
最大的帮助是给他以能支撑起人生信念风帆的鼓励与信任。
所以，不论孩子现在是多么"差"，
父母都要多鼓励孩子，
并善于鼓励孩子，
充分树立起他的自信，
让他在人生长河中做到信念永存，
脚踏实地。
这样，
孩子就一定会步入成功的殿堂。
这里面有最为重要的一点，
那就是父母在鼓励孩子时，
一定要发自内心地真诚地去鼓励孩子，
这样的鼓励才能达到最大的教育效果。

73. 让孩子知道你相信他

信任是什么？ 信任是父母给孩子最好的礼物，是一种成长的动力。 同时信任是心理的安定剂。 一个人得到别人的信任的时候，心里会变得宁静、稳定、自然。 它能使人变得自信起来，而且使他心理上处于一种活跃状态，这对他的发展是非常有利的。 一个人如果得不到信任，会增加很多的猜测、自卑、自责、自愧，就会消磨斗志，瓦解信心。

——（中国）孙云晓

经典事例

5岁的辛力和4岁的表妹一起玩。辛力妈妈给两个孩子沏好了果汁，果汁有些烫，妈妈对孩子们说："不要碰，很烫。"说完，妈妈就走进了厨房。

但是不一会儿，妈妈听见了辛力表妹大哭的声音，她连忙跑出厨房，就见小姑娘正大声地哭，辛力的爸爸正在训斥着辛力。妈妈经过询问，才知道原来是辛力推倒了表妹。

受到爸爸训斥的辛力噘了噘嘴，大声说："我不理你们了！"说完就回了自己的房间。

妈妈不认为孩子会欺负自己的妹妹，于是她走进辛力的房间，看见孩子正坐在床上生气。妈妈走过去坐在辛力身边问道："刚才爸爸说你，你觉得对吗？"

辛力想了想，说："对。可是，妹妹要去拿热水，烫了她怎么办？"

妈妈这才明白原因，于是笑笑说："不让妹妹去拿热水是对的，但是你那么推妹妹，她摔倒了多疼啊！"

辛力慢慢地点了点头，妈妈拍了拍辛力的肩膀说："去跟妹妹说声对不起吧！"

小表妹原谅了辛力，两个孩子很快又玩到了一起。

智慧点拨

没有哪个孩子是有什么坏心眼儿的，他有时候也许就是好心，但是表达与表现的方式都有些误差。就像辛力这样，本意是护着小表妹，但反过来却伤到了她。辛力爸爸的做法显得有些粗暴，不问青红皂白就训斥孩子是不对的。而辛力妈妈的做法则值得父母借鉴，她相信孩子，认为他即使做错了事情也一定是有原因的。这位母亲通过耐心倾听，最终了解了事情的原委，才没让孩子饱受委屈。

孩子都不会成心做错什么事，也不会故意去破坏什么东西，孩子的所有举动也都是有原因的。所以，父母应该用信任的态度面对孩子，孩子犯错误就是他学习成长的机会，即使他真的做了很过分的事情，父母也应该宽容对待，除了要对孩子进行正确的引导与教育，还要告诉他做人的道理与原则。

另外，孩子也都是要长大的，磕磕绊绊总是难免，父母应该相信自己的孩子能够闯过难关，不要太过度的保护，否则孩子的成长发育不管填补多少营养品都会变得"营养不良"，因为他缺少最起码的锻炼。

所以，父母应该向孩子传达这样的一个信息：父母是信任他的，他可以放手去做。毕竟，在孩子眼里，父母是最重要的人，再没有比父母的信任更能让孩子增加勇气的了。

参考建议

怀疑得越多，最终那个怀疑就会变成残酷的现实；而相信得越多，那份信任最后则能换来意想不到的美好，这是个规律。父母对孩子的信任也遵循这个规律，孩子只有感受到父母的信任，他才能放开手脚尽自己最大努力去克服险阻、不断前进。

1. 相信孩子能做好

孩子笨手笨脚的时候，有的父母就说孩子"没脑子"；孩子出了差错与失误的时候，有的父母就给孩子冠以"没出息"的称号……其实父母的这些做法都是不相信孩子的表现。

孩子都希望能得到父母的赞赏、尊重与信任，而且孩子也要借此来肯定自我、发展自我。父母要对孩子的行为给予足够的信任，要相信孩子能够做好。这种信任往往会成为他在人生路上不断奋勇前进的动力，从而对他的一生产生深远的影响。

2. 将自己的事情适当地告诉孩子

信任一个人的表现，就是能将自己的心事或者自己的小秘密与之分享，听取他的不同意见，接受他的最真切的安慰。父母也可以通过将自己的一些心情与孩子一起分享，来让孩子感受到父母对他的信任。其实，很多时候孩子知道的远不像父母想的那样少,孩子懂得的道理尽管简单,但在某些时候却也能让成人有恍然大悟的感觉。

所以,父母可以用一种能让孩子理解的方式,将自己的事情告诉他。对于父母来说,这不仅是信任他的表现,同时也是一种自我开导的过程。而与孩子分享心事,更能拉近父母与孩子之间的距离。

3. 不做孩子的"监工"

孩子在学校有没有认真听讲?孩子在家里有没有好好学习?刚才打电话来的人是不是又要让孩子出去疯跑?父母对孩子的担心永远也没有尽头。但是,父母也要细心想一想,如此多的担心,是不是在传递给孩子一个信号——其实,你并不信任他呢?

所以,父母要转变观念,不要再做孩子的"监工"。给孩子足够的自我空间,也相信孩子能够自己处理好自己的事情。

4. 让孩子"自己的时间自己做主"

有的父母一定会这样说:"孩子的时间他还能干什么啊?让他自己安排,还不是除了玩就是玩啊!那还能学习吗?"其实不然,孩子的时间,除了学习还有许多事情可以做。父母应该让孩子能够自主分配自己的时间:什么时候学习,什么时候休息,什么时候有别的活动,其实孩子也会有自己的判断与安排。父母不要总担心孩子,要相信孩子能够自己做主。

金玉良言

允许孩子尝试,允许孩子在前进的道路上"摔跤",这才是父母信任孩子的表现。给孩子充分的信任,让孩子从小就有一种被认同、受到赞赏与肯定的感觉。而得到父母信任的孩子,心情也会舒畅许多,做事、学习也都会更加出色,与父母的关系也能更加融洽和谐。

74. 学会赏识你的孩子

人都有生就的天赋,而父母不懂真相才没有把他当成天才。孩子身上的天赋是未经加工的钻石,所以不能因为表面上没有天赋的闪光而失望。这种天赋要靠表扬来磨制。夸奖孩子,让自己的孩

子发挥出他所有的能量吧！

——（日本）谷口雅春

经典事例

10岁的陈豫最近正在学钢琴。但妈妈发现，这几天陈豫的钢琴弹得很是不对，简单的曲子弹得不熟练不说，一些不该出错的地方也总是出错。但妈妈找钢琴老师了解情况的时候，老师却说陈豫是个挺有天分的孩子，学得很快的。妈妈这就感觉很奇怪了。

这一天，陈豫的琴依然弹得不成样子，妈妈很生气地问他："为什么不好好练琴呢？难道练琴对你来说很痛苦吗？你说，你做什么舒坦？"

陈豫小声地回答："跟着老师练钢琴的时候就挺舒坦的，但在家……"

妈妈听了一愣，继续问道："为什么在家练琴就不舒坦呢？"

陈豫说："跟着老师练的时候，老师总是夸我有进步；可是在家练的时候，你却一直说我这里不对、那里有错。你越说我越着急，越着急就越出错，越出错就越没信心。"

妈妈听了孩子的话，才猛然惊醒。孩子所说的，不正指的是他需要赏识吗？妈妈仔细一想，她最近的确总是在指责孩子的错误。

后来，妈妈改变了自己的态度，在陈豫每次弹琴的时候，她总是给予鼓励与表扬，而陈豫的钢琴也弹得越来越好。

智慧点拨

同样一件事情，在两种不同态度的对待下就会有不同的效果。老师的夸奖肯定了陈豫的努力，而母亲的指责则忽略了孩子想要得到鼓励的渴望。不过，这位母亲能"知错就改"的精神，还是值得学习的。而这种对孩子赏识的教育理念，则更需要父母用心去领悟。

美国哲学家威廉·詹姆士说过："人类本质中最殷切的要求是：渴望被肯定。"每个人都渴望被别人认同，孩子更是如此。孩子都是在不断探索与尝试中前进的，他迈出的每一步，都是他努力奋斗的结果。而孩子也是在不断的跌倒、爬起中得到锻炼与成长的。父母的赞赏与鼓励，可以推动孩子不断地向前进。得到父母赞赏的孩子，也能够拥有一个自由成长和快乐学习的空间。

所以，父母要学会赏识自己的孩子，赏识他的独特，赏识他的勤奋，赏识他的进步，也赏识他的改正错误。在父母正确合理的赏识中长大的孩子，才会更加拥有自信心，也更加有勇气去面对未来的挑战。

参考建议

有人说:"赏识导致成功,抱怨导致失败。"的确,孩子若是生长在父母的赏识之中,那么他将更容易接近成功;而他若是总听到父母对他的抱怨与斥责,那他将会变得越来越"坏",也将越来越偏离他成才的道路。

1. 不要一见孩子就申斥

不少父母看见孩子做得不好的地方,总是训斥孩子,甚至还会谩骂。在这样的环境下,孩子得到的都是父母对他的负面评价。而包括孩子在内的所有人,对于别人的负面评价都会有不舒服的感觉。

所以,父母不要一见孩子就申斥他,要多看到孩子好的一面,多给予赞扬与鼓励,只有这样才能培养出孩子开朗的性格,他也才愿意和父母进行沟通。否则,得不到父母赏识的孩子,极容易自暴自弃,甚至走上歧途。

2. 给予孩子最起码的信任

也许父母不相信孩子能做什么很伟大的事情,不认为孩子能完成不符合他实际情况的挑战,但是父母也应该给予孩子最起码的信任,对他的这种敢于挑战的勇气给予足够的赏识。

人正是在赏识中才得到继续拼搏奋斗的动力的,而孩子也正是在父母的赏识中才得到激励的。父母对孩子多说"你能行",给予他起码的信任与鼓励,会使孩子在心中建立起"我一定可以"的信念。父母的赏识将会增加孩子成功的概率。

3. 肯定孩子的微小进步

赏识孩子,不是说留着那些赞美,一定得孩子取得什么重大成果才说出来。面对孩子的每一次微小的进步,父母都不要吝惜赏识。让孩子体会到成功的喜悦与快乐,才是激励他继续前进的动力。

另外,父母对孩子进步的这种赏识,一定要肯定孩子的努力与奋斗过程。不要让孩子感觉父母的赏识很空泛,那样,孩子只会认为父母的赏识是在敷衍他,这将不利于孩子进步。

4. 不要"夸大"自己的赏识

父母赏识孩子,不是说一味地认为只有自己的孩子好,只有自己的孩子不会犯一点错误,只有自己的孩子是最棒的,不会出任何问题。这样的赏识就夸大了孩子的优点,容易让孩子滋生虚荣心,让他变得自满、骄傲,最终放弃前进。

父母的赏识也应有度,只"赏"而不"识",没有目的地赞美孩子,或者不知道应该具体赞美孩子哪些方面,这样的赏识都不利于孩子的成长。

金玉良言

父母对孩子真心的赏识,可以让孩子感受到父母对他的尊重与信任。受到赏识的孩子学习起来将会更加有动力,也会更加有勇气面对困难与挫折。父母对孩子这些优点的肯定,也是对孩子成长的肯定。

75. 善于发现孩子的优点

能发现千里马的人是伯乐,能发现孩子长处的父母是称职的父母。 我们要善于发现孩子的优点和长处。

—— (中国)卢勤

经典事例

周勤上小学 3 年级了,课本要求开始正式写作文。这下周勤有些挠头,要是以前,写个几句话,或者看图说话,他还能应付得过去,但写一篇完整的文章,他不知道自己能不能写得出来。

后来,还是爸爸帮了他的忙。每当周勤写完一篇作文,爸爸都把文章中写得好的句子用红笔画出波浪线,然后让孩子自己读给全家人听。一开始,周勤有些惴惴不安,怕妈妈会笑话他,但爸爸却说:"刚开始写作文,就能写出好句子,你很了不起呢! 没事,念给妈妈听吧,她一定也会喜欢的。"

果然,在听到孩子的一些很有创意的句子和很优美的词语的时候,爸爸妈妈都会为他鼓掌,并鼓励他继续加油。

慢慢地,周勤在爸爸的帮助下,对写作文不再害怕,他越来越爱写,也越来越能写。他的作文不但经常被老师当做范文在全班同学面前朗读,还被推荐到了校报上。

智慧点拨

不少父母看到孩子的作文,总是会去挑里面的错处,于是就开始训斥孩子:

"怎么这么多错别字？连语句都不通，写这么差!"但周勤的爸爸却善于发现孩子的优点，他看到的都是孩子写得好的句子。如此一来，周勤增加了自信心，自然能越写越好。所以，周勤爸爸的做法值得父母借鉴。

著名教育家孙云晓曾经对父母说过这样的话："……能够发现孩子的10个优点，是优秀的父母；能够发现5个优点，是合格的父母；不能发现的，是不合格的父母……成功父母与失败父母的区别是，前者将孩子对的东西挑出来，把他的优点挑出来，而不明智的父母，一眼就看到孩子的缺点。"这些话很犀利，但也的确反映出这样一个信息：父母一定要善于发现孩子的优点，并给予赞扬与鼓励，在这种环境中，孩子的学习及其他兴趣也将会越来越浓厚，各方面都会健康发展。

所以，为了能够极大地促进亲子之间的和谐，更为了孩子能全面而快速地发展，父母应该练就一双能看得到孩子优点的眼睛。

参考建议

每个人都有自己的可取之处，孩子也不例外。能够发现孩子优点的父母，可以更加了解孩子，由此也能更好地培育孩子。而因优点受到父母夸奖的孩子，在感受到父母真心的同时，也能够更加努力。

1. 了解孩子的与众不同

世界上没有两片完全相同的叶子，人也一样。每个孩子都不尽相同，每个孩子都有自己独特的一面，而这一面又是别人所不具备的。发现孩子的优点，就是要求父母要能够了解自己孩子的与众不同之处。父母对于孩子的这些独到的优点，都要及时给予鼓励与赞扬。

2. 看得到孩子的"亮点"

有的孩子对于数字很是敏感，做起数学题来，他的速度与质量让人咋舌；有的孩子则很能背诗词，平平仄仄的文字，他能过目不忘；还有的孩子运动神经发达，他的体能比同龄的孩子要好上许多……

日本著名教育家铃木镇一说："在每个孩子身上都蕴藏着巨大的、不可估量的潜力，每个孩子都是天才，宇宙的潜能隐藏在每个孩子心中。"可以说，每一个孩子都有他自己的"亮点"。其实，每一个孩子都是金子，关键就要看父母的态度，看父母能否赏识这块"珍宝"。所以，父母要对孩子多发现、多肯定、多赞扬、多鼓励。在日常生活中，父母要多发现并欣赏孩子的"亮点"，以此来让孩子展现出更多的闪光之处。

3. 不要只盯着孩子的学习成绩

学习是孩子必须要做的事情，但并不是孩子唯一能做的事情。当下有一些父母，眼里只看得到孩子的学习，认为只要学习好，其他的都是小事。所以，这样的父母将孩子的学习看得格外重，若是孩子学习不好，那么父母就会自然而然地认为他就是个没有优点的人。

只看学习的做法是完全错误的，因为孩子不是学习的机器，他要接触、要经历的事物还有很多。所以，父母的思想首先要松绑，不要只盯着孩子的学习成绩，也要看得到孩子其他方面取得的成果。

4. 尽量让孩子全面发展

在我国，普通学校的教育目的是：向受教育者进行德育、智育、体育、美育、劳动技术教育，以培养德、智、体、美、劳全面发展的社会主义一代新人。由此可见，孩子是需要各种教育的，孩子在每一个方面都应该有所发展。

而全面发展的孩子，身上的优点将会更多，这就使得父母更容易发现他的优点。父母对于孩子优点的鼓励与支持，又将会促使孩子发展更快，这对于孩子的成长将十分有利。

金玉良言

其实，孩子的优点都是一步一步发展起来的。父母不要只盯着孩子的缺点，也不要总抓着学习成绩不放，要多发现孩子的闪光之处，对于他的每一点进步都要及时给予肯定。父母对孩子发自内心的表扬，能够让孩子更加自信。

76. 告诉孩子，你真棒

教育儿童最好的方法是鼓励他们的好行为。

——（苏联）马卡连柯

经典事例

儿子读小学的时候开始学英语，但从深山农村出来的母亲却不懂。可是，每次儿子把英语作业拿来给母亲看的时候，母亲都会说："儿子，你真棒！写得不错！"有时候，母亲还会把儿子写的英文作业贴到家里的墙上。

每当有客人来的时候，母亲就自豪地对客人说："看看，这是我儿子写的，不错吧？"

其实有的客人能看出孩子写的并不算很好，作业中总是有拼写的错误与语法的误用。但客人出于礼貌与客套，还是会随声附和："是啊，写得很棒！"

儿子受到鼓励，心想：我明天一定要写得更棒，一定要比今天的还要好。

随着时间的推移，儿子的作业一天比一天写得好，包括英语在内，他的所有科目的学习成绩也一天比一天出色。最后，儿子在母亲的鼓励下，终于成为一名优秀的学生，长大后也成为了一个有出息的人。

智慧点拨

这就是孩子，父母说"你真棒"，他就会认为自己很棒，就会为了能让自己更棒而更加努力。故事中母亲的做法十分值得父母学习。

"知心姐姐"卢勤说："……你为孩子喝彩，他会给你一个又一个惊喜，你说他不如别人，他会用行动证明他真的很笨。"的确，孩子就是如此。他很容易受到父母言语的影响。对于孩子来说，父母相信他很棒，这就是能支撑起他人生信念风帆的最大的动力，父母对孩子的鼓励，可以让孩子充分树立起自信，他也一定能够步入成功的殿堂。

有一句俗语这样讲："说你行，你就行，不行也行；说不行就不行，行也不行。"从字面来看，这句话可以这样来理解，父母说孩子很棒，那么受到鼓舞的孩子就会真的很棒；一旦父母都对孩子没了信心，那么孩子就会很容易自我放弃。所以，父母一定要在适当的时机告诉孩子他很棒，要让孩子在这种认可中奔向美好的未来。

参考建议

许多父母不愿意说自己的孩子很棒，他们认为人应该有最起码的谦虚。而且，若是给了孩子这样的夸奖，那他不就不能进步了吗？父母这样的想法其实完全没有必要。因为给予孩子适当的夸奖，恰好就是让孩子能够前行的动力。

1. 不要总觉得孩子"差劲"

看到孩子学习成绩不算好，就有父母说："真笨！这么简单都学不会！"而看到孩子体育成绩不如同龄人，也有父母说："都长胳膊腿儿，你怎么就不如别人？"若是遇到孩子不小心闯了祸，还会有父母说："你除了犯事还会干什么？"这些父母只觉得自己的孩子干什么都不行，孩子在他们的眼中，只有"差劲"二字。

父母一定要反思这些行为,千万不要总觉得孩子"差劲"。因为孩子不犯错就不能成长,他的探索与学习,就是在不断地犯错与纠错中进行的。父母要看得到孩子的"好劲",多告诉孩子他很棒,让孩子能够拥有并保持信心。

2. 别无故挑剔孩子

挑剔就已经是很过分的事情了,父母总是挑孩子的一些小错误,会让孩子找不到生活学习的乐趣。而无故挑剔对孩子的伤害将更大。有些父母总是喜欢借题发挥,没有什么具体原因或理由,就开始对孩子进行说教,这样将有可能使他产生逆反心理。

所以,父母要避免总挑剔孩子,更要避免无故挑剔,要相信孩子会很棒,相信他能做好自己该做的事情。毕竟,夸奖总比吹毛求疵要更容易被人接受。

3. 要给孩子正面的"回馈"

给孩子正面的"回馈",就是让他知道,父母是很关注他的,也很尊重他,因为父母注意到了他做的每一件值得称赞的好的事情。

谷歌前全球副总裁李开复的女儿小时候常跟爸爸说"我好笨",其实她一点也不笨,只是一些调皮同学的恶意中伤。于是,李开复开始慢慢培养孩子的自信心。看到孩子的日记写得很好,他就夸奖她,鼓励她继续多写。后来,孩子越写越有兴趣,居然写出一本自传来。

由此可见,给予孩子正面的"回馈",能让孩子找回继续努力的动力与勇气。父母经常告诉孩子他很好、他做的事情很棒,就能培养出孩子积极向上的生活与学习态度。

4. 巩固孩子的自信

这种说孩子很棒的话,并不是说只说一次、只有一遍就可以了。这种话说出来,只是让孩子找回了自信,或者只是让孩子增强了自信。但父母要注意,还应该帮助孩子巩固他的自信。多对孩子说这样的话,孩子自然会每天努力巩固这种成就感,从而形成自信的良性循环。

5. 过分赞扬不可取

告诉孩子"你真棒",这是一句鼓励性的话语,其目的是让孩子在鼓励中能够努力奋斗。但是,这句话不能变成过分赞扬,那样的话,孩子将不会受到鼓励,他的心理就会发生变化,有可能会变得虚荣甚至骄傲,他也会不再继续进步。

所以,父母对孩子的夸奖与赞扬也要有个度,适当的赞扬可以增长孩子的自信,但是过分的赞扬对孩子只有害而没有利,父母一定要注意。

金玉良言

对孩子说:"你真棒!"这不仅是父母对于孩子所做的正确事情的肯定,也是对孩子的一种鼓励与支持。这种相信孩子、激励孩子的说法,是让孩子增强自信的绝佳途径。经常接收到父母这种赞赏信息的孩子,也能够更加努力进步。

77. 鼓励做错事的孩子

注意提升孩子的自信心,鼓励孩子主动的探索行为,平时批评孩子的时候要注意就事论事,让孩子懂得每个人都会犯错,犯错并不可怕,在家庭当中要平等,让孩子懂得自己与别人一样都很重要。

——(中国)陆为之

经典事例

5岁的女儿看见妈妈在厨房忙活,也想去帮个忙。刚好,妈妈炒好了一盘菜,女儿积极地凑上去说:"妈妈,我帮你端吧!"

妈妈说:"很烫,一会儿我自己端吧!"

但女儿却非常想干些什么,于是,妈妈只好让女儿把几个空碗拿到饭桌上去。哪知道,妈妈刚一转身,就听身后"啪"的一声,女儿也尖叫了起来。妈妈回头一看,原来女儿手小,她一下子拿不了许多碗,有一个碗掉在地上摔碎了。

妈妈连忙关切地问:"让我看看,手伤了吗?"

女儿低着头轻轻摇了摇脑袋,她紧张而又小心地说:"妈妈……我把碗打碎了。"

妈妈却笑笑说:"没关系,谁都有出错的时候。不过,你能帮妈妈干活妈妈很高兴。下次拿碗的时候,若是拿不了就一个一个地拿,手要抓紧碗边,记住了吗?"

女儿点点头,帮着妈妈收拾了碎片,然后把碗一个一个地拿到了桌子上,妈

妈看着女儿也欣慰地笑了。

不知道有多少父母能在遇到类似场景的时候,有这位母亲这般的态度与行为。母亲对女儿的宽容与鼓励,不但让女儿认识到了自己的错误、改正了自己的错误,还让孩子从错误中学到了生活常识。这种教育孩子的方式要比责骂好上许多。

孩子做错事,在很多父母看来,经常是不可容忍的事情。父母多会采取指责、说教,甚至打骂等的态度,以让孩子能够认识错误,并牢记错误。表面看来父母是在让孩子"长记性",可实际上却不一定有这种效果。因为,孩子自己也不愿意做错事情,但是由于他的处事经验少,经历不够丰富,所以她的出错总是在所难免,而且也是理所当然。当孩子犯错的时候,他自己本身就已经十分内疚了,若是父母再用责难的态度对待他,他不但委屈的心理骤增,也会对父母产生不满的情绪,他对错误的反省就会被其他情绪所掩盖。而且,这样还有可能影响亲子关系的和谐。

所以,父母在遇到孩子无意中犯下的错误的时候,应该多鼓励孩子,帮他找到错误原因,也帮他学到正确处理事情的方法。这样一来,孩子不但乐意做事,也会与父母更加亲近。千万不要让孩子因为父母的不正确态度,而失去积极做事的信心。

犯错误的孩子在出现错误的那一瞬间,都会有悔意。既然已经犯了错,自己也在反省,谁都希望能够得到他人的谅解。所以,父母要多以宽容的心态来看待孩子的错误,换个角度看问题,让孩子得到鼓励,才能让他更快地认识并改正错误。

1. 用正确的情绪对待孩子的错误

先举一个例子,若是孩子主动帮父母洗玻璃杯,但不小心摔碎了,那么父母的表现就有如下几种:埋怨型的父母会说:"谁需要你洗啊! 这杯子很贵的!"责备型父母则说:"笨死了! 洗个杯子都不会!"而呵斥型父母就是这样:"你就没有细心的时候,干什么都不行!"至于烦躁型的父母就会说:"走开! 我自己洗!"

由此可见,父母的这几种态度都是不正确的,孩子尽管是犯了错误,但是也是需要鼓励的,鼓励他改正错误、学到新知识,才是父母最应该做的。所以,遇到孩子犯错误的时候,父母应该摆正心态,要用一种宽容的情绪来对待。

2. 理解孩子犯错的心情

父母可以这样想一想,若是自己犯了错,自己会如何想?若是自己不小心出了一些岔子,自己又该是怎样的心情?然后再想想孩子,经验不足,出了错误的他,是不是会紧张?是不是会害怕?有没有在反省?

通过与孩子的换位思考,父母要能够理解孩子犯错误时的心情,要知道他犯错误都不是成心的。俗语说:"理解万岁!"父母只要理解了孩子的这种懊悔之心,便也能平静下来。

3. 让孩子从错误中得到学习

其实,在孩子犯错的时候,是对他进行教育的最好时机。通过父母的指导,孩子不仅能认识到错误、改正错误,最重要的是,他能从错误中得到学习。所以,这就需要父母有良好的心态,宽容孩子的错误,看得到孩子需要学习的内容,让孩子能够"吃一堑,长一智"。而对于孩子来说,从错误中得到的学习,记忆也将更加深刻。

4. 鼓励不是纵容

鼓励做错事的孩子,是说孩子在犯错的时候不要责骂,应该要及时纠正他的错误,并帮助他改正。并不是说要父母纵容孩子去犯错,父母一定不要有这样的想法,认为孩子的错都是无所谓的,鼓励他就好了。

所以,父母还是要教育孩子,让他尽量少犯错。若是一个孩子总犯错,也有可能会让别人误解为:父母的教育是不是有问题?

金玉良言

对待孩子的错误,父母的教育不应该是批评与责骂,换一种方式也许会起到很好的教育效果。父母多多给予鼓励,同时教给孩子正确的处事与解决问题的方法,只有这样,才能让孩子从错误中得到进步,更能增进父母与孩子间的良好关系。

78. 懂得安慰自己的孩子

儿女爱父母是天生的，父母是孩子唯一的安慰、盼望、鼓励、保护所和避难港，所以依偎在父母怀抱里的孩子，是天下最大的幸福。

——（中国）柏杨

经典事例

上小学 4 年级的吕鑫，期中考试结束后回到家，一脸闷闷不乐的样子。细心的妈妈感到很奇怪，问道："难道是没考好？没关系啊，找到错误，改正错误，下次继续努力就好了呗。"

吕鑫摇了摇头说："不是没考好。"

妈妈打趣他说："那你怎么了？一脸苦大仇深的模样。"

"今天考试有人作弊！"吕鑫忽然大声说："老师都没管。"

妈妈一愣："那……是不是老师没看见？"

"也许吧。不过，我辛苦地学才能拿到成绩，他们作弊就能得高分，我觉得不公平！"吕鑫嚷了起来。

妈妈想了想，笑着说："你看啊，你学习是为了什么呢？学知识吧。那你自己认真学会的东西肯定能记得牢啊！作弊的行为是不值得提倡的，即使通过作弊一时得了高分，但知识依然不是自己的。可你却将知识学成自己的了。你说，谁的收获更大些呢？"

吕鑫想了想，觉得妈妈说得很有道理，心情这才好了许多，他对妈妈说："我一定要更努力地学习，把知识都学成自己的！"

妈妈拍了拍孩子的头，欣慰地笑了。

智慧点拨

孩子年龄小，他的感情会比较脆弱，思想也比较单纯。在遭遇挫折、困惑、苦恼的时候，他的心情都会直接表现出来，若是这些负面情绪不能得到及时排解，孩子也许就会产生不良心理。而故事中的母亲就做得非常好，假如她没有排解孩子的这种苦恼，或许孩子在未来的考试中也会采取投机取巧的办法来取得高分。

其实在生活中,孩子难免会遇到各种各样的问题,于是便也会有许多不如意的情绪产生,比如受到委屈、与人吵嘴、产生病痛、焦虑、忧伤、恐惧,或者是最常见的考试失利等情况,这时候的孩子最需要的正是父母给予的安慰。父母的关切之情可以抚慰孩子波动的心,同时父母的鼓励与帮助还可以帮助孩子赶走阴霾,迎来晴朗。

懂得给孩子以安慰,可以让孩子学会调节心情,并且使他在为人处事方面得到锻炼。父母由此还能帮助孩子明辨是非,提高认知能力,更能借此增进亲子关系。所以,父母应该学会安慰自己的孩子。

参考建议

孩子也有自己的喜怒哀乐,他也会遇到不少的情绪问题,快乐、喜悦可以与父母分享,而一些悲伤、忧愁,对于年龄尚幼的孩子来说,也许就不好排解。所以,父母应该懂得运用一些技巧与方法来安慰自己的孩子,帮助他走出困境。

1. 自己先要镇定自若

孩子一旦产生苦恼,他势必会心情沮丧、情绪低落。这时候,父母首先就要镇定,对于孩子或大或小的烦恼,父母应该表现出来理解与宽容,千万不要心烦意乱。自己先要镇定自若,要有清醒的头脑与理智的判断,千万不要冲动地感情用事。若是父母都乱了方寸的话,那么孩子就会更加不知所措。

2. 要表现出同情

所谓同情,就是在其他人遇到高兴或者悲伤的事情的时候,你愿意站在他人的立场上,感受他所感受的。父母对于孩子表现出来的情绪,也要表现出同情。因为父母的这种同情心可以从心理上拉近与孩子的距离,可以更便于弄清楚孩子苦恼的原因。

所以,真正关心孩子的父母,在孩子遇到一些问题的时候,总是会表现出自己的同情之心,让孩子从心理上得到慰藉。而一旦孩子这种渴望同情与理解的情感得到满足,他就会主动与父母进行沟通,使他的坏情绪得到排解。

3. 转移孩子的注意力

当一个人将大部分的注意力都集中到苦恼的事情上时,他的心情会十分糟糕。所以,在孩子苦恼的时候,父母要有意识地帮助他转移注意力,让他的心理得到放松与调节,使他的精神转移到其他愉快的事情上面去,这样可以帮助孩子减少甚至摆脱苦恼。

4. 不借题发挥

有的父母在了解到孩子的一些苦恼或心理问题后,总是习惯于说:"你看,我早就说……"或者是说:"要是当初你听我的……"然后,父母就会借这个话题说开去,往往都会联系许多事情,本来是孩子的诉苦,最后却变成了父母的说教。

这种做法是不正确的,在孩子心中有事的时候,父母不要借此对孩子进行挖苦或者批评。那样不但解决不了孩子的问题,反而会让孩子由对心事的苦恼,变成对父母的埋怨与不满。

5. 尽量帮助孩子解决问题

父母要有这样一种敏感:当孩子出现烦心事或者遇到问题的时候,他也许是在向父母求助。父母就要能够及时开导孩子,针对他的问题给予一些合理合情的建议或意见,让孩子能够顺利渡过难关。有时候,父母的援手也是对孩子的一种安慰。

但是,父母要注意的是,这里说的"尽量"不是要父母完全帮孩子收拾残局,或者包揽一切。父母给予孩子的帮助只能是提供一个参考,具体问题的解决还是要看孩子自己。这样也能锻炼他处事的能力。

金玉良言

当孩子遭遇问题的时候,他希望听到父母关切的话语;当孩子遇到问题的时候,他渴望父母能够对他伸出援手。懂得安慰的父母,会与孩子的心贴得更加紧密;善于安慰的父母,会给孩子的成长带来极大的帮助。

79. 鼓励孩子再接再厉

吾志所向,一往无前,愈挫愈奋,再接再厉。

—— (中国)孙中山

经典事例

赵宁与章璋是邻居,两个孩子都上小学 4 年级,还是好朋友。一次期中考试结束,赵宁的数学考了 95 分,位列年级第五,而章璋则考了 69 分,在班级中也不过是下游。

两个孩子回家后,赵宁的爸爸说:"不错啊!这个分数是你努力的结果。我相信你下一次一定能考得更好。让我们来一起分析分析你丢的那些分数吧,看你能不能查漏补缺。"而章璋的妈妈则说:"虽然分数不算高,但我听说你们这次数学考试题挺难的。看来你的确是努力了,要知道上次考试你才刚60分呢。不错,有进步!再努把力,争取下次更上一层楼。"

听了各自父母的话,赵宁与章璋的学习都更加努力了。后来的期末考试,赵宁果然以数学满分的成绩摘得了年级第一的桂冠,而章璋的数学成绩也闯过了80大关,竟以85分的成绩挺进了班级单科成绩前20名。

看到孩子的成绩,两家父母都欣慰地笑了。

智慧点拨

孩子的考试成绩可以说牵动着父母的心。但在现实生活中,许多父母对于孩子的高成绩,会说:"还有比你高的吧?你看看人家。"而若是面对孩子的低成绩,父母更是怒气满腹:"怎么才考这么点儿?猪脑子!"父母的这些思想与话语,都是对孩子的伤害,孩子将更不能进步。

所以,父母应该参考赵宁爸爸与章璋妈妈的做法,赵宁的爸爸并没有因为孩子考得高就撒手不管,章璋的妈妈也没有因为孩子考得分数低而责骂。他们都是充分肯定了孩子的成绩后,再鼓励他们再接再厉,继续努力,这才使两个孩子都有了更大的进步。

再接再厉的意思,就是父母要鼓励孩子一次又一次地加倍努力。无论孩子成功与否,父母的这种鼓励都会给孩子带来继续前进的动力。鼓励孩子再接再厉,对于他的成功,是一种赏识与赞许,在父母这样的鼓励下,孩子能够继续拓展,争取更大的胜利;而对于孩子来说,这就是给了他一个反思失败的机会,这样会让孩子对此有极为深刻的记忆,从而走向胜利。

由此可见,父母鼓励孩子再接再厉,既是对孩子的一种奖赏,也是对孩子的一种帮助,父母应该学会这种鼓励方法。

参考建议

鼓励是父母教育孩子的一种比较好的方式,鼓励孩子再接再厉,更是能让孩子在原有基础上更进一步,能让他正视困难、闯过险阻,并最终取得成功。所以,父母不仅是自己要相信孩子,而且也要让孩子在父母的鼓励中越来越相信自己。

1. 告诉孩子不要停下脚步

孩子通过自己的努力,通过自己一段时间的奋斗而取得了良好的成绩或成果,的确是件值得赞赏的事情,也应该允许孩子兴奋。但是,父母也要提醒孩子,让他保持清醒,不要被胜利冲昏头脑。

要让孩子知道,一次的成功只反映他之前的努力,在未来还有许多障碍与难题等着他去跨越与攻克。所以,父母要告诉孩子不要停下脚步,不要停留在已经取得的成绩上面沾沾自喜。人的一生应该是不断奋斗、不断进取的一生,只有再接再厉,才能继续攀登人生的高峰。

2. 让孩子发扬优势、弥补劣势

人生的学习永无止境,无论是在哪个方面,需要学的东西都有很多。而一个人总是不可能成为"全能",势必会有优势与劣势。对于孩子来说,父母需要鼓励孩子在优势上再接再厉,以继续发扬优势,让孩子的优势能够保持长久;而对于孩子的劣势,父母也要鼓励孩子再接再厉,让他尽自己的努力争取在劣势上能够有所进步。

3. 表现出对孩子的信心

只要相信孩子有能力做好某些事情,那么他成功的概率就会增高;只要相信孩子能够战胜困难,那么他闯过关隘的可能性就会加大。所以,父母要对孩子表现出相信的态度,要信任孩子。

无论孩子是成功还是失败,父母都要鼓励孩子能够再接再厉。对于成功的事情,父母要相信孩子能够继续奋斗,将优势保持甚至扩大;而对于失败的事情,父母更要相信孩子能够通过自己的反省与努力,再重新站立起来,取得新的胜利。

4. 鼓励时尽量"扬长避短"

鼓励孩子的再接再厉,父母应该注意的一点就是"扬长避短"。所谓扬长避短,就是要求父母要多看到孩子的长处,尽量少在孩子的短处作过多的批评。比如,本来孩子在数学上取得了很好的成绩,父母却说:"你看你的语文,连拼音都拼不对。"这样一来,孩子的自信心就会受到打击,在未来的日子里可能他的长处也不一定能发挥出来了。

所以,父母对孩子的鼓励应该是发自内心的,而且孩子有了成绩要鼓励,遇到困难也要鼓励,更重要的是,对于孩子的失败与弱势,父母也不要吝惜自己的

鼓励。

金玉良言

　　鼓励孩子的再接再厉，能让孩子在父母的鼓励下不断进步，取得更大的成绩。而且这种鼓励是从孩子自身的优点和进步出发，这样能够帮助孩子建立起自信与自尊。父母鼓励孩子再接再厉，是父母对孩子的良好期许，也是孩子成功的重要因素。

80. 给孩子的内心以希望

　　自信力对于事业简直是一个奇迹。有了它，你的才干就可以取之不尽，用之不竭；一个没有自信的人，无论他有多大的才能，也不会抓住一个机会。

——（法国）卢梭

经典事例

　　7岁的女儿与父亲一起在自家的院子中玩耍。女儿忽然发现院子里种的一棵无花果树看起来就像是死了，它的树皮干枯，有的部分已经剥落，而且枝干也变成了枯黄的颜色。女儿好奇地伸手碰了碰，"啪"的一声，一节枝干应声而断。

　　女儿说："爸爸，它是不是死了？把它砍了吧，我们再种一棵。"

　　但爸爸却说："不，也许它看起来的确是不行了。但是，它还有希望。它可能只是在养精蓄锐，等到冬天过去后，也许它还能重生。"

　　果然不出父亲所料，第二年春天，这棵无花果树真的重新开始萌生新芽，就和其他健康的树一样，它在春天里正展露出生机。其实这棵树真正死去的只是几根枝杈，这并不影响它的生长。

　　看到女儿惊讶地看着绿油油的无花果树，爸爸笑着说："你要记住，只要有希望，就会有生机。人和树是一样的，你不要放弃希望，我和你妈妈也不会放弃对你的希望。"

　　女儿听了，使劲点了点头。

第六章　要善于鼓励孩子

智慧点拨

人是生活在希望之中的。有希望，就会有动力、有奋斗目标、有进取的源泉。父母尽管是在教育孩子，但是也不应该忘记要给孩子的内心以希望。故事中的这位父亲借树来喻人，不但让孩子知道希望是树能够重获生机的前提，同时他也是在给孩子的内心以希望，让孩子能够有信心面对未来。所以他的这种做法，父母不妨一试。

我国清代教育家颜元曾经说过："数子十过，不如奖子一长。"意思是说，与其找出孩子许多过错去批评他，倒不如找到孩子的一个优点去夸奖他，如此更能激励孩子进步。其实这个"奖子一长"就是在给孩子内心以希望，父母这样做，就能使孩子更加有自信心，即使是遇到困难也不会退却。而对于自己原来的那些缺点与错误，孩子在父母充满希望的鼓励下，也会尽量去弥补与改正，以期能更接近那个希望。

其实，父母给孩子内心以希望，对于孩子来说是一个良性循环。孩子能够在这种希望的激励下，发挥出自己的潜力，从此走上自信的人生道路。

参考建议

只有看得到前进的意义，人才会去努力；否则，人就会变得越来越消极，越来越懒惰。没有希望的人生，将会是黑暗而无聊的一生。每个孩子都应该拥有一个充满希望的人生，所以父母一定要学会给孩子的内心以希望。

1. 不给孩子以消极信息

所有人都愿意听到充满希望的话，不论是赞赏还是鼓励，都会让人精神百倍。孩子更是愿意听到父母的积极语言，所以父母一定要注意，不要给孩子一些负面的暗示，不要传递给孩子消极的信息，否则将不利于孩子的发展。

8岁的武南很久不画画了。家中尽管还挂着他6岁时候画画得的奖状，但他却从7岁开始再也没碰过画笔。原来，当时武南画了一幅猴子图，无意间看见这幅画的爸爸只说了一句："这不是四不像吗？"碰巧这句话被孩子听到了。从那以后，武南对自己的作画能力产生了怀疑，他最终还是放弃了。

不过是父亲的一句简单的话，就让一个孩子丢掉了原本的兴趣与快乐，这不能不说是一个遗憾。由此可见，消极信息对孩子的心理会带来多么大的压力。所以，父母在生活中一定要多向孩子传递希望。

2. 理智对待孩子的困境

黑夜的时候，人们都会盼望曙光。因为那一丝光亮，带给人的是新的活力，更能带给人新的希望。孩子的困境就如那一片黑夜，无论大小，对于孩子来说，困境都是黯淡的；而父母的希望就是那丝曙光，只要能看到光明，孩子自然会重新找回自信，重新找到努力的方向。

所以，父母在面对孩子的困境的时候，应该理智对待。既不要对孩子冷嘲热讽，也不要对孩子责备辱骂，只有给予孩子新的希望，让孩子重新振作起来，他才能最终走向成功。

3. 孩子成功也需要希望

孩子成功，是他努力的结果。但他的一次成功，却并不代表永远成功。所以，即使是面对孩子的成功，父母也应该给予他希望，让他知道，只有继续努力，只有不断奋斗，才能迎来更多、更大的成功。

父母在孩子成功时给予的希望，也应该是要符合孩子实际能力的。这样做，是让孩子不要躺在已有的成绩上不再前进。要让孩子知道，一个人只有不断进步，他的人生才会有意义。

4. 帮助孩子将"希望"变成"动力"

有些孩子，也许不能很好领会希望的真正意义。在父母给予他希望后，有的孩子也许会有这样的想法：反正爸爸妈妈说我有希望，那我不论努力不努力都有成果，那就不用努力了。

父母一定要及时纠正孩子的这种想法，要让孩子将希望变成前进的动力，不要只停留在虚无的希望上做美梦。父母要让孩子牢记，梦想是需要汗水才能最终变成现实的。

金玉良言

美国诗人波普曾经说过："人的心中，永远有希望在跳跃。"其实所有人都离不开希望，只有希望才能给人带来前进的动力。父母给予孩子的希望，会让孩子内心充满自信，会让孩子更加有干劲。希望能够支撑孩子一步一步最终实现理想。

81. 鼓励孩子再次尝试

失败了，你可能会失望；但如果不去尝试，那么你注定要失败。

——（美国）贝弗利·西尔斯

经典事例

9 岁的韩天跟着爸爸学骑自行车。到了学习拐弯的时候，韩天却产生了一种惧怕的心理。第一次尝试时，韩天歪歪扭扭地骑着自行车，刚一拐车把，一个不稳就摔倒在地上。

看着孩子坐在地上不起来，爸爸走过来蹲下身子问道："怎么了？摔疼了？"

韩天撅着嘴回答："我不学拐弯行不行？这摔一下真挺疼的。"

爸爸笑笑说："不学？可以啊。不过，以后大家都骑自行车出去玩，你不会骑，不觉得遗憾吗？"

韩天嘟嘟嘴，坐在地上叹气。爸爸揉了揉他的头发说："拐弯的时候，眼睛多看着点周围，手也灵活着点，速度不要那么快，注意保持重心。这得慢慢体会才行啊！你才一次不行就要放弃了，那还怎么体会呢？"

韩天挠挠头，看看倒在地上的自行车，再看看爸爸。爸爸笑眯眯地看着他："怎么？不准备再试一次吗？我觉得你下次一定能成功。相信我，没错的。"

韩天被爸爸逗得咯咯地笑了起来，他站起身拍拍身上的土，扶起自行车又跨了上去。一次摔，两次摔……最终，尽管依然有些歪斜，但韩天还是学会了骑车拐弯，他高兴地对爸爸喊："爸爸，下次我们一起骑车出去玩吧！"爸爸笑着冲他点点头。

智慧点拨

无论多小的事情，没有学会的孩子都会认为它很难，也都会认为那很可怕，他想得更多的是自己的失败。韩天爸爸的做法值得父母学习，他没有批评孩子胆小，也没有过分保护孩子，而是真诚地鼓励他再尝试一次。受到鼓励的孩子都会充满信心，他也就能够勇敢面对并战胜挑战。

的确，成功绝对不是那么简单的事情，有首歌这样唱道："……没有人能随随便便成功。"可见，每一次的成功，都要经历多少艰辛，甚至还要经历无数次失败。就如爱迪生发明电灯，那难以计数的失败，才最终换来了黑夜里的光明。父母要让孩子知道，失败对于一个人的一生来说根本就不算什么，能够不畏艰险地一次又一次去尝试，那才能算是个勇敢的人。失败会带给人经验与教训，是人生最大的财富。

就像那句所有人都耳熟能详的话："失败是成功之母。"父母要告诫孩子，不要退缩，也不用胆小，鼓起勇气再次尝试，才是能让自己尽快迈向成功的有效方法。

参考建议

当孩子面对困难畏首畏尾的时候，当孩子遇到一点小的失败就决定彻底放弃的时候，父母应该及时向他伸出援手，给孩子一个坚定有力的扶持。父母要鼓励孩子勇于再次尝试，只有尝试了，才能看得到成功的希望。

1. 帮助孩子正视困难

有的孩子在遇到困难的时候，要么是害怕退缩，逃避了之；要么是让父母帮忙解决，自己坐享其成，孩子的这些行为都是不能正视困难的表现。

所以，父母要能摆正自己的态度。对于孩子的困难，父母首先要正视，不要对孩子过度保护，要能放手。然后，父母再对孩子进行鼓励与指导，帮助孩子驱除恐惧与逃避的心理，让他勇敢地面对困难，并在父母的帮助下，找对方式方法战胜困难。

2. 一定要相信"奇迹"

英国著名剧作家莎士比亚曾经说过："本来无望的事，大胆尝试，往往能成功。"所以，父母应该对孩子有信心，父母的鼓励应该是发自内心的。

一般来说，孩子在面对自己的失败时，就已经满是懊悔、沮丧的心情了，父母这时候千万不要对孩子的失败冷嘲热讽。父母此时一定要有"相信奇迹能够发生"的信心，给孩子以真心的鼓励，支持孩子再次尝试，帮助他渡过难关。

另外，这个"相信奇迹"也是要求父母要信任孩子的尝试，不要只看见孩子一次失败，就认为他永远不行了。要知道，来自父母的信任之心，是孩子重新站起来的最大的支持。

3. 支持孩子不放弃

有的孩子在失败之后，就会失去再次爬起来的勇气与信心，他会立刻就想到放弃。而有的父母在面对孩子想要再次尝试的时候，也会说一些类似于"太危险了,不要做了"、"你受伤了怎么办"等等保护或者劝阻的话,如此一来,孩子也就会自动放弃了。

孩子与父母的放弃,都是对孩子成长不负责任的表现。所以,父母对孩子应该是予以支持的态度,表扬他的敢于再次尝试,支持他的永不放弃。

4. 尝试也要分清"情况"

父母鼓励孩子对失败进行再次尝试,这本是无可厚非的。但是,父母对于孩子的那些失败,也一定要分清"情况"。因为孩子的有些失败,要么是他对一些不良行为的好奇,要么就是他对一些危险举动的模仿,由于"技术"欠缺才导致的"失败"。

父母一定要分清楚能让孩子再次尝试的对象,凡事要以孩子的人身安全与身心健康为前提。只有有利于孩子健康成长的活动,失败后的再次尝试才有意义。否则,父母就应该将孩子的那些思想与举动,及早扼杀于萌芽状态,并劝说孩子悬崖勒马,千万不要再次去尝试。

金玉良言

对于孩子来说,成长道路上遇到的一些困难与失败其实并非坏事。父母要让孩子明白,对于失败,需要有一个正确的态度。失败不可怕,只要再次尝试获得成功,都是好样的。父母的这种鼓励,可以培养孩子的胆识与毅力,并让他有机会体验自己的成长。

82. 鼓励孩子时要真诚

积极的鼓励比消极的刺激来得好,但是鼓励法也不可用得太滥,一滥恐失其效用。

——（中国）陈鹤琴

经典事例

肖唯上小学3年级了,但她写出来的字却让人不敢恭维,歪歪扭扭不说,还时常有写错的。于是妈妈给她买回来一本字帖,让她好好练习。

但几天过去了,肖唯的写字水平与妈妈的期望依然相去甚远。这天,终于忍不住的妈妈冲她吼道:"怎么还是写这么难看? 擦掉重写!"

肖唯噘了噘嘴，她认为她已经尽力在写了，而且辛苦写出来的，也舍不得擦掉。眼看着妈妈又要发火，肖唯的爸爸连忙拦住了她。

爸爸坐到了肖唯身边，拿过字帖来边看边说："谁说我姑娘写得不好了，这不也不错嘛。"

肖唯一听来了精神，也探过头来和爸爸一起看字帖。爸爸看过之后对女儿说："来，给爸爸指指哪几个字你觉得写得不错？"

肖唯仔细看了看，指出几个字来，爸爸点点头说："不错，这几个字写得的确好。那哪几个字你觉得不好呢？"

肖唯快速地擦掉了几个字，爸爸笑了，拍了拍女儿的头说："继续努力吧！我相信你一定能写出比刚才那几个还要好的字来。别怪妈妈，她也是为你好。"

肖唯点点头，转而又埋头练起了字。妈妈偷偷站在后面看，发现这次孩子写得果然比刚才好了许多，妈妈不禁冲着爸爸竖起了大拇指。

智慧点拨

鼓励好的方面，总是要比批评差的方面，更容易被人所接受。肖唯爸爸就很好地做到了这一点，真诚的鼓励让孩子更加有信心练好字。

俗语说得好："良言一句三冬暖，恶语一声六月寒。"这句话从教育角度来看，正是要求父母对孩子要尽量多表扬、少批评。其实无论是成人还是孩子，都喜欢受到鼓励和表扬。而对于孩子来说，受到父母的鼓励更能让他充满快乐，让他能够拥有荣誉感与幸福感，他会从鼓励中找到自信心。

父母真诚的鼓励，会使孩子的学习热情增加，也会使他的思考探索的积极性提高，这将对孩子良好学习习惯的养成有着积极的意义。同时，父母真诚的鼓励也是给孩子提供了一个机会，让他可以表达自己的能力、锻炼自己的能力。

所以，父母应该经常仔细研究并思考一些鼓励孩子的策略，尽量养成鼓励孩子的好习惯。最重要的，是父母一定要带着一颗真诚的心去鼓励孩子，这样父母的教育效果才能显现。

参考建议

暴力绝对不是教育孩子的良方，无论是打还是骂，对孩子都不会起到什么好的教育效果。而鼓励才是能推进孩子不断向前的催化剂，父母发自内心的真诚的鼓励更是强效催化剂。孩子感受到父母的这种真心，就能更好地发挥出自己所拥有的能力。

1. 善待孩子的每一方面

每个人都有优秀的一面，这一面值得人夸奖，值得人赞赏；但不可避免的是，每个人也都有不尽如人意的一面。尤其是孩子，由于各方面尚处于发展期，所以他不尽如人意的方面还有不少。面对孩子，父母就应该要善待他的每一方面，无论是好的还是坏的。

对于孩子做得好的方面，父母应该多给予鼓励与赞扬，使他能够在好的方面上继续努力；面对孩子做得不尽如人意的地方，父母也要给孩子以鼓励，要让他知道，无论是缺点还是不足，只要找对方法去弥补，他一样可以做得很好。

2. 鼓励时注意运用多元化的表达方式

其实，父母的鼓励也不一定仅限于干巴巴的几句话，因为当这样的话听得多了，孩子就会觉得父母没有诚意，连鼓励都是老一套。因此，对于孩子的鼓励，父母也可以采用一些多元化的表达方式。

比如鼓掌、拥抱、微笑、眼神交流，等等。这些行为与语言相配合进行，更能让孩子感受到父母的真挚之心。另外，除了口头叙述与这些动作，随着时代科技的发展，父母还能用信件、聊天软件、手机短信等方式对孩子进行鼓励。这些新潮的方式，更能让父母贴近孩子的生活，还能拉近父母与孩子之间的距离。

3. 提醒孩子接受鼓励后要有实际行动

有的孩子，在接受父母的鼓励后喜欢空表决心，"我一定……"之类的话总是挂在嘴边，但是却很少去实际行动，这对于孩子的成长是没有好处的。

只要是父母发自内心的鼓励，都是希望孩子能够战胜困难、超越自我、不断努力的。所以，父母要提醒孩子，鼓励是为了让他更好地行动。在接受了父母这份真心之后，孩子一定要记得付诸实际行动。

4. 不要一味地鼓励个不停

虽然鼓励看上去不用花钱就能"支付"，只要几句话、几个动作就可以表达出来。但是，父母也要注意，不要一味地对孩子鼓励个不停。相同意思的话说得多了，就不能显示出这些话的真情实意了。因为如此一来，很容易让孩子产生误解，认为父母说的这些不一定都是正向的积极的鼓励。这样反而可能让孩子对父母产生质疑和不信任感。

另外，父母即使是对孩子鼓励，也要给孩子留出一定的自由空间和时间，若是用鼓励过分约束住孩子，也是不妥的。

金玉良言

　　父母真诚的鼓励,会让孩子能够认识到自己的各种潜力,同时还能使孩子增强自信心,进而更求上进。同时,受到父母这种发自内心的鼓励的孩子,更能不断发展自身的各种能力,并最终让自己成为生活的强者。

第七章

营造良好的沟通氛围

要想与孩子有良好的沟通，
需要父母营造一个良好的沟通氛围。
父母不能突如其来，
不能太过严肃，
否则孩子会心存戒备，
无法与父母顺畅沟通。
父母要善于把沟通的道理融入到生活中去，
可以在晚餐时与孩子聊聊，
也可以在散步时与孩子说说，
因为这样的氛围往往比较轻松，
孩子也能自由地发表自己的看法，
从而能把心中的想法和盘托出，
而且这时他也比较能接受父母在"无意"中灌输的观点。

83. 善于创造宽松的环境

家庭环境是父母和孩子共同创造的。宽松、和谐的家庭环境，培养的是身心健康、性格开朗的孩子；紧张、压抑的家庭环境，培养的是有心理障碍、心胸狭窄的孩子。

—— （中国）卢勤

经典事例

雨翔从2岁开始，学习简单的英文。小学1年级开始练习书法，除此之外，妈妈还带他学习绘画、数学速算、计算机等。但是直到现在，孩子没有产生一点抵触情绪。相反，每次都怀着愉悦的心情去学习。

因为爸爸和妈妈事先商量好，对孩子的学习抱有一种"主观积极努力，客观顺其自然"的想法，始终给孩子创造一种宽松的环境。而且爸爸妈妈从不给他施加压力，经常对他说："只要你努力去做，你就一定会做好。如果实在做不好，也没有什么大不了的。只要尽了最大的努力就行。"所以，雨翔无论在学习上，还是生活上，从不需要父母多费心。

上初中后，一次英语测试，很多同学成绩都不理想，雨翔也是破天荒第一次考得很差。为了不打击学生们的积极性，老师没有在班上公布成绩，也没有告诉父母。但是雨翔回到家后，主动地把成绩告诉了父母。对此，父母不仅没有批评他，而是鼓励他继续努力。

智慧点拨

在宽松的家庭环境下长大的雨翔，心理没有承受与其年龄和阅历不相称的压力，也与父母建立了信任的关系。所以，当他取得不好的成绩时，他也敢于向父母倾诉。可见，轻松的环境是孩子愉快学习，与父母有效沟通必要的外在条件。

轻松的环境让孩子没有过多的压力，从而逐渐产生信心，对他的学习和良好性格的培养都有益处。遗憾的是，一些父母没有注意到紧张、焦虑的家庭环境带给孩子的负面影响，他们对孩子的要求很高，当孩子达不到要求时，就采取简单的办法，非打即骂。而随着孩子承受的压力越来越大，学习成绩越来越糟，时间一长，形成恶性循环，便逐渐失去学习兴趣。慢慢地，有的孩子开始撒谎，甚至夜不归宿,误入歧途。可见,在这种环境下长大的孩子是没有幸福可言的。

相反,在轻松的环境下长大的孩子在各个方面都会健康。比如,学习成绩好,孩子自然有信心,有了信心,他也自然会对自己提出新的要求,无须父母再施加压力。事实上,压力应该有,要求应该有,目标也应该有。但这些都应该由孩子自发地提出,或者父母根据他的实际情况,引导他把这些要求转化为内在的动力,而不是压力。

参考建议

天下每一位父母从孩子呱呱坠地时起,就对他抱有很高的期望,希望他将来成为社会上的有用之才。教育孩子的方法因人而异,不能生搬硬套。但是,创造一个宽松的学习环境和家庭环境对于每一个孩子的成长都是必要的。

1. 为孩子营造安静的学习环境

安静的学习环境对孩子来说很重要,尤其是在考试阶段,他不希望外界打扰,需要独立的空间,冷静思考。这段期间,父母应该减少家庭访客的人数和亲友来访的次数,也应该尽量减少亲友间的电话,以免干扰孩子学习。其次,孩子学习时,父母不要打扰,尽量让他能够集中注意力投入到学习中。此外,父母应该改变一些如喝酒、打牌、聚会等生活方式,争取给孩子一个静谧的学习空间,让他在家里能专心学习。

2. 不把唠叨的话挂在嘴边

唠叨归根结底是父母不懂交流的表现,比如,经常对孩子说“你的房间为什么总是这么乱”、“你的作业本什么时候能整齐一点”、“放了学,按时回家,不许去网吧”等等。这些话说多了只会增加孩子的厌恶情绪。其实,和孩子交流需要父母充满爱心和亲切感,态度一定要和蔼。

有一位母亲在孩子小的时候,经常和他交流。每天晚上,在孩子上床睡觉前,妈妈都会问他:“你今天开心吗?”孩子长大后,就形成了睡前和父母沟通的习惯,有什么不顺心的事都愿意告诉父母。

这位母亲和孩子有了这样的感情基础,相信不用每天唠叨,孩子会很容易接受建议和忠告。所以,父母平时要注意多和孩子沟通,这样能避免很多无谓的唠叨。

3. 每天给孩子一张灿烂的笑脸

一个热爱生活、积极向上的人,微笑是他显露最多的表情。微笑的人最有魅力,也最有亲和力和感染力。每天生活在笑容中的孩子幸福活泼、聪明伶俐。所以,父母应该每天都微笑着面对孩子。

一位上初中3年级的女孩在日记中写道:

从小到大,爸爸总是唉声叹气,一副愁眉苦脸的样子,很少和我开心地说笑;妈妈也很严厉,即使和我谈心,也都是说教的方式。尽管他们爱我,但是从来没有和颜悦色地表露过。在这种紧张的家庭环境下成长起来的我,渴望父母能够与我平和地聊天,开心地说笑。

听了孩子的心声,不得不感叹:是谁剥夺了父母的笑脸?生活的压力?工作上的不顺心?父母的笑脸是孩子快乐的源泉,而传统严肃的家庭,只会压抑孩子的个性,孩子的性格也不会活泼开朗。所以,父母要多给孩子笑容,让微笑感染孩子。

金玉良言

创造宽松的家庭环境只是一种必要的手段,乐观的性格才是孩子独立克服困难的有力武器。所以,生活中,父母要克制住自己的脾气,多和孩子沟通,建立一个良好的亲子关系,进而培养他平和、乐观的心态。

84. 建立和谐的家庭关系

家庭是父亲的王国,母亲的世界,儿童的乐园。

——(美国)爱默生

经典事例

李松今年上初中3年级,再过半年就要中考了。父亲一直在外拼搏,母亲则经常和儿子抱怨父亲不顾家。

一天午饭时间,李松问妈妈:"爸爸打电话了吗?"妈妈一脸不高兴,放下筷子说:"他心中就没有咱们俩,这么久,一个电话也没打来。"李松见情形不对,忙安慰:"没事儿,不是有我陪着您吗?"

这时,妈妈勉强笑了笑:"是呀!妈最高兴的就是你能懂事。好好学习,将来给妈考个名牌大学。"说完,妈妈给儿子盛了一碗饭,对儿子说:"你多吃点儿,一会儿把煤气罐换了吧!这本来都是你爸干的活。"

儿子问:"这么快就用没了?"妈妈说:"嗯,上次你爸回来时就快没了。可他在家就知道睡觉,连着睡了三天。煤气没了也不知道去换……就给我扔了一堆脏衣服。"说完,叹了口气。儿子又马上劝道:"没事儿,有我呢! 我来弄……"

智慧点拨

谈话间,李松的妈妈不时地流露出对爸爸的抱怨,却给孩子造成莫名的负担。而李松渴望家庭和睦,妈妈的抱怨无疑让他把"维护家庭"作为第一要务。所以,他极力维护爸爸,并承担起一部分家庭责任。可见,和谐的家庭关系在孩子眼里是非常重要的。

家庭是孩子赖以生存的唯一场所,它的兴衰直接影响着孩子生活上的安全感。所以,任何一个孩子都渴望家庭美满。而当父母间出现危机的时候,他付出全部努力,尽量满足父母的要求,心灵上努力维护家庭团圆。但当力不从心时,就可能出现人格分裂。

事实表明,在不和谐的家庭长大的孩子,很难把注意力都集中在学习上,学习成绩一般也比较差。同时,在不和谐的家庭中,孩子很难感受到父母的关爱,性格也就更叛逆,甚至有可能走上歧途。所以,父母应该多关注孩子的心理健康,努力为他建立和谐的家庭关系。

参考建议

一个人一生中会有很多社会角色,家庭和睦是人际关系和谐的基础。在孩子心中,父母是值得崇拜的对象。因此,父母间应尽量避免冲突,处理好夫妻间关系,努力为孩子营造一个和谐的家庭。

1. 让家庭中多一分宽容和理解

宽容和理解是一个和谐、温馨的家庭必备的条件,受环境的熏陶,孩子也才能学会宽容和友爱。

一位老人在 50 周年金婚纪念日那天,幸福地说:"从结婚那天起,我就想列出丈夫的 10 个错误。并对自己说,如果丈夫犯了这 10 个错误中任何一个,我都会原谅他,以保证我们婚姻幸福。但是,这 50 年来,我始终没有明确列出这 10 个错误。每次丈夫惹我很生气时,我都会默默地告诉自己,这是那 10 个错误之一。"

听了这位老人的话,不得不感叹她的胸襟。和谐的家庭关系就是这样:多一分理解,少一些计较;多一分宽容,少一些冷漠。所以,父母都要试着宽容和原谅他人,努力为孩子营造一个快乐家庭。

2. 建立和谐的亲子关系

一项调查研究发现：不良的亲子关系是导致孩子心理疾病、问题少年、青少年违法犯罪的最主要原因之一。可见，孩子的不良行为与紧张的亲子关系、不良的家庭教育有直接关系。所以，父母要从现在做起，和孩子建立良好的沟通渠道。

首先，父母要树立正确的教育观念，分数不是衡量孩子唯一标准；其次，要多关注孩子全面发展，如兴趣、爱好、独立能力等；最后，父母要多理解，多包容，让孩子感受到爱。这样，亲子关系才能更亲密，家庭关系才能更和谐。

3. 避免教育孩子上的分歧

教育是一个永恒的话题，父母间一定要多交流，最终双方达成共识，要尽量避免因教育问题产生矛盾。

一位母亲有了孩子后，经常和婆婆在教育孩子的问题上闹矛盾。后来，这位母亲首先作出改变，在养孩子方面作出让步，多听取婆婆的建议。

在教育孩子方面，她经常和婆婆沟通，还给婆婆看一些教育视频，把教育孩子的知识慢慢渗透给她。后来，这个婆婆慢慢地也改变了，认同了儿媳妇的教育方式。

很多长辈和晚辈的教育思想存在很大分歧。作为晚辈，沟通非常重要，但切忌用说教的方式和长辈沟通。父母可以像案例中的那位母亲一样，巧妙地把一些知识传授给老人。当有意见分歧时，父母也不能盲目地指出老人的错误，而是要给他留面子。

4. 夫妻不要在孩子面前争吵

夫妻间应该和睦相处，但有时难免因为一些小事情闹矛盾。适当的争吵算是一种发泄方式，但是父母一定要注意场合和分寸，不能当着孩子的面吵架，更不能将争吵发展为动手，这样对孩子的身心健康非常不利。

所以，父母要控制住自己的脾气，多为孩子想一想，努力建立和谐的夫妻关系。

金玉良言

父母与孩子构成了一个家庭。但孩子不只是生活在父母中间，他还有祖父母、外祖父母，以及叔叔、姑姑、舅舅、阿姨等长辈。这些长辈们的亲密关系一样会对孩子产生潜移默化的影响。所以，父母也要处理好这些关系，努力为孩子

营造一个大家庭的和谐氛围。

85. 创建"学习型"家庭

怎样使孩子养成良好的学习习惯，父母扮演了一个重要角色，不仅要身体力行，而且还要对孩子有耐心。这对孩子的发展是有很大好处的。

——（英国）斯宾塞

经典事例

梁谦尽管才上小学 3 年级，但他的知识水平却比同龄的孩子高了许多，无论是学校里的老师还是家附近的邻居，无不夸奖他是一个知书达理的孩子。

其实，梁谦也不是什么天才儿童，他也算不上极顶聪明，但他却有一个好家庭。从梁谦开始懂事后，家中除了看一些新闻和知识教育节目外，很少看电视。父母总是和孩子一起坐在各自的书桌旁边认真地看书学习，遇到一些问题，家中就会开展热烈的讨论。同时，父母在日常生活中也注重对孩子个人素质的培养，他们从自身做起，让孩子在潜移默化中学到做人处事的道理。

就这样，梁谦在"学习型"的家庭氛围中，逐渐学到了知识、学到了礼节、学到了成长必需的许多技能。而且，梁谦与父母也很少出现隔阂，因为家中经常会有讨论与交流，一些或大或小的问题，都在这样平等而民主的交流中被化解。

智慧点拨

苏联教育家苏霍姆林斯基说，通过恰如其分的家庭教育"给祖国培养出忠诚儿子的父、母亲"，在给国家做出贡献的同时，也"是给自己立下了活生生的不朽的丰碑"。故事中梁谦的父母就是如此，他们的教育方式与方法，值得父母参考与借鉴。

未来尽管在不断进步，但"学习型"家庭将会使得所有家庭成员共同学习、相互学习、一起进步，这样的家庭也将会是与时俱进的温馨、民主、成功的家庭。因为在学习中，家庭成员将能更加适应社会的变化，也能更加有效地应对生活中的挫折与冲击。在这样家庭中成长的孩子，将会更加喜欢学习、喜欢钻研，他也能够学到更多的知识与技能。而且，父母与孩子的沟通也能在学习的氛围中更好地开展，这对于加深父母与孩子间的相互了解与理解是十分重要的。

由此可见,父母创建一个"学习型"的家庭,对于所有家庭成员的发展与成长都是大有益处的。一旦学习成为了家风,孩子将会在这学习的氛围中受到良好的熏陶与教育。

参考建议

孩子的学习,并不只是停留在学校里,家庭中的教育同样十分重要。为孩子创造一个良好的家庭学习环境,孩子才能感受到父母的良苦用心,他才能更好地学习,也才能更乐于与父母进行沟通。

1. 营造有利于学习的环境

晋初思想家傅玄曾在《太子少傅箴》中说:"近朱者赤,近墨者黑。"被誉为我国"家教典范"的《颜氏家训》中也曾提到:"与善人居,如入芝兰之室,久而不闻其香;与恶人居,如入鲍鱼之肆,久而不闻其臭。"由此可见,一个人所接触的环境对于其生活、学习与成长是多么重要。

父母应该为孩子营造出一个有利于学习的环境。比如,居住地尽量要避开闹市,家中的布置要采取平和宁静的装饰,有条件的话可以开辟出学习的角落,等等。我国古代曾有"孟母三迁",这也是在要求父母还要注意周围的社会环境,为的是让孩子能够拥有一个"善于学习"的朋友或交往的氛围。

2. 创设平等民主的学习氛围

创建"学习型"家庭,父母在家中创设一个互动、互学、平等、民主的学习氛围,其目的是要让家庭全体成员的整体文化素质和家庭生活质量都得到提高。

因此,父母要放开自己的思想,正确对待孩子的想法与态度,同时也要了解孩子的意愿与想法,尽量满足孩子的学习需求。并且,父母也要经常和孩子进行相关知识的研究与探讨,这对拓宽孩子的知识面与加深对知识的理解都是十分有益的。

3. 充分发挥"言传身教"作用

父母是孩子的第一任同时也是终身的老师,父母的"言传身带"对于孩子的影响是巨大而深远的。所以,父母应该充分发挥这种作用,每天抽出一定的时间来与孩子共同学习,这样不但能形成共同学习的氛围,同时也能增强孩子学习的自觉性。父母"身先士卒"进行学习,孩子便也会以此为榜样。

4. 扩大"学习"的范围

其实并不是说,一提到"学习"二字就是要钻研书本,一说学习就只是知识性的学习。父母要清楚地认识到,学习应该是全方位的。对于孩子来说,这个"学习"应该是他成长过程中各种能力和知识的掌握。毛泽东主席曾经说过:"读书是学习,使用也是学习,而且是更重要的学习。"因此,父母要扩大孩子的学习范围,让他掌握更丰富的知识,只有这样,孩子才能全面成长。

5. 学习要从小处着眼

学习在日常生活中无处不在,可以说家庭中充满着丰富多彩的教育内容和素材。只要父母做个有心人,家庭生活就会成为教育源泉,从接人待客到规律生活,从勤于动手到独立自主,从思想健康到品行优良,父母要从小处抓起,让孩子能够得到全方位的教育、学习与成长,这也是"学习型"家庭的重点。

金玉良言

"学习型"家庭的创建,不仅让孩子得到更好的学习,同时也能让全体家庭成员共同进步,更重要的是这种家庭氛围将有利于父母与孩子的交流,会拉近父母与孩子的距离。所以,父母应该积极创建"学习型"家庭,既促进家庭和谐,也可以为社会培养出必需的人才。

86. 在吃晚饭时与孩子沟通

教会孩子谈话技巧的最好办法是与家人谈话。 父母在睡觉之前和孩子交谈, 或者在饭桌上和孩子进行宽松有意义的谈话, 或者在散步、郊游中, 都是很好的一对一的对话机会。

——(中国)窦胜功

经典事例

11岁的朱遥越来越不喜欢在家里吃晚饭了,因为每次吃晚饭,都是妈妈或者爸爸开始对他训斥的时候。

这一天,朱遥的月考成绩出来了,中等成绩,不好也不坏。晚饭的时候,他刚坐到餐桌旁,妈妈就开了口:"你看看你,怎么一点长进都没有呢?上次考试这个分数这次还是这个分数？整天也不知道你学什么了。"

朱遥听着妈妈的话，低着头只顾扒碗里的饭，连菜也不吃了。而爸爸看到孩子这样子，气不打一处来，"啪"地一拍桌子，震得菜汤都溅了出来，吓得朱遥一哆嗦。

爸爸吼道："妈妈说你，你听见没有？"

"听见了……总说我……"朱遥小声地说，

爸爸一听更加生气了："你还有理了？考那么点儿分还觉得挺不错是吧？我看你就是欠揍！"

朱遥咬着嘴唇，听着妈妈的唠叨和爸爸的训斥，尽管肚子饿得咕咕叫，他却再也没有吃饭的心思了。

智慧点拨

吃晚饭时与孩子沟通，本来该是个很自然很随意的事情。但在朱遥的家中，这一顿又一顿的晚饭却有如"过堂"，这样的"沟通"永远都不会有通顺的时候。因此，朱遥父母的这种做法，父母需要反思，一定要避免类似情况的发生。

时代发展得越来越快，人们的生活节奏也变得越来越快。从家庭角度来看，白天父母上班、孩子上学，经常是一天之中除了早晨与晚上，全家人几乎都不碰面，这种情况下家庭成员之间的交流就少之又少。因此，晚饭时间就成为了全家可以团聚的极为宝贵的时间。而在这么宝贵的时间段里，平心静气的交流要远远好过严厉的训斥，父母要掌握好与孩子交流的技巧，一定要善于把握并运用这段时间。

因此，父母要让孩子体会到在家吃饭的踏实感，要让这顿温馨的家庭晚餐为亲子沟通架起桥梁，以便建立并保持和谐的亲子关系。

参考建议

全家人聚在一起吃晚饭，气氛一定是其乐融融的。所以，父母要抓住这个时机，将一天中最为休闲的晚饭时光变成沟通的好机会。

1. 多创造全家人一起就餐的机会

白天父母与孩子各自为各自的事情而忙碌，只有晚上才能聚在一起。一般来说，吃过晚饭后，父母忙家务，孩子则做作业。而且，有时候，父母还要去应付一些不得不去的应酬，这样一来，家庭交流在不知不觉中就变得少之又少。

因此,父母应该尽量多创造一些全家人一起就餐的机会,全家可以一边品尝着美味可口的饭菜,一边讨论着大事小情。父母要尽量将晚餐的餐桌变成家庭成员之间交流的场所,为沟通提供一个良好的平台。

2. 饭桌上的沟通切忌批评

中国青少年研究中心曾经在全国 6 大城市中对 2500 名中小学生进行过一次调查,调查发现:有超过 50% 的孩子在餐桌上挨过父母的批评。这是一个惊人的比例,父母应该知道,这种教育方式其实是错误的。

吃晚饭的时候,若是父母总是对孩子进行教训、批评、呵斥,甚至责骂,这将会影响到孩子进餐的心情,他有可能会产生沮丧心理。更有甚者,父母在餐桌上对孩子的批评,还有可能导致孩子产生神经性厌食,影响他的身体健康。所以,父母一定不要在饭桌上批评孩子。

3. 让晚饭的气氛变得轻松活跃

其实吃晚饭的时候本是个美好的时刻,劳累了一天的父母与孩子,面对色香味俱全的饭菜,畅谈一些美好的话题,可以让所有人都在愉悦心情下进餐。

9 岁的张岳每天都很期待晚饭时间,因为对于全家来说,这都是一个美好而重要的时刻。在晚餐的餐桌上,大家经常讨论各式各样的问题,小到个人、大到社会,大家都畅所欲言。这种交流,不但让父母更加了解孩子的想法,同时也使孩子产生了一种被尊重的满足感。

由此可见,父母构建一个轻松活跃的晚饭氛围对于亲子沟通是多么的重要。在餐桌上,父母应该多讲讲孩子的优点,多对孩子进行鼓励,与孩子谈论他感兴趣的话题,尽量营造一个轻松活跃的就餐气氛。

4. 将话题扩展到各个方面

所有父母都希望与孩子无话不谈,而所有的孩子其实也都想和父母多说说心里话。这时候,父母可以将谈论的话题作一个扩展,不要只局限于孩子的学习或者成长的问题上面,从班级到学校,从小区到城市,从国内到国外,各种各样的话题交流都会让就餐气氛活跃起来。而在各个话题中,父母也可以发现孩子的思想成长,同时还能适时地对孩子开展教育,这将更有利于父母与孩子之间建立融洽的亲子关系。

金玉良言

沟通不一定非要在特定的时间、特定的背景下去进行,有时候借助一些场景也许更能有效地促进交流。晚饭就是个很好的时机,边吃边聊的氛围既轻松又自由,再加上一些轻松的话题,这将是能够拉近父母与孩子距离的美好时光。

87. 在散步时与孩子沟通

散步,特别是共同散步,在道德化的方面与游戏相同,自然界和散步着的人们不知不觉地协调起来,这是因为与自然的任何接触实际地提高、强化和道德上的净化。

——(德国)福禄贝尔

经典事例

暑假就要结束了,明天就开学了。可是上小学4年级的柳辰,却是一脸的愁苦。傍晚的时候,他悄悄地跟妈妈说:"妈妈,我不想上学了。"

妈妈一愣,她看着孩子对家中摆的游泳圈、漫画书那恋恋不舍的样子,不禁笑了,她猜孩子一定是假期玩儿得开心,现在是变得懒于动脑学习了。

于是,吃过晚饭后,妈妈叫上柳辰一起去散步。夕阳下,妈妈和孩子边走边聊,她绕开了孩子"不想上学"的话题,从自己的小学开始说起,说她利用学到的知识做小实验时的开心,说她和伙伴们一起调皮时的快乐,还讲起了当时老师的一些趣事……

柳辰听得津津有味,还不时地插嘴询问。散步回来后,柳辰一脸的兴奋,他对妈妈说:"妈妈,我上学也有好多好玩的事情的。等以后我讲给你听。"

妈妈笑笑说:"好啊,不过……"

"我又想上学了!上学太有意思了!"柳辰抢了妈妈的话大声说道。

妈妈一下子就被他逗乐了。第二天,柳辰背了书包高高兴兴地向学校跑去。

智慧点拨

孩子的小烦恼与小问题,有时候父母若是给他讲大道理也许并不一定会起到什么效果,但是换一种方式与他进行沟通,似乎就能有所成效。故事中的母亲就是另辟蹊径,与孩子在散步的时候交流,顺利解决了孩子的问题。她的这种做法,值得父母学习。

现在,父母与孩子能够面对面沟通的机会变得越来越少,而很多父母说教式的语言也让孩子不愿意向父母倾诉内心的想法。由此就需要父母选择其他恰当的方式来与孩子进行沟通,让孩子既能敞开自己的心扉,也能知晓父母的良苦用心。

与孩子边散步边交流是个不错的方式,因为散步是走出了家门,让孩子不再感到压抑,而且散步能让父母与孩子倾心交谈,也能给父母创造教育机会,可以让孩子学到更多的知识。

因此,父母在与孩子进行沟通的时候,可以转换方式。除却面对面,用更加轻松自由的散步来消除父母与孩子之间的距离感,让亲子间的沟通变得更加顺畅。

参考建议

散步就是给交流提供一个"平台",让沟通不再死板且严肃,让沟通也变得随意而闲适起来。就事论事,就景抒情,闲聊天一样地你一言我一语。父母通过散步来与孩子沟通,可以算得上是一个很好的交流方法。

1. 选择合适的散步"方式"

所谓散步,就是一种随意闲行,但这种"随意"与"闲"也应该要讲求好的方式,尤其是对想要通过散步来与孩子沟通的父母来说,这点尤为重要。

父母应该选择一条良好、舒适的散步路线,并且还要有恰当的时间。同时,父母也要适当提醒孩子不要忘了散步的目的,要尽量让他保持一个轻松的心态,这才能很好地达到散步沟通的目的。

2. 可以与孩子互相交换心事

其实,在散步的时候,不一定只是孩子在畅所欲言,在这种轻松自由的环境下,父母也可以将自己的一些小心事讲给孩子听,并认真听取孩子的意见与想法。

父母与孩子互相交换心事,会让孩子感受到父母对他的尊重,感受到父母对他的信任,同时也能让孩子学会关心父母。随着时间的延长,孩子就会变得乐于向父母倾诉,乐于与父母分享自己的喜怒哀乐。当父母与孩子成为好朋友的时候,沟通就会变得很容易。

3. 散步要散出"情趣"来

有的父母与孩子散步,不是说教就是训斥,散步多是在外人面前,有的父母不注意讲话的分寸,反而让孩子感到受了羞辱。这样的散步在孩子看来就是

"如临大敌",也根本起不到加强亲子沟通的效果。

因此,父母与孩子一起散步,一定要散出"情趣"来,比如,可以和孩子一起发现路边一些有趣的事情,也可以一起讨论一些大事小情。另外,父母也要注意,散步散步就是要"散",不能着急,也不能将其变成一个"流动公堂",应该是在欣赏风景的时候,适时地因势利导,与孩子闲聊过程中发现问题、分析问题、探讨问题、解决问题。只有有"情趣"的散步,才能既锻炼身体又增进亲子关系。

4. 适时地根据场景来开展教育

散步的时候总是会遇到各种各样的场景与事情,这个时候,父母可以借此来对孩子开展教育,而且这种应情应景的教育往往比空洞生硬的说教来得要深刻得多。

19世纪,德国有一位著名的天才叫小卡尔·威特。父亲老卡尔在才三四岁的时候,就坚持每天都带他到户外散步。老卡尔一边前行一边给小卡尔讲一些有趣的问题,而小卡尔就会顺着父亲的思维展开想象。小卡尔的地理与历史知识就是在散步中打下了基础。

由此可见,散步中父母开展的教育,可以让孩子既开阔眼界又增长知识,同时还能促进良好的亲子沟通,可以说是一举多得。

金玉良言

父母通过散步来与孩子进行沟通,一方面可以自然而然地解决孩子遇到的问题,另一方面也能让孩子从大自然中学到丰富的知识,最重要的是让孩子的心更贴近父母的心,从而有效地促进亲子间的关系。

88. 经常搞家庭聚会活动

如果父母采取一种积极解决冲突的态度和方法,让全家人都坐下来,在家庭会上和谐融洽的气氛之中有效沟通,这样的提议无疑是具有建设性的,而且会收到较为满意的结果。

——(德国)卡尔·威特

经典事例

董南10岁了,他十分害怕自己严厉的爸爸,有些话都不敢说。其实爸爸看到孩子这样也有些苦恼,而当爸爸遇到孩子的问题的时候,他的处理方法也让孩子难以接受。

后来,董南妈妈给出了个主意,妈妈说:"不如我们来开家庭会议好了,前提是所有人都是平等的。"爸爸听了想了想,同意了这个建议。

一天晚饭后,妈妈召集了家中成员,大家一起坐到了客厅中,妈妈说:"大家都可以发表自己的意见,我们来一起讨论问题并解决问题。"开始的时候,董南有所顾虑,他看着爸爸不敢开口。后来,在妈妈的鼓励下,他慢慢地一点一点地讲出自己的心事与问题。

而在以后的日子中,董南的家里经常召开这样的家庭会议,时间长了,董南逐渐向父母表达了自己的情感要求,而父母也对他提出了合理的建议与意见。一家人都很赞同这种交流的方式。后来,董南与父母的关系越来越亲密,他与父母的交流也多了起来。

智慧点拨

其实解决问题不算难,只要有了正确合理的方法。难的就是能够坐下来,心平气和地将一些矛盾烦恼讲述出来。就如董南和他的爸爸,父子二人不能很好地交流,于是他们之间的关系就不会十分和谐。但董南的妈妈却是聪明的,她利用家庭会议的方式,让所有人都能表达出自己的意见,各人埋在心里的小疙瘩也自然而然地被解开了。

家庭是一个整体,是由各个不同的个体组成的。各人都会有各自的思想、意见,各人也都有各自的情感、认知。所以坐下来好好地沟通就显得尤为重要,而能让所有家庭成员都坐下来的方法,就是家庭聚会或者家庭会议。这种全家都参与的民主的沟通形式,可以吸纳不同的意见,从而加速问题的解决,因此十分值得提倡。

由此可见,家庭聚会或者家庭会议,给亲子沟通提供了一个良好的环境。这种环境能够让孩子自由表达想法,父母可以及时掌握孩子的心理动态,因此有利于亲子间的互相了解。

参考建议

矛盾、烦恼、困难、愤怒,人的情绪千变万化,人与人之间的关系也会随之变得复杂。而坐下来开诚布公地交流,恐怕是解决这些复杂关系最好也是最有效的办法。父母经常性地搞一些家庭聚会或者会议,会让沟通变得顺畅起来。

1. 理智看待家庭生活中的问题

家庭生活中难免会有一些磕磕绊绊,比如母亲要面对一大堆家务,烦琐没有尽头,负担极重;而工作繁忙的父亲面对孩子的吵闹也会变得越发的烦躁。

这个时候,父母应该理智看待这些家庭生活中不可避免的问题,既不能一味地容忍下去,否则孩子将不会认识到他的不当之处;当然父母也不能火冒三丈,甚至大声斥责,那也是不明智的行为,会影响到孩子的感情,也会影响到自己与孩子之间的关系。因此,召开家庭聚会或会议,才是此时处理问题的最佳办法。

2. 鼓励孩子勇敢发表意见

家庭聚会或会议,就该是平等而民主的,该是允许所有人能自由发言的所在。而这种让所有人都能自由表达思想的形式,将能够促进家庭成员之间的更好的沟通。

所以,父母应该鼓励孩子,让他勇敢地发表自己的意见,勇敢地说出自己的内心想法。父母要让孩子知道,问题与烦恼只有说出来,才有可能会被分析并被解决。而且父母也要给予孩子以信任与支持,让他丢掉不必要的顾虑。

3. 包容孩子的对与错

有的家庭认为孩子没有阅历,因此对于孩子的意见从来都是采取无视的态度,要是孩子说得对,父母只当没听见,若是孩子说错了,父母就像抓到了孩子的把柄,反而开始了对孩子的说教。这些做法都是错误的。

家庭聚会或会议的召开,就是为了让所有的家庭成员都能参与到问题的讨论中来。因此,父母要包容孩子的错误,要正视孩子的意见,对的可以听取,错的也要让孩子知道错在哪里。

4. 将家庭聚会或会议保持下去

家庭聚会或会议,并不是只开一次就算过去了。毕竟,家庭生活总是在不停地遇到问题,不能说只一次就算是沟通过了,这种方法值得坚持下去。

马来西亚大马皇家陆军首长拿督斯里阿都阿兹将军,为了保卫国家,大部分的生活都在军中度过。但他深知与孩子相处的重要性,为了加强与孩子的沟通,他将周末及周日定为"家庭日"或"家庭聚会日",与家人聚会、畅谈,以此来增进与孩子们的交流。

一旦家庭聚会或会议成为了家庭习惯,那么家庭成员之间的沟通将会越来越顺畅,这位将军也深知这个道理。其实将聚会坚持下去,无论是父母还是孩子都会更乐于去实施民主作出的决定,无论是情感沟通还是家庭教育,也都将会取得理想的成效。

金玉良言

全家坐下来,就或大或小的问题进行讨论,对于他人的烦恼进行开导、给出建议,这不仅有利于解决家庭中的矛盾与问题,最重要的是这种方式可以促进父母与孩子之间的沟通交流。这种民主的方式能够帮助孩子敞开心扉,将有助于解决他成长中遇到的问题。

89. 适时地给孩子讲小故事

听故事能够打开那些直接教育无法触及的区域,无论是成人还是儿童,都可以从故事中找到解决自己问题的稳妥办法。

——(美国)吉姆·科

经典事例

阳阳今年 6 岁,经常听妈妈讲故事。

一天,在给阳阳讲故事前,妈妈问她:"阳阳,你喜欢听什么样的故事啊?"

阳阳回答:"冰箱、秋千、乖乖(狗)……"

妈妈心想,哪有这样的故事呢？灵机一动,决定把阳阳做过的事情换成她要的"主角"讲给她听:"今天早上,冰箱和一个新认识的小哥哥一起玩儿,他们一起荡秋千……"在讲的过程中,妈妈把阳阳做的对的地方加以肯定,做的不对的地方加以批评,并告诉她正确的做法。阳阳听得也很认真。

后来,妈妈逐渐利用身边熟悉的事物,变换角色,将她自己的故事讲给她听。每次她都听得津津有味,还不时提醒妈妈落下的情节。现在的阳阳不仅会讲故事,还会编故事。

智慧点拨

阳阳的妈妈变换"主角",将孩子亲身经历糅合到故事中的方式,大大增加了孩子听故事的兴趣,并起到教育的意义。生活中,父母不妨学习这种方法,培养孩子的想象力和表达能力。

听故事是孩子的共同爱好,可以增加孩子的知识,也可丰富其词汇,提高语言理解和表达能力。同时,故事的内涵不仅反映生活,解释世界,通过故事中的各种形象,可以给孩子树立正确的价值观,帮他辨别什么是真善美,什么是假恶丑,对其人格的塑造都有一定的积极性和教育意义。

此外,给孩子讲故事是一项非常好的亲子活动,既能增长知识,又能增加亲子感情。而有些父母缺乏耐心,认为学习机讲得绘声绘色,所以干脆用学习机替代自己给孩子讲故事。事实上,讲故事是和孩子互动的一个过程,有些环节是学习机不能取代的。

总之,给孩子讲故事是一种良好的教育形式,父母一定不能忽视这个环节。

参考建议

给孩子讲故事是一些父母常做的一件事,但是如何给孩子讲好故事却不是每个父母都知道的。一些父母抱怨"没有好故事",或者为孩子选择故事伤透了脑筋。其实,除了故事本身的内容外,父母讲述得生动、有趣也是吸引孩子的一个关键。

1. 故事的选择要有针对性

不同年龄的孩子,故事要有针对性。一般针对3岁以下的孩子,要选择情节简单、活泼有趣的故事;3岁以上的孩子,父母可以选择一些教育意义较深,情节较复杂的故事。总之,父母要多讲一些积极向上、思维性比较强的故事,如世界著名童话、语言、民间故事等。

2. 掌握讲故事的技巧

在讲故事之前,父母最好先了解故事的主题和内容,掌握故事中每一个角色的个性和故事情节,这样讲起来会更生动自然。讲故事时,父母可以适度变化一下表情和声音。比如,用不同的拟声发出火车"呜呜"、汽车"滴滴"的声音;模拟不同的人物的声音等等。当讲到孩子感兴趣的地方时,父母要放慢语速,调节声音的变化,以吸引孩子的注意力。此外,父母可以适度改编较复杂的语句,换成孩子可理解的语言。总之,父母讲故事时要遵循三条原则:掌握故事内容,挖掘其教育意义;语言绘声绘色,增强感染力;以启发诱导为主,捕捉孩子的兴趣点。这样才能调动孩子的积极性。

3. 给孩子讲睡前小故事

睡觉之前,孩子的身体和思维相对比较安静。这个时候,和孩子娓娓而谈,孩子更愿意主动接受。同时,父母温柔亲切地读诵,也有助于提高孩子的睡眠质量。所以,父母可以在孩子睡前讲一些小故事,帮助他入睡。当然,睡前故事的情节不宜太曲折,否则孩子容易变得兴奋。同时,故事以短小为佳,通常两个简短的小故事比一个长故事效果更好,一般 10 至 15 分钟就足够了。

4. 重视和孩子的互动

在给孩子讲故事过程中,孩子可能会有疑问。这个时候父母不要拒绝孩子的提问,也不要对他说"现在不要问,讲完了再告诉你"。因为,听故事是孩子积极思考的过程。所以,父母一定要注重孩子的提问,认真回答,给孩子一个满意的答复。

在适当的时候,父母也可以向孩子提问题,让他猜想故事的情节发展和结局,或者让他续编故事。这样既有利于培养孩子的想象力和思维能力,又利于培养孩子的主动意识,变被动倾听为主动参与讲述。

金玉良言

给孩子讲故事,是父母与孩子交流的过程。所以,父母不要照本宣科,要把重点放在和孩子交流上。此外,对孩子来说,听故事如同游戏一般,是轻松快乐的一件事。父母要挖掘故事的教育性,但不必太重教训。故事讲完了,父母和孩子都享受到快乐,就是最大的收获。

90. 激发孩子说话的兴趣

语言作为工具,对于我们之重要,正如骏马对骑士的重要。 最好的骏马适合于最好的骑士,最好的语言适合于最好的思想。

——（意大利）但丁

经典事例

孩子从幼儿园放学回家,一进门……

情景一:

妈妈问儿子："你回来了?"儿子回答："回来了。"

妈妈又问："在幼儿园里都玩什么了?"儿子回答："没什么。"

妈妈继续追问："那中午吃什么好吃的了?"儿子漫不经心地答道："忘了。"

情景二:

妈妈蹲下身来,对儿子说："宝贝,让妈妈看看。"然后,她专注地看了孩子一会儿,说："你今天一定玩得很高兴。"

儿子回答："对呀! 我和程雷一起搭积木,我们搭了一座大城堡。然后,城堡里住了很多小朋友……"

妈妈睁大眼睛："那一定很好玩,可惜我没玩到。"

看着妈妈略带沮丧的表情,儿子安慰说："没关系! 下次我教您怎么玩儿。"

智慧点拨

同样的故事发生在两个不同的家庭,两位妈妈的动机都是想了解孩子在幼儿园的情况,而得到的结果却大不相同。之所以会有这样的差异,除了父母说话的技巧不同外,还和长久累积下来的沟通模式,孩子在幼儿园的经历和孩子说话的意愿有一定的联系。但是,不可否认,父母的问话技巧扮演着举足轻重的角色。

和孩子聊天,父母要尽量摒弃审讯式的问话方式,而是要多站在孩子的角度,体会他的感受,这样才能激发孩子说话的兴趣。

语言是人与人之间最直接的交流工具,语言能力是孩子智力发展和社交能力的核心因素。所以,在孩子的成长阶段,父母一定要运用正确的方法激发孩子的语言潜能,为他以后的学习和生活打下坚实的基础。

一般语言能力强的孩子逻辑思维能力比较强,也懂得适时地表达自己的感情。相反,表达能力较差的孩子不仅不能清楚地表达自己的意思,记忆力也比较差,性格比较胆怯,缺乏自信。所以,对于孩子的表达能力,父母一定要予以足够的重视和正确的引导。

参考建议

意大利著名教育家玛利亚·蒙台梭利认为:一个人的智力发展和他形成概念的方法在很大程度上取决于语言。可见,从小培养孩子的语言能力,对孩子的智力、沟通能力都非常重要。而兴趣是第一老师,因此,父母要从兴趣入手,善于挖掘孩子感兴趣的话题,从而提高其语言表达能力。

1. 找到孩子的兴趣点

鼓励孩子说话,话题的选择很关键。父母要多跟孩子接触,了解他的兴趣、想法和内在需要。这样,父母才能选择孩子感兴趣的话题,比如,和孩子聊一聊他喜欢的体育明星,和孩子说一说他喜欢的老师。刚开始时,父母要耐心倾听,让孩子大胆地说,切忌打断或者纠正。当孩子有了说话的勇气和兴趣时,父母再抓住合适的时机,加以引导和教育。

2. 掌握问问题的技巧

当父母向孩子提出问题后,孩子的回答得长短和父母的提问方式有很大关系。比如,父母问:"今天过得如何?"这样的问题就比较笼统。那么,孩子通常的回答是:"还行"、"还可以"。如果父母要想了解孩子一天的生活,就要把问题问得具体,比如问"在哪"、"谁"、"什么时间"、"做什么了"等等,这样才能引导孩子完整叙述一天的经历。总之,父母要善于把握提问的技巧,提高孩子说话的主动性。

3. 让孩子高声朗读儿歌

让孩子大声朗读儿歌,除了增长自信心外,还可以让他逐渐形成流畅的表达习惯。另外,父母可以听孩子讲故事,听他说一说动画片里的情节。当然,父母要学做一个欣赏者,认真倾听,把自己融入孩子故事的情节中,在恰当时候做出相应的表情和动作,以提高孩子表达的积极性。

4. 让孩子多参加一些集体活动

有些孩子在家表现得很活泼,可是面对热闹的环境或陌生的群体,他们多半表现得胆怯、羞涩。这样的孩子对陌生环境多半有胆怯心理,他不知道怎样融入集体当中。这种情况,父母要寻找机会,让孩子多参加集体活动。比如,让他率领小朋友们一起玩游戏,多让他和外向的孩子接触。这样,孩子的性格也会慢慢变得开朗、自信,就会乐于表达。

5. 不过分关注孩子不爱说话的特点

当孩子在客人面前不爱说话时,父母不要在他面前表现得过于关注或在意他的沉默,更不能在别人面前强迫他说话。因为这样无形中在暗示他不爱说话,甚至造成他情绪紧张,变得越来越少言寡语。相反,家里来客人了,父母可以有意地让他招待客人,比如,给客人拿水果,帮客人倒茶。

总之,父母要多鼓励,多赞扬,给他创造锻炼的机会,多给他积极正面的暗示,在轻松愉快的气氛中,改变孩子沉默的性格。

金玉良言

孩子不爱说话,父母要找出原因。比如,孩子性格内向,喜欢安静,不愿表达自己的想法;对孩子要求过于严格,造成孩子胆小,没自信;父母凡事包办,致使孩子得不到锻炼,等等。具体问题具体分析,父母先要找到症结所在,进而采用相应的方法激发孩子说话的兴趣。

91. 要做有幽默感的父母

幽默既不像滑稽那样使人傻笑,也不像冷嘲那样使人于笑后而觉得辛辣。 它是极适中的,使人在理智上,以后在情感上感到会心的甜蜜的微笑的一种东西。

——(中国)韩侍桁

经典事例

5岁苗苗的家里来了客人,妈妈为客人准备了很多水果和甜点。可是客人还没来得及吃,其中一块点心上的巧克力就已经不见了,随后妈妈看到苗苗的脸上残留着巧克力的痕迹。

面对这种情形,妈妈没有发火,而是微笑地问苗苗:"巧克力是为客人准备的,是不是你的小芭比(娃娃)偷吃了巧克力?"

此时,苗苗不好意思地说:"一定是它,它看到巧克力就变馋了。"

这时,妈妈继续温和地对孩子说:"哦,那请帮我转告小芭比,不能偷吃客人的巧克力。下次想吃巧克力时,提前告诉我,那样我也为它准备一份。"

苗苗笑着说:"好的!"

智慧点拨

对待孩子的错误,严肃认真地批评是一种教育方法。有时,采用幽默的手段同样可以达到教育的目的。苗苗的妈妈用幽默的语言,给了孩子一个台阶下,让她认识到了错误,也在客人面前维护了她的自尊心。

　　所以,生活中,父母不必总是用斥责和惩罚的方式对待犯错误的孩子,而是要善于用幽默的语言制造融洽的气氛,让他明白错误的时候,破涕为笑,其效果往往比板起面孔要好得多。

　　可是,生活中的父母因为工作繁忙和压力,给孩子呈现的面孔大多严肃,让孩子产生距离感。有机构曾对 258 名中学生作过一项调查,调查结果显示:46.9％的中学生希望父母有幽默感。可见,孩子是多么渴望父母幽默的表情、诙谐的语言。

　　实际上,幽默表面上是一种教育手段,实际反映的是一种乐观精神。而这种乐观会潜移默化地影响孩子,让他变得活泼开朗,这样才体现了教育的本质。

　　此外,针对孩子的逆反心理,正面说教往往不能收到良好的效果。这个时候,父母如果能发挥幽默感,不但能控制住自己的脾气,也能化解孩子的反抗情绪。所以,父母要学会幽默,增进与孩子的感情交流,努力培养孩子乐观宽容的性格。

参考建议

　　风趣幽默的教育方式可以触动孩子活泼的天性,也是与孩子沟通的有效方式。所以,在教育孩子时,父母要做到"寓教于乐",让孩子在笑声中身心健康,相信再顽皮固执的孩子也会有所改变。

1. 保持积极乐观的心态

　　幽默是一种人生态度,更是一种人生智慧,其心理基础是乐观、积极向上的心态。父母乐观的心态不仅能建立和谐的亲子关系,也会影响孩子,能够培养他不怕失败,抵抗挫折的能力。可见,父母要想学会幽默,先要保持乐观的态度。

　　在生活中,父母要做到不抱怨、不悲观,努力看事情积极的一面,善于欣赏孩子优点。同时,父母要宽容大度,克服斤斤计较的狭隘思想。尤其当孩子犯错、考试成绩不理想的时候,父母一定要保持冷静。

2. 用幽默的语言安慰孩子

　　孩子哭闹时,诙谐的语言比单调的哄逗更容易转移孩子的注意力,从而消除孩子的消极情绪。

　　一个孩子在摔倒后,大声哭泣,任别人怎样安慰都无济于事。这时,妈妈走过来,拿出一面镜子,指着镜子里的他说:"宝宝,你瞧,你哭得像个小花猫,鼻涕流得像瀑布,多难看啊!"这时,孩子抬起头来,注视着镜子里的自己,破涕而笑。

妈妈的这种方式转移了孩子的注意力，使他不再关注疼痛。同时，还让他学会幽默的语言技巧，养成坚强的性格。生活中，父母不妨采用这种方法，帮孩子走出消极情绪。

3. 多讲一些幽默轻松的小故事

幽默有趣的小故事能培养孩子的幽默感。所以，父母平时可以多给孩子讲幽默小故事、脑筋急转弯等，以训练孩子思维的敏捷性。同时，父母可以陪孩子一起听一些轻松幽默的相声小品。这样不仅可以使孩子心情轻松愉快，也会给孩子营造一种轻松愉快的氛围，无形中也在孩子心中树立了风趣幽默的形象。

4. 学会欣赏孩子的幽默

如果父母自认为没有幽默感，最起码要学会欣赏孩子的幽默。比如，当孩子尝试着说出一些幽默有趣的笑话，或者表演一些滑稽的表情和动作时，父母不要吝啬掌声和笑声，要学会欣赏和配合，进而强化他的幽默感。

金玉良言

幽默是自然而然表现出来的，其真正的目的是让孩子学会乐观，学会用心感悟生活，宽容地面对生活。所以，父母不要为了幽默而幽默，如果弄巧成拙，变成冷嘲热讽，最后伤害了孩子的自尊心，反而事与愿违了。另外，父母和孩子的幽默也需要有一个"度"，千万不要认为低级不健康的语言也是幽默。

92. 带着孩子去旅游

对青年人来说，旅行是教育的一部分；对老年人来说，旅行是阅历的一部分。

——（英国）培根

经典事例

一对夫妻因为工作忙，很少有时间带孩子去旅游，记忆中只带孩子爬过一次山。后来，这段经历变成了孩子永久的美好回忆。

孩子在一次月考作文中描述道："我永远忘不了那座山，山的名字虽然已经模糊，但是那迷人的景色却依旧印在我的脑海里，让我深深地感受到大自然的气息……让我感受最深的还有,在那次爬山的过程中,爸爸妈妈和我一路唱着歌,聊着天,我从来没有感觉自己和爸爸妈妈的心离得这么近。"

　　这个孩子把沿途景色,包括林间小径、被雨水冲刷过的树根、山梯、野花、云雾、山顶风光描述得非常细致。而且,孩子也特别提到了自己在旅行中感受到的父母和自己的融洽关系。老师看了作文后,感叹孩子的文笔十分优秀;父母看了后,也非常感动。

智慧点拨

　　有些父母埋怨孩子的作文不生动,日记太单调。试想周末、节假日时,孩子总是闷在家里,每天看电视,写作业,日记怎么会有新鲜的内容呢? 案例中的孩子如果没有亲自爬山的经历,又如何能够把沿途的风景、亲身感受描写得如此之美呢?

　　可见,外出旅游在孩子成长中具有重要的意义,不仅能开阔孩子的眼界,增强他的体质,还可以增加孩子接触自然的机会,更能拓宽孩子的思维,提升孩子各方面的素质,培养他热爱生活的态度。

　　旅途中的现实体验,会让孩子有更多亲自动手的机会。这种知识的摄取比书本上的图片更有触动性,这种记忆也比课堂上的知识更深刻。同时,旅游也可以让孩子掌握规则,比如乘坐交通工具守时的概念,自我保护的措施,等等。此外,旅游前期搜集地图、历史风俗等相关资料等准备工作都是让孩子了解知识、了解社会的好机会。

　　当然,对于父母与孩子之间的关系而言,带孩子去旅游恰恰可以增进这种关系。因为旅行是快乐的、轻松的,在这种氛围中,父母与孩子很容易沟通、交流彼此的感情。所以,带孩子去旅行,也是一种不错的亲子沟通方法。

参考建议

　　古人云:"读万卷书,行万里路。"可见行万里路和读书是互补的关系,这两者都能使人开阔眼界,增长知识和能力。如果父母与孩子一起旅行,那在旅行的过程中,还能让亲子沟通变得更简单。既然如此,父母又何乐而不为呢?

1. 有计划安排外出旅游

　　父母可以充分利用节假日,或者寒暑假的时间,安排出行计划,带孩子感受大自然的壮观、人文气息的浓厚。出行前,父母要加强安全教育,增强孩子自我保护的能力。比如,把父母的联络方式放在孩子的口袋里;告诉孩子走失时,向景区工作人员或者警察求助等。父母也要嘱咐孩子遵守景区的规则,爱惜公物。旅游途中,父母要给孩子创造与别人相处的机会,教他正确处理人际关系。同时,父母也要善于捕捉孩子的闪光点,抓住亲子沟通契机。

2. 试着让孩子制定旅游路线

计划旅游时,父母要尊重孩子的建议,尽量做到公正、公平。出行之前,父母可根据孩子的年龄和能力,鼓励孩子利用一些书籍和网络资源,掌握一些地理知识和天气环境知识,让孩子来制定旅行路线。父母也可以让孩子掌握一些财政大权,让他计算旅游的开销,做一些前期准备工作。

此外,父母也可以鼓励孩子把出行计划、预计财政支出等拟成一份计划书,培养孩子全面考虑问题的能力。当然,让孩子制订计划前,父母要予以一定的帮助,提醒孩子从哪些方面入手,并做及时的补充。

3. 给孩子讲解与景点有关的知识

在旅游之前,父母可以通过上网搜索、翻阅书籍等方式作好知识储备,事先了解旅游地的民俗和相关的地理、人文、历史知识。旅游途中,可以边游览,边给孩子讲解,让孩子在轻松愉快的氛围中受到教益。

一个女孩从小喜欢读《三国演义》,十分崇拜里面的历史人物。一次,父亲带女儿游览荆州时,给女儿讲述"关羽大意失荆州"的故事。女儿听了很欢喜,并感叹第一次感觉和历史这么贴近,并对这次旅游刻骨铭心。

这位父亲带女儿游览荆州,讲述"关羽大意失荆州"故事的经历,不仅能让孩子对这段历史记忆深刻,而且还能感受父亲知识的渊博,从而更崇拜父亲,增进与父亲的关系。

事实上,带孩子到实际生活中体验、参观是传授孩子知识的最好机会,也能加深孩子对知识的理解,避免孩子的书呆子气。

4. 引导孩子学会观察

旅游实际上享受的是过程,父母不能急着赶路,只重视目的地的抵达,却忽略了沿途的风景。旅途中,父母要让孩子学会观察,尤其是当孩子被某一新鲜事物吸引时,父母不要嫌浪费时间,要鼓励孩子的新奇发现,让孩子充分感受当地的风土人情和城市特色,并引导他去观察美、感受美、理解美。此外,在游览某地之前,父母也可以给孩子设置一些悬念,让他在旅途中细心观察,找到答案,使旅途更加新奇和快乐。

金玉良言

　　旅游能让孩子的所想、所见更加深刻,是孩子增长知识和见识的最佳途径。但是,旅游的最终目的是让孩子身心愉悦,感受大自然的美好,培养积极生活的态度。所以,父母不要像带着任务一样和孩子旅游,以免让孩子产生抵触情绪。当然,父母更应该抓住这样的机会,融洽与孩子的关系,让自己的心与孩子的心贴得更近一些。

不要紧,下次再努力!

第八章

运用非语言沟通法

美国语言学家艾伯特·梅瑞宾研究发现，
人与人之间的沟通，
高达93%是通过非语言沟通进行的，
只有7%是通过语言沟通的。
而在非语言沟通中，
有55%是通过面部表情、
形体姿态和手势等肢体语言进行的，
只有38%是通过音调的高低进行的。
因此，
他提出了一个著名的沟通公式：
沟通的总效果＝7%的语言＋38%的音调＋55%的面部表情。
所以，
父母也一定要善于运用非语言沟通方式与孩子沟通。

93. 经常给孩子善意的微笑

当生活像一首歌那样轻快流畅时，笑颜常开乃易事；而在一切事都不妙时仍能微笑的人，才活得有价值。

——（德国）威尔科克斯

经典事例

父亲在儿子郑昊出生后，就和妻子商量了教育原则：每天对孩子微笑。无论郑昊遇到任何事情，父母都尽量用微笑来面对。他们并不渴求郑昊长大后功成名就、飞黄腾达，而只希望他能平平安安，快快乐乐。

一次，郑昊看着大人在井里提水，趁人不注意也想自己提桶取水。结果，不小心掉进了井里，幸亏被周围的大人及时救了上来。父亲看着浑身湿透的儿子和他那害怕的神情，并没有立刻训斥，而是尽量放松了紧绷的脸，笑着对孩子说："好了好了，没事了！"等郑昊从惊吓中缓过神后，再给他讲怎样避免落入井中的道理。

从此以后，郑昊如果看见有人坐在井边上，不管认识与否，他都会主动上前拉他下来，同时会说："这样会掉到井里去的。"

父母长期的微笑教育，使郑昊在家里不但是一个听话的好孩子，在学校也是一个尊敬老师、团结同学、学习努力的好学生。

智慧点拨

郑昊的父亲曾说："在我们与孩子的生活中，微笑成了我们每天必做的'功课'，微笑成为我们家庭生活的主旋律。因为微笑，郑昊的心理素质不断提高，精神状态越来越好，承受能力也不断增强。"的确，微笑教育的力量和成效常常令人不可思议。

有人说："微笑是不用翻译的语言。"当身边的人对我们微笑的时候，我们会不由自主地以微笑回应，这种互动的含义就是友好。而孩子会不会与人友好相处，关键在父母有没有和孩子轻松交往。只要父母常常对孩子善意地微笑，孩子也会还给父母微笑，同时，孩子也学会了对所有人微笑。

微笑不仅仅是人与人之间关系的润滑剂，也是人身体健康的保证。当一件令人生气、让人郁闷的事情放在心头的时候，逼自己"微笑"一下，当嘴角上扬的一瞬间,好像内心所有的不满都化解了。常常这样,身心一定会很健康。

因此,父母为了孩子,为了家庭,为了自己,请多一些微笑在脸上。

参考建议

诺贝尔和平奖获得者特蕾莎修女曾被人问到:"如何与周围的人友好相处?"特蕾莎修女的回答是:"给您的丈夫微笑,给孩子微笑,给朋友微笑,给身边所有人微笑。"微笑的确是寒冬里的暖阳。请父母多给孩子一些微笑。

1. 对孩子笑脸相迎

家庭是温馨的港湾,而家庭成员之间应该互相温暖、互相鼓舞。那么,这种温暖的气氛首先应该由父母来营造。无论是大人还是孩子,当回家打开门的一瞬间,都希望看到微笑的脸。因为这是温暖的信号,而不是冷漠的暗示。

一位老师大清早去学生的寝室查房,一进门,就非常严肃地看着孩子们。有几个学生主动向老师问好,有一个小男孩,看了看老师,什么都没说。当学生们挨个离开寝室的时候,老师叫住这个男孩说:"怎么一大清早,就一张臭脸?"男孩看了看老师,说:"老师,您的脸比我的脸还臭!"说完,男孩就跑了。

其实,孩子比成年人敏感,孩子所呈现出的状态往往都是父母自身状态的写照。因此,父母应该先在生活中用微笑面对孩子,孩子也会学着用微笑回应父母,并会把这用"笑脸相迎"的习惯应用在生活、工作的每一处。

2. 微笑着倾听孩子的分享

当孩子兴高采烈地给父母讲一件有趣的事情时,父母可以不发表意见,但至少请微笑着倾听,以表示自己愿意听孩子的分享。父母的这个举动是对孩子的尊重和肯定,孩子也会从父母的样子中,学会应对他人的分享。

有的父母虽然不拒绝倾听孩子的语言,但总是心不在焉或者一副准备教导孩子的模样。这样,父母即使没有用语言,但孩子也会感到不舒服。所以,如果父母有空,请微笑着倾听孩子的分享,这会拉近彼此之间心与心的距离。

3. 用微笑缓解孩子的紧张

孩子在成长的过程中必然会遇到考试、表演节目、参加演讲等事情,此时,孩子会表现出不同程度的紧张。而父母除了给予言语的激励外,也可以给孩子微笑的鼓励。

10岁的李瀚第一次在学校表演节目,内容是诗朗诵。虽然李瀚平时很少紧张,但面对台下这么多老师和同学,也难免心里不安。

一开始,李瀚虽然朗诵得比较流畅,但整个人并没有进入诗歌的情景。就在此时,他看到了父亲正在台下,并微笑着看着他,还不时地点头,表示对他朗诵的肯定。

看到父亲的表情,李瀚放松了很多,逐渐进入了状态,把自己和诗歌完全融在了一起,并把台下的观众都带入了诗歌的情景,展现了一次完美的表演。

父母是孩子内心深处的支柱,父母的心情和感受会完完全全影响孩子。当孩子紧张时,看到父母轻松的微笑,自己也会轻松下来。所以,请父母多以温暖的微笑,去安抚孩子忐忑不安的心。

4. 别把愁容带回家

父母在工作中难免会遇到困难和不顺,但是,父母最好学会尽快化解,别把这些坏情绪带回家。如果父母在家时时刻刻都想着工作的问题,那肯定会愁容满面,想要微笑着对待孩子也不太可能。如果父母有平和的心态、开朗的性格、宽容的心胸,那么,微笑就会变成一种生活态度,会感染孩子的心灵世界。

金玉良言

"微笑"是世界上最美丽的表情,任何一个人都愿意常常看到美丽的景象。孩子也不例外,当孩子用自己的眼睛去看世界时,当孩子通过父母去认识世界时,他看到的是快乐?还是苦难?如果父母能多给孩子一些善意的微笑,孩子不但能回应给父母最灿烂的笑容,更会用乐观、自信的态度面对人生与未来。

94. 有时沉默也是一种沟通

沉默是一种处世哲学,用得好时,又是一种艺术。
——(中国)朱自清

经典事例

齐嘉伟刚上小学1年级,父母在家特别注意言传身教。有一次,母亲叫嘉伟吃晚饭。嘉伟一边收拾玩具,一边笑着对母亲说了一句:"妈妈傻瓜。""傻瓜"两个字说得字正腔圆、十分流利。

母亲并没有马上纠正儿子,而是装作没听见,转身进了厨房。但是,母亲思索到:家庭中没有人说"傻瓜",孩子肯定是从外面学来的。后来,从嘉伟的爷爷那里得知,嘉伟是听到外面的小朋友这样骂人,自己觉得新鲜,还学了两遍。

后来,当嘉伟再说这句话的时候,母亲依然装作什么也没听到,对孩子说的话不理不睬,或者干脆转移话题。这样做,就是让嘉伟发现,当自己说这句话的时候,全家人的反应是冷淡的,说出来也没什么意思。过了没多久,嘉伟再也没有说起"傻瓜"二字。

智慧点拨

嘉伟的母亲说:"我知道,孩子在这个年龄还没有辨别能力,他并不明白这句话的含义,只是初次听到,感觉新鲜好玩才努力去学,对我说脏话,不过是为了引起我的注意,显示他的本事。"于是,这位母亲选择了用沉默去淡化孩子的错误,而不是用指责去强调。

当然,当孩子犯了类似的错误的时候,父母可以给孩子好好讲道理,告诉他这是不礼貌的言语,让孩子分清对错。也可以像这位母亲一样,干脆用沉默对待,因为父母的兴师动众反而会使孩子加深对错误的印象,更加难易改正。

当孩子有了不得体的行为和言语时,父母适时的沉默是给孩子一个反思的空间,让孩子去感知父母的心情,同时反省自己的错误。这种方法只要用对了时机,往往会起到不可思议的效果,所谓"无声胜有声"。因此,父母要看情况,用"沉默"来和孩子沟通。

参考建议

教育是一门艺术,用温和的态度劝导孩子是教育,用严厉的声色训斥孩子也是教育,保持沉默依然是教育,就看父母怎么用。只要用得适度适当,孩子都会从中受教。

1. 当孩子讲别人的是非时,父母可以用沉默应对

当孩子逐渐长大,对周围的人和事会有自己的看法和想法。特别是女孩子,可能会很喜欢对母亲说班里同学的是是非非,就如同成年人在一起说"东家长,西家短"一样。父母在引导孩子多看同学的优点,少看同学的缺点的同时,可以用"沉默"去应对孩子的讲述。

当然,父母要分清孩子是在倾诉心中的苦闷,以求得父母的帮助,还是只是一时情绪的发泄。如果是前者,就不能用沉默去回应,如果是后者,父母就要用沉默告诉孩子:我对你说的那些不感兴趣。父母的沉默会让孩子感到"说是非"的无趣。这样,时间一长,孩子就会改掉"说三道四"的习惯。

2. 用沉默应对孩子的傲慢

用"沉默"教育孩子往往是要看时机的。当孩子在某一方面取得了小小的进步和成绩时，及时的肯定和鼓励是必要的。但当孩子已经沉浸在过去的进步中，并且逐渐显示出傲慢时，父母就要用沉默去给孩子"降温"。

韩子斌通过自己的努力考上了省重点高中，全家人都为此高兴。只要听说这件事的亲朋好友，都会表示赞叹。在这个过程中，父亲发现儿子有点飘飘然了。

有一天，儿子外出回来，告诉父亲他在街上碰到了哪个叔叔，并且给父母描述起人家如何夸奖他。儿子说完后，父母没有任何回应，照样干着自己手中的事情，就像没听见一样。有过这么几次之后，儿子翘起的小尾巴逐渐放了下来，并以常态开始了高中的学习生涯。

当孩子的"温度"很高的时候，父母可以用无声的办法帮孩子"降温"。这样，既在最大程度上尊重了孩子，还给孩子一个空间去思考。

3. 用沉默应对孩子的错误，让他反省

很多孩子在犯错误之后，能清醒地认识到自己的问题。但是，碍于面子等因素，孩子并不会立刻承认。此时，父母可以用"沉默"去激发孩子的内疚之心。

有一个耳熟能详的故事：列宁小时候，曾在姑妈家玩耍时不小心打碎了花瓶。当时，他没有承认是自己干的。而他的母亲也没有当面揭穿他。回家之后，母亲对此事只字未提。几天以后，列宁受不了母亲对他的沉默，主动承认了错误，并写信向姑妈道歉。

父母的沉默是一种宽容。任何孩子都有敏锐的感知力，他会在父母无声的回应中学会看清自己，自我反省。因此，与其大声呵斥孩子的错误，不如安静地等待孩子的自省。

金玉良言

有时，父母的沉默是和孩子最好的沟通。因为父母的无声，才使孩子把注意力转移到自己身上。孩子不用在父母的说教中狡辩，也不用在父母的指责中抱屈，而是在没有说教、没有指责的气氛下，懂得了反省。而父母教育的目的，就是能教养出一个能时刻自省的孩子。这样，孩子自己的心灵会引导他做正确的事情。

95. 让拥抱把温暖带给孩子

没有被父母拥抱过的孩子都是有问题的。孩子需要我们的拥抱、抚摸，这有利于心理的健康发展。我建议，孩子让你拥抱，能抱多大就抱多大。

——（中国）孙云晓

经典事例

马俊刚上初一，学习成绩不算靠前。但是，初一学年的最后一次考试中，马俊的各科成绩进步很大，在班里可谓是"一鸣惊人"，还被分入了"年级重点班"。

知道成绩的这天，马俊非常高兴。一回到家，看到开完家长会回来的母亲，就大喊道："妈妈，拥抱我一下。"他伸出双臂，兴奋地迎向母亲。母亲也迅速站起来，紧紧地把儿子搂在怀里。

此时，母亲的泪水顺着脸颊流了下来，双手轻轻地拍拍儿子的脸蛋，说："儿子你真棒，真的太棒了，妈妈像你这么大时，没有考上初中的重点班，更没有在班上一鸣惊人过，你比妈妈强！儿子，你再加把劲儿，你会更棒，更出色。"

马俊笑着看着母亲的眼睛，不住地点头说："妈妈，谢谢您的信任，因为有了您的信任，我才有了自信，才有了今天的好成绩。"

这位母亲后来说："我原本只想夸夸他的，没想到，儿子竟出乎意料地让我拥抱他，这个拥抱本来是该我给儿子的，我却没能想到，也没能做到，反而让儿子提出来，实在不该。"

智慧点拨

其实，孩子一年的努力被母亲看在眼里，孩子向母亲所要的这个拥抱是庆祝的拥抱，是共同分享喜悦的拥抱。

对于一个成长中的孩子来说，有一个健康的体魄和满意的成绩是远远不够的。情感需要是孩子心理发展中不可或缺的部分。而父母如果能适时地给孩子一个拥抱，就是最直接地满足了孩子心灵需求。

心理学研究证明，孩子在幼年缺乏爱抚，是今后出现性格偏差的主要原因。有些父母因为各种各样的原因，很少与孩子进行情感交流，"拥抱"自然是少之又少。而当孩子流露出对父母的依恋时，父母的漫不经心会让孩子失望，久而久之，孩子就会显得沉默消极，长大后就会性格内向，缺乏自信。

因此，父母千万不要忽视和孩子的情感互动，当孩子需要时，请让拥抱带给孩子温暖。

参考建议

当父母张开双臂，把孩子揽入怀中的时候，会深深地感受到与孩子之间因血脉相连的至亲与至爱。这样一个动作，会让孩子的内心充满力量。

1. 当孩子害怕时，请给孩子拥抱

孩子在成长的过程中会遇到很多让他胆怯、害怕的事情，此时，孩子最需要的是父母的臂弯。父母的拥抱会让孩子远离惊恐，让孩子感到安全。

上小学3年级的李媛在家里有自己的小房间。一天夜里，雷声大作，狂风暴雨。天空一声巨响，李媛从睡梦中惊醒。当她正欲大声喊"妈妈、爸爸"的时候，母亲已经走到她的床边，并把她拥在怀里。李媛依偎在妈妈的怀抱中说："妈妈，我害怕！"

"不怕！"母亲安慰道，"这是在打雷，一会儿就好了。"在母亲的怀抱中，随着雷声的渐小，李媛又进入了梦乡。

孩子因为缺乏生活常识和社会经验，总会遭遇让自己害怕的事情。孩子在受到惊吓时，特别需要父母的宽慰。父母如果没有及时地缓解孩子内心的不安，孩子就会感到无助，更会用"冷眼"看世界、看待周围的人。那么，就请父母用一个拥抱化解孩子心中的冰冷吧！

2. 让孩子从拥抱中得到安慰

当孩子在学校里、在社会上遇到为难的事情，或者受到委屈时，父母得知后，不是给孩子的心头雪上加霜，而是安慰孩子，减轻孩子的心里负担。

10岁的何蕙茹在学校是出类拔萃的学生。一次，她们班在借用其他班级上课时，蕙茹不小心砸碎了窗台上的花盆，老师看到之后，说："没关系，蕙茹今天回去给妈妈说一声，明天咱们拿一盆新花来，给人家补上。"蕙茹点点头。

放学后，母亲来接蕙茹时，老师把这件事情告诉了她。不知什么原因，蕙茹给母亲解释的时候，委屈得哭了出来，母亲把她揽入怀中说："没事，咱们明天拿一盆新的来就好了啊！"

何蕙茹不允许自己犯错，但是又无意间犯了错，所以心里觉得委屈。此时，母亲的怀抱足以给她最大的安慰。如果母亲说"哭什么，这么点小事，有什么好哭的"话，孩子可能会更加委屈。而一个温暖的拥抱里多了一层含义——理解。

3. 用拥抱的力量鼓舞孩子

孩子一路成长起来,特别需要父母的鼓励和支持。当孩子不自信时,当孩子需要力量时,父母可以给孩子一个坚定有力的拥抱,让孩子勇往直前。

一个刚刚考上大学的男生说:"每当我面临重要考试、比赛、演讲等事情时,进考场前或上台前,父亲都要给我一个坚实的拥抱,然后说'加油',这个拥抱让我充满了力量,信心百倍地面对每一次挑战。我感谢父亲对我的支持。"

当然,父母鼓励孩子可以有很多种方式,当语言已经无法表达的时候,可以让无声的拥抱去传递内心的声音。

金玉良言

拥抱是无声的肢体语言。父母拥抱孩子,就是通过双方的身体接触传递彼此心灵的感受。孩子细微的心灵变化希望让父母知道,更希望得到父母的理解。而语言有时会很苍白,会不合时宜。但是,父母张开双臂的接纳,会让孩子从中感受到无尽的爱和力量。

96. 适时拍一拍孩子的肩膀

孩子都需要爱,他们对爱的需要远远胜于对玩具的需求。父母应该学会:与孩子道别时挥挥手;孩子回家时给他一个问候;轻轻地拍拍孩子的肩;临睡前给孩子一个吻……

—— (中国)卢勤

经典事例

一个名叫彼得的青年,没有文化,没有显赫的家世。他曾做过不少小买卖,都没有成功,也曾尝试着学点知识,可是自己没有信心。

在一个冬天的夜晚,他被父亲暴打后跑出家门。在公园里的石椅上,他欲哭无泪。这时,一个老头走了过来,坐在旁边。在老人面前,他喋喋不休地诉说着自己的不幸。老人出奇的安详,笑了一下,然后艰难地起身拍拍他的肩膀,说:"年轻人,一切都会好的。我相信你!"说完,老人蹒跚着消失在夜幕里。

此时,彼得的内心强烈地震撼着。他想:一个陌生的老人竟然能对自己有信心,为什么自己不能战胜自我呢?从那个夜晚起,他改变了自己对人生的态度。他通过自己的努力,渐渐从一个对生活失去信念的青年,最终成长为一个成功的企业家。

智慧点拨

成功后的彼得在自传中这样写道:"每当遇到挫折,都会回忆起那天晚上的事,都会想到老人的那一拍,身上就有一股莫名的力量。"彼得没有在父亲那里得到的激励,居然从一个陌生老人的"一拍"中获得了。看来,一个简单的触摸就能带给人无限的力量。

在父母与孩子的交往中,肢体触摸起着非常重要的作用。心理学研究发现,在一定的情景中,父母随机拍拍孩子的肩,这种表示关爱的触摸会使孩子产生强烈的幸福感和安全感。同时,这种触摸还传递着一种权威的作用。当父母拍孩子肩膀的时候,孩子不仅感受到父母的关爱,还会莫名地尊重父母。如此一来,孩子就很愿意接受父母的教导。

所以,父母何不通过拍拍孩子肩膀的方式来传递对孩子体贴关怀的情感呢?

参考建议

父母的双手或轻或重地拍在孩子的肩膀上时,孩子感受到的是一种无声的力量,一种通过心灵传递的力量。

1. 拍拍孩子的肩膀, 让孩子感受到父母对他的期望

父母对孩子的期望常常用语言的方式传达。当孩子犯错之后,能从父母的责骂声中听出对孩子的期望;当孩子成功之后,能从父母喜悦的脸上,能看出对孩子的期望。但是,孩子不一定会按着父母的期望成长。当父母的语言已经苍白无力的时候,不如用充满爱的双手拍拍孩子的肩膀,让孩子感到父母对他的信任和期许。

王鹏从小就是调皮捣蛋的孩子,因为学习成绩不好,又总是在班上惹是生非,成了父母和老师的"克星"。王鹏每次闯祸之后,父亲都会狠狠地打骂他一顿。

一次,他和同学打架被父亲知道。当他垂头丧气地回到家时,父亲并没有打骂他,而是一反常态地留下王鹏独自反省。

王鹏很不习惯父亲这种处理方式,准备回房睡觉时,与从房间出来的父亲迎面相撞。父亲叹了一口气,拍拍他的肩膀说:"早点休息吧!"语气里透露出一

丝无奈还有些许希望。

王鹏一夜没睡。第二天，他请父亲帮他请家教，他要好好学习。从此以后，王鹏如同突然醒悟了一样，在家庭教师的帮助下，学习成绩不但有所提升，打架的次数也少了。后来，还考上了一所重点大学。

成年后的王鹏提起那个夜晚依然记忆犹新，他觉得正是父亲那"无声的一拍"，突然拍醒了他，突然感受到了父母不容易，突然明白了自己该做什么。

因此，当父母尚且不会用理智和积极的方式对待孩子的问题的时候，不如让无声力量去激励孩子，让孩子从父母的期望找回自己的人生方向。

2. 拍拍孩子的肩膀，肯定孩子的行为

当孩子做了好事，或者在学习中取得了进步时，父母的认可能激励孩子继续努力。但是，父母过多的赞美，容易使孩子傲慢。而无声的认可不但能起到鼓励孩子的作用，还不会让孩子过度地沉浸在其中。

周末，彭玲玲在自己的小屋写作业，突然，窗外传来一声猫叫。她向外一看，原来是隔壁家的猫跑到了窗户与窗户的连接处。于是，玲玲找来羽毛球拍，在拍子上放了几块食物，把球拍伸向猫的位置。小猫小心翼翼地走到球拍上吃东西，玲玲就趁机将猫抱了起来。

玲玲将小猫送回给了隔壁的阿姨时，阿姨连连道谢。玲玲不好意思地回到家，爸爸拍着玲玲的肩，高兴地说："嗯，干得不错！"

父亲的肯定让玲玲感受到做好事的快乐。父亲简单的举动和言语，不但鼓励了玲玲，也让玲玲知道，这样做是应该的。因此，当孩子做了该做的事情，取得了该取得的成绩，父母不要兴师动众地肯定孩子，而是轻轻地拍拍他的肩，说一句简单的话，孩子就会从中受益。

3. 拍拍孩子的肩膀，让孩子找回自信

当孩子遇到了挫折、失败时，最需要他人的激励。那么，最佳的人选当然是父母，如果父母能拍拍孩子的肩膀，说一声："振作起来，失败是成功之母。"相信孩子会感受到无比的力量。

父母不要小看这"一拍"，只有"被拍过"的孩子才能感受到父母通过内心传达出的声音。因此，当孩子垂头丧气时、委靡沮丧时，父母可以试着拍拍孩子的肩，说一句简单的话。孩子会从父母的激励中振作起来，找回自信。

金玉良言

父母在对孩子的教导中，除了以身作则外，言语的教导也是必不可少的。

当然,适当的言语会对孩子的内心起到积极作用,但父母能不能每次都如此恰如其分地应用语言呢? 因此,当父母对孩子有期待时,想表示鼓励时,想告诉孩子"我相信你能行"时,何不试着拍拍孩子的肩,让无声的语言去表达父母内心的声音?

97. 让眼神和孩子交流

沉默的眼光中,常有声音和话语。

——(古罗马)奥维特

经典事例

方老师是一名小学教师,在多年的教学生涯中,她渐渐学会了和孩子们用眼神交流。而且,她发现眼神的交流往往会起到意想不到的教育效果。

一次课间活动,有一个孩子不小心撞倒了谭嘉,谭嘉爬起来就把撞倒他的孩子打哭了。方老师看到后立刻喊了一声"谭嘉!"然后,用非常严厉的眼神盯着他。

一开始,谭嘉不服气地看着方老师。但是,在几十秒的对视过后,谭嘉慢慢地低下了头,还向那个被打哭的同学道了歉。于是,方老师又对谭嘉投以赞扬的目光,谭嘉也高兴地笑了。

智慧点拨

这位方老师认为,父母和老师如果能巧妙的运用眼神与学生沟通,并通过眼神正确表达自己的意思,这就无形中就与孩子建立了一种默契。这种眼神的默契常常在教育中会发挥意想不到的作用。

俗话说:"眼睛是心灵的窗户。"每一个人都善于用眼睛去观察世界、感知世界。而孩子对父母和老师的观察更是敏锐。当孩子犯了错误或者做了一件好事的时候,他总会观察父母的目光,看看父母是怎么样看着他的。孩子通过父母的眼神来判断父母的态度,以及来决定自己下一个行为。

有一个孩子曾对母亲说:"我是亲近爸爸还是远离爸爸,由爸爸那双眼睛来决定。爸爸绝大多数时间看我时的眼光比看别人时都要亮,亮得我只想扑到他的怀抱里。但也有极少时间,爸爸看我时的眼光有些严肃,缺少光泽,这时我就躲得远远的,而这时多数都是我犯严重错误的时候。"看来,每一位父母都应该

学会用眼神与孩子沟通。

参考建议

孩子虽然年纪很小，但是，他会用眼睛去试探、去感知、去交流，而父母也应该学着用眼睛与孩子对话。

1. 用眼神提醒孩子

孩子成长的时候，很容易当着众人的面做错事、说错话。而孩子也有自尊，父母可以学着用眼神去提醒孩子，而不是用嘴巴去呵斥孩子。

一位母亲很注意平时对女儿礼貌方面的教导，特别是在吃饭之前不允许女儿先坐上座位。一次，母亲带着她去农村的奶奶家。奶奶准备了一大桌子菜，有几个小朋友已经先做到餐桌椅上了。

小女儿见状，也准备找个椅子爬上去。正好被正在端菜的母亲看到，母亲站在她对面，正一声不吭地看着她。她看了一眼母亲，好像意识到了什么，再看看其他的小朋友，又看了母亲一眼。母亲依然用眼神问她："你该怎么做？"看到母亲坚定的眼神，她放弃了之前的想法。走到母亲身边，母亲点点头，对她笑了。

之后，女儿问到妈妈，为什么其他小朋友可以先坐。母亲说，他们不知道那样不对，你做好自己，做好榜样。母亲这样做，要比当着大家的面，对孩子进行呵斥或强行制止好得多。这种方法不但提醒了孩子，也保护了孩子的自尊心。

2. 用眼神鼓励孩子

孩子的一生中总会有跌倒的时候，而此时，正是父母帮助孩子建立独立人格和坚强意志的时机。父母可以给孩子一个鼓励的眼神，鼓励孩子在跌到处爬起来。

有一个这样的故事：3 个孩子在赛跑中倒地，3 位母亲的反应迥然不同：第一位母亲立刻跑过去，扶起孩子一起跑；而第二位母亲却大声责备，埋怨孩子没有用；第三位母亲则给孩子送去鼓励的目光。最终，3 个孩子都跑到了终点。

但是，3 个孩子的心情却截然不同。第一个孩子心中暗喜有母亲的辅助，认为自己的未来不用担心了；第二个孩子挨了母亲一顿批评，心中委屈不已；第三个孩子，虽然大汗淋漓，却实实在在体会到了成功的喜悦。

因此，在不方便大声说话的场合，比如孩子参加演讲、参加比赛、参加考试时，父母完全可以用眼神鼓励孩子。父母一个鼓励的眼神就是对孩子的信任，孩子会从父母的眼神中读懂父母的用意和心情，因为那是一种默契，一种心灵的交汇。

3. 学会在不同的时刻应用不同的眼神

孩子的成长是一个动态的过程,父母应该学会让自己的眼神动起来。当孩子做得对时,父母应该用赞许的眼光肯定孩子;当孩子受委屈时,父母应该用温暖的眼神温暖孩子;当孩子怯懦时,父母应该用充满力量的眼光激励孩子;当孩子调皮捣蛋时,父母应该用严肃的眼神约束孩子……

当父母能够自如地应用眼神来和孩子交流,不但教育是轻松的,收效也是最大的。

金玉良言

有人说:"父母的眼神是世界上最美好的教育媒介。"孩子会通过父母的眼神来决定自己的行为,决定是否与父母沟通和交流。父母若能在适当的时机,让孩子从自己的眼神中看到鼓励、关注、爱心,也看到批评、提醒和指导的话,孩子会在父母的视线下成长为一个身心健康、自信快乐的人。

98. 抚摸带给孩子无声的爱

爱抚,这不是迁就调皮的孩子,不是不假思索地满足闲得发慌的孩子的稀奇古怪的要求。

——(苏联)苏霍姆林斯基

经典事例

8岁的冉小萌生病住院,医生说了一句话让小萌的母亲记忆犹新。医生说:"你没事时,就用手抚摸孩子的头,她感觉到关爱,病会好得快点。"

一次,小萌的脚上起了水泡,和同学玩闹中被同学踩了一脚,出了一些血。回家后,小萌把袜子脱掉,一定要让母亲看看她的脚。此时,母亲正在忙着做其他事情,看了一眼,说:"这点血没什么。"然后继续忙手中的事情。

小萌看母亲顾不上她,就独自回自己的房间了。过了一会儿,只听房间里传来"嘘、嘘"的声音,好像疼得厉害。母亲走进去一看,小萌正把脚放到桌子上,还不停地往脚上吹气。此时,母亲一边轻轻地抚摸她的脚,一边说:"没事,没事。"

一会儿,小萌像得到了满足似的说:"我的脚好了,妈妈,你去忙你的吧!"

母亲离开后,再没听到小萌的嘘气声。

智慧点拨

小萌之所以一直让母亲看自己的脚,包括发出的嘘气声都是为了引起母亲的注意,希望获得母亲的爱抚。在母亲轻轻抚摸她的脚之后,她内心的需要得到了满足,就不会再用各种各样的方式暗示母亲了。

一个著名的猴子实验:研究者把两只假母猴放在同一个铁笼内,其中一只是用铁丝围箍的假母猴,但怀里有奶瓶;另一只则是用柔软的皮毛围箍的、没有奶瓶的假母猴。然后,把一只出生不久的幼猴放在笼里。结果,幼猴会长时间依偎在用皮毛裹着的假母猴身上,只有饥饿难耐时才爬到有奶瓶的假母猴身上吃奶,吃饱后马上又回到皮毛假母猴怀里。这个实验表明,幼崽都希望通过母亲的皮肤感受爱。

当孩子有事没事地坐到父母怀中,或者靠着父母蹭来蹭去的时候,都是希望能通过父母的抚摸来体会来自父母的爱护。抚摸是父母与孩子之间很重要的沟通方式,它不仅是父母对孩子关怀的表现,而且还能满足孩子的心理需求,使孩子享受到父母的情意。

但一些父母可能因为各种各样的原因,很少给孩子抚摸的爱,但是,每个孩子都希望父母能够拥抱自己、抚摸一下自己。因为,父母与孩子之间的爱的天性,是不可磨灭的天伦。

一个小女孩曾回忆起她的童年时说道:"我出生的时候,我父亲不喜欢我,因为我是女儿身。上幼儿园时,一次放学后,我大胆地朝父亲跑去,想一下跃进他的怀抱,却被他轻轻地闪开,我很失望。我有次做梦,梦到我父亲抱着我,轻轻地抚摸着我的头,我高兴得大声笑起来,笑得母亲都被我惊醒。我多么希望父亲能喜欢我。"

孩子可以过清贫的生活,但不能没有父母的关注。而且,这种关注任何人也无法取代,孩子如果小时候缺少父母的抚摸,他们感受爱的概率小,长大后爱别人的能力也会大大减弱。因此,如果父母想感受到来自孩子的爱,就应该经常抚摸孩子。

参考建议

一个小男孩曾对母亲说:"我喜欢张老师,就算张老师打我,我也喜欢他,因为他总爱用手摸我的头。"原来,孩子喜欢一个老师的理由就这么简单。那么,孩子喜欢父母的理由相信也不难。

1. 明确"抚摸教育"的必要性

孩子是否常常被父母抚摸关系到孩子性格、人格的形成。研究表明，成长中的儿童如果能够常常得到母亲的抚摸，就很容易和母亲建立良好的关系，从而建立起对他人的信任感，而这种信任感是儿童形成健全人格的基础。如果父母常常通过抚摸的方式来传递对孩子的爱护，孩子长大后往往显得性格开朗、自信心强和富有爱心，而且社会适应性较强。

相反，如果父母很少和孩子进行情感交流的话，孩子常常会显得胆小退缩、焦虑、过分敏感，时间一长就会性格孤僻，而且人际交往能力较差。因此，父母别吝啬您的手，伸出您的双手轻轻地摸一摸孩子吧！

2. 给"抚摸"赋予丰富的含义

父母可以抚摸孩子的手、脚、身体、头部等，而不同部位的抚摸往往具有不同的含义。比如，摸孩子脑袋大多表示对孩子的赞赏和鼓励。无论是哪个年龄段的孩子，都喜欢被父母抚摸脑袋。当孩子情绪低落的时候，可以摸摸孩子手，让孩子觉得自己的情感获得了关注，心里会觉得比较舒坦。

上高三的王岩因为学习紧张，精神压力大。而长期卧床的母亲也给父亲造成了不小的身心负担。但是父子俩会经常互相按摩，一是让身体放松一下，二是通过这种按摩，让彼此都感受到支持的力量。每当这时，他们彼此都会感受到来自对方的无声的爱。

所以，父母如果能在适当的时候，轻轻地抚摸孩子的头发、脑袋、手等部位，孩子会体会到父母传递过来的爱意，心中也会非常愉悦。

3. 避免抚摸孩子的敏感部位

父母对孩子的抚摸，在孩子10岁之前应该常常出现。等到孩子逐渐长大，父母应该注意与孩子的性别差异。母亲面对长大的儿子(或者父亲面对长大的女儿)，摸摸孩子的头是很好的交流，但尽量避免抚摸屁股、大腿等身体部位。即使是母子或父女都有性别差异，如果父母和孩子之间不注意这种差异，就是给孩子未来与异性的接触埋下隐患。孩子很容易走入与异性交往的误区，因为，孩子从小在父母那里没有明白"男女有别"的道理。

金玉良言

爱孩子有很多种方式，不是给他提供足够的物质基础，或者把所有的教诲都灌输给他。很多时候，孩子需要和父母亲近，需要父母的拥抱和抚摸。父母不要把扑到自己怀里的孩子推开,而是轻轻地摸摸孩子的头,让孩子感受到来自父母无声的爱。

99. 与孩子一起做游戏

没有游戏就没有童年,因为玩游戏是最适合儿童的认知方式和娱乐方式,玩游戏的过程就是学习的过程和成长的过程,其意义犹如在孩子的心里埋下创造的种子和幸福的种子。

——(中国)孙云晓

经典事例

丹麦作家安徒生的父亲常常和儿子一起做游戏,以此来丰富儿子的精神世界。

有一次,父亲在工作时剩下了一块木头。为了让安徒生高兴,他决定给儿子做几个木偶。木偶做好后,他让安徒生从母亲那里找来些碎布,给做好的木偶穿上了衣服。等木偶们一个一个地都有模有样了,父亲对安徒生说:"咱们现在有演员、有舞台、有幕布,可以演戏喽!"

父亲从书架上拿出一本名为《荷尔堡》的戏剧故事书,准备和安徒生演戏。为了让儿子进入角色,父亲让安徒生把这本书读了一遍又一遍,直到小安徒生把戏中的对白背得滚瓜烂熟。在父子俩演得很投入时,惹得家人、街坊邻居都捧腹大笑。

从那以后,安徒生就迷上了木偶游戏,经常拉着父亲一起"演戏"。为了演好戏,他还坚持多看书,记对白,在游戏中受益匪浅。

智慧点拨

木偶游戏无形中培养了安徒生的读书兴趣,锻炼了他的记忆能力。不仅如此,安徒生在与父亲共同的游戏中,自己的认识能力、知觉能力、观察能力、形象思维能力和想象力都得到了发展。

孩子游戏的内容是丰富多彩的,大致可归纳为三类:(1)模仿性游戏,如过家家、开汽车、开火车、学医生看病等,这些游戏可以增强孩子对社会情景的熟悉程度;(2)智力游戏,如玩纸牌、拼版、分辨声音等,这些游戏有利于孩子智力、记忆力的发展;(3)音乐体育游戏,如赛跑、过独木桥、钻圈、捉迷藏或伴随音乐做操,随音乐节拍演奏打击乐等等,这些游戏有助于孩子协调全身动作,提高音

乐感和节奏感。

因此,游戏不仅让孩子感受到了趣味,更成为孩子学习和发育的重要平台。而大部分游戏不可能独立完成,如果父母能够陪孩子一起做游戏的话,游戏就能帮助孩子获得知识和体验,并有助于他们建立好奇心和自信心。因此,父母应该陪孩子在游戏中成长。

参考建议

游戏不仅与孩子的智力发展有着密切的关系,父母和孩子一起做游戏,可以促进孩子对父母的信任与依赖,建立良好的亲子关系。

1. 用平等心与孩子做游戏

在与孩子的共同游戏中,父母要成为一个切实的参与者,要明确游戏不是上课,不能高高在上指手画脚,而应当跟孩子处于平等的地位,共同完成游戏。因此,父母在与孩子做游戏的时候,应该注重双方相互配合,只有这样,父母才能自然而然地引发孩子智能的发展。

2. 感受游戏中的快乐

父母设计的游戏规则应该符合孩子身心发展,不能以成年人的角度去衡量孩子的接受程度。而且,做游戏的目的不仅是潜移默化地培养孩子的智能,更重要的是游戏的整个过程要给孩子和父母双方都带来乐趣。要让孩子在游戏中体会到创造和成功的快乐,而父母则能够体会到亲子交流的幸福。只有双方感受到快乐的游戏,才是成功的游戏,也是孩子健康快乐成长的兴奋剂。

3. 常常与孩子玩"情节角色游戏"

在各种游戏中,孩子最爱玩的恐怕就是"情节角色游戏",它是尤其值得提倡的一种。因为,年幼的孩子特别羡慕成人的生活,成年人在生活中的每一个角色都令孩子向往不已,而游戏恰恰能满足孩子实习成人活动的要求。父母可以和孩子一同玩这种游戏,锻炼孩子的语言表达和社交能力。

李彤的爸爸是医生。李彤总是要穿着爸爸的白大褂,为爸爸"看病"。爸爸也总是装模作样地很难受,李彤就一本正经地戴上听诊器,给"病人"听心脏、开药等。这个过程,李彤体验了做医生的感觉,爸爸也有意无意引导她如何与病人交流。从医生的角度,李彤逐渐开始感受病人的不容易。

在情节角色游戏中,孩子会模仿成年人的动作和语言,也会明白角色间的相互关系,逐渐理解成年人活动的含义,从而培养了孩子对社会关系的认知能

力和与人相处能力。

4. 父亲多与孩子玩游戏

一般家庭中,母亲虽然与孩子相处的时间较多,但很容易在照顾孩子和家庭之后,没有精力再与孩子做游戏。尽管如此,母亲和孩子之间不缺乏亲切感。而工作回家的父亲没有与孩子进行情感交流的话,父亲在孩子心中威信有余但亲切不足。

有一位教育家曾说:"玩游戏是需要伙伴的,对于年幼的孩子而言,父亲是最有魅力的游戏伙伴。"因此,父亲可以抽空跟孩子做做游戏,比如,摸爬滚打、你追我赶等肢体性的游戏,这会使唤起孩子的兴奋,使孩子在游戏中情绪高涨,自然加深和父亲的感情。

金玉良言

做游戏是孩子最喜欢的事情,每个孩子都会借助游戏而成长。而父母如果能和孩子在游戏中保持互动,就是无形中培养孩子的思维、语言、记忆、智能等能力。同时,良好的亲子关系是家庭教育的前提。如果父母和孩子常常一同在游戏中感受生活的幸福,那么,父母引导孩子的人生方向就是很容易的事情了。

100. 让握手拉近与孩子的距离

运用腔调、表情,举止适度,这一切对于一个教育者来说都是非常重要的。 每一件琐事都有很大的意义,因此要教家长学会注意这些琐事。

——(苏联)马卡连柯

经典事例

3年级1班的全体师生和家长们在期末开展了一次亲子活动。其中一个活动是学生与其他同学的父母合作参与几个固定项目,而合作双方是由抽签随机抽出来的。

白雪的合作长辈是同学李泉的母亲,虽然他们互相都不熟悉,但在前几个项目的磨合中已经小有默契,以至于在最后的"绑腿走"的项目中合作得相当成功,并获得小组第一。白雪一家和李泉一家都非常高兴。

这个活动结束后，白雪和李妈妈领了奖品准备回到座位时，李妈妈对着白雪弯下腰来、伸出手说："来，白雪，和你合作非常愉快，期待再次合作!"白雪羞涩地伸出小手和阿姨握了握手，并说了句："谢谢阿姨!"

智慧点拨

李泉的母亲没有把白雪当小孩子来对待，而是把她看成一位成年女士来尊重。就在李妈妈弯下腰来，并伸出手的一瞬间，白雪从心里感到了这位阿姨的彬彬有礼和对自己的重视。

手是人类触摸事物、触摸世界的最重要的器官之一。当成年人的大手握住孩子的小手时，孩子感受到的是接纳、温暖和安全。同理，如果父母的大手重重地打在孩子的身上或脸上的时候，孩子感受到的是委屈、冷漠和无助。孩子会通过父母的双手去感知父母的心情。当父母恰当地运用握手与孩子进行沟通时，孩子也会感受到来自父母的爱。

因此，父母可以用握手去表达对孩子的鼓励、信赖、尊重、期待和爱护。孩子也会在这无声的触摸中体会父母传递的温暖。

参考建议

握手是一种肢体语言。而这种无声的语言里蕴涵了太丰富的含义，父母要学会应用它拉近与孩子的距离。

1. 通过握手表达对孩子的认可和尊重

父母与孩子之间在人格上是平等的、情感上是互相依赖的。父母的每个举动都应该表现出对孩子的尊重。如果孩子常常感受到父母的平等与友好，就会打开心扉主动与父母分享自己的心情。而适时地与孩子握手就是在充分地表达对孩子的尊重。

比如，父母与孩子合作的机会很多，任何一种分工明确的共同任务都是一次合作，合作之后，父母可以对孩子说："来，咱握个手，合作愉快!"这样，孩子不会认为自己是父母的附属物，而会知道自己是独立的个体，并且自己在这次任务中发挥了重要的作用。父母的举动就是对孩子的尊重和认可。同时，孩子也学会了用同样的方式表达尊重。

2. 让孩子从父母的大手中感受力量

父母的大手有时就像孩子的拐杖，可以辅助孩子成长，帮助孩子提升。当孩子的小手尚且不能承担属于自己的责任时,父母可以用自己的大手让孩子感受到支持的力量。

小敏刚刚学习汉字,老师每天都会给他们布置写字作业。小敏每天回到家,都会认认真真地按老师的要求去写字,但是,她总觉得自己的字写得歪歪扭扭很难看,甚至会自责地哭出声来。

母亲见状,一边宽慰女儿,一边握住她的手一笔一画地示范给小敏看。妈妈的大手握着小敏的小手在本子上慢慢地划过,同时,母亲还让小敏学会观察字的结构和在田字格的位置。这样示范几次之后,小敏掌握了写字的要领,字也比以前漂亮了很多。

孩子成长的过程中,会遇到很多无助。此时,父母应该握着孩子的手帮助孩子,让孩子感受成长、感受成功。

3. 通过握手让孩子感觉到爱

每个孩子都希望与父母很亲近,希望父母能够握着自己的手一起走人生的路。而父母是否感受到了孩子的这份渴望?

梅老师是小学1年级的班主任,每天放学,她都会让孩子们排好队,并拉着第一个孩子的手,送他们到学校门口。

一次放学铃响了,班里的一个小男孩一定要站在第一排,梅老师问他:"为什么不站在原来的位置?"小男孩有点不服气地说:"为什么每天都是老师拉着王鹏的手! 我要让老师拉我的手!"

话音刚落,队伍里的几个孩子都喊起来:"我也要老师拉我的手!"梅老师这才明白过来。于是,当即决定孩子们每天都轮流站在第一排。这个决定安抚了每一个孩子的心。

在成人看来微不足道的牵手,在孩子眼里却显得那么重要。孩子的心很微妙,孩子会认为老师和父母的牵手就是喜欢我的表示。那么,父母就用这小小的举动来满足孩子的愿望吧!

金玉良言

父母握紧孩子的手,在大手与小手的世界里父母把希望、鼓励、尊重传达给孩子,而孩子也无声无息地感受到父母的支持、认可和辅助。父母与孩子情感上的依赖是天伦,因此,父母请多握握孩子的小手,用心架起彼此之间沟通的桥梁。让孩子的记忆因为父母的握手而变得更加温暖。

金盾版教辅图书，科学实用，
物美价廉，欢迎选购

高考防错夺高分丛书·高考数学易错点	35.00 元
高考防错夺高分丛书·高考物理易错点	29.00 元
高考防错夺高分丛书·高考化学易错点	30.00 元
高考防错夺高分丛书·高考语文易错点	18.50 元
高考防错夺高分丛书·高考历史易错点	19.00 元
高考防错夺高分丛书·高考地理易错点	14.00 元
学生汉字图示速记手册	19.00 元
简明文言文知识手册	16.00 元
新编汉语实用修辞手册	12.00 元
现代汉语语法概说	17.00 元
待人处事的口才艺术	23.00 元
女人怕什么	34.00 元
全国十年高考状元作文精析	15.50 元
最新高考满分作文	24.00 元
最新中考满分作文	26.00 元
最新小考满分作文	18.00 元
哈佛教育创新故事	28.00 元
青少年开心故事会	40.00 元
四书五经详解·大学　中庸	7.00 元
四书五经详解·尚书	15.00 元
四书五经详解·论语	16.00 元
四书五经详解·诗经	41.00 元
四书五经详解·周易	17.00 元
四书五经详解·孟子	17.00 元
四书五经详解·春秋左传	88.00 元
四书五经详解·礼记	39.00 元
四书五经详解丛书(盒装珍藏本,共八册)	240.00 元

　　以上图书由全国各地新华书店经销。凡向本社邮购图书或音像制品,可通过邮局汇款,在汇单"附言"栏填写所购书目,邮购图书均可享受 9 折优惠。购书 30 元(按打折后实款计算)以上的免收邮挂费,购书不足 30 元的按邮局资费标准收取 3 元挂号费,邮寄费由我社承担。邮购地址:北京市丰台区晓月中路 29 号,邮政编码:100072,联系人:金友,电话:(010)83210681、83210682、83219215、83219217(传真)。